edition suhrkamp 2711

Der Band legt eine Auswahl bekannter und weniger bekannter Texte Heiner Müllers zum Kapitalismus vor. Die Gliederung orientiert sich an fünf grundlegenden Aspekten der Kritik, die das Gesamtwerk durchziehen: die Dialektik des Kapitals, der Affekt des Ekels, die Kritik der Sprache, die Frage der Religion, die Permanenz des Krieges. Eingeleitet werden die einzelnen Kapitel jeweils durch ein kurzes Vorwort, das einen möglichen Zugriff auf die Texte eröffnen soll. Es geht darum, der *Chance*, die Heiner Müller als Dialektiker noch in der völligen »Ratlosigkeit des Denkens« erkannt hat, einen *Denkraum* zu geben.

Heiner Müller (1929-1995) war einer der bedeutendsten deutschsprachigen Dramatiker und Theaterregisseure nach 1945. Berühmt wurde er unter anderem durch die Stücke *Der Lohndrücker*, *Germania 3 Gespenster am Toten Mann* und *Die Hamletmaschine* sowie – insbesondere nach 1989 – durch zahlreiche Interviews und Gespräche. Sein Werk, das auch Lyrik und Prosa umfasst, ist im Suhrkamp Verlag erschienen.

Helen Müller und Clemens Pornschlegel sind germanistische Literaturwissenschaftler; sie lehren an der Ludwig-Maximilians-Universität München.

Heiner Müller

»Für alle reicht es nicht«

Texte zum Kapitalismus

Herausgegeben von Helen Müller und Clemens Pornschlegel in Zusammenarbeit mit Brigitte Maria Mayer

Suhrkamp

4. Auflage 2022

Erste Auflage 2017
edition suhrkamp 2711

Originalausgabe

Satz: Satz-Offizin Hümmer GmbH, Waldbüttelbrunn
Druck: C.H. Beck, Nördlingen
Dieses Buch wurde klimaneutral produziert:
climatepartner.com/14438-2110-1001.
Umschlag gestaltet nach einem Konzept
von Willy Fleckhaus: Rolf Staudt
Printed in Germany
ISBN 978-3-518-12711-7

www.suhrkamp.de

Inhalt

Vorwort

SOLANGE ES HERREN UND SKLAVEN GIBT,
SIND WIR AUS UNSEREM
AUFTRAG NICHT ENTLASSEN.

Das Grundprinzip der Wirtschafts- und Sozialordnung, die im Dienst der Erwirtschaftung von Mehrwert steht, des Kapitals also, ist ebenso einfach wie dunkel. Heiner Müller hat es 1994/95 umschrieben: »Und jetzt heißt es in den reichen Ländern, mit Blick auf die wachsenden, übervölkerten und näher rückenden Armutszonen: ›Für alle reicht es nicht.‹ Daraus folgt die Selektion.«[1] Die Sätze betreffen den dunklen, negativen Kern einer Produktions-, Arbeits- und Konsumordnung, die davon lebt, dass permanent Ungleichgewichte, Differenzen, Konkurrenzen, Niveauunterschiede, Armut und Mangel entstehen: »ein paar müssen verhungern, damit die andern essen können«.[2] Denn Mehrwert entsteht zwar dadurch, dass die Angebote die Nachfragen befriedigen, aber eben nur für die, die dafür zahlen können. Die Nachfrage aller anderen bleibt unbefriedigt, und das in Permanenz: Es wird nie ganz reichen für alle, ganz gleich, wie viel Überfluss vorhanden ist. Das Lebensprinzip des Kapitalismus ist gerade nicht die Befriedigung der sogenannten Bedürfnisse. Es ist ihre auf Dauer gestellte Nichtbefriedigung, die allein die Dynamik der fortgesetzten Wertschöpfung gewährleistet. Müllers lakonische Wendungen formulieren keine frohe Botschaft. Sie widersprechen dem Optimismus eines politisch-ökonomischen Systems, das sich selbst als emanzipatorische Fortschrittsdynamik, den Garanten individueller Freiheit, des friedlichen Tauschhandels und des allgemeinen Wohlstands beschreibt. Müller bestreitet diese Selbstpräsentation mit Marx sowohl theoretisch als auch – mit dem traumatisierten Blick auf die Geschichte – empirisch. Im Gespräch mit Frank Castorf zeichnet er die historische Linie der kapitalistischen Selektionswirklichkeit – explizit gemacht im dramatischen Text *Germania 3 Gespenster am toten Mann* und im Langgedicht *Ajax zum Beispiel* – unmissverständlich nach.

Gegen die kommunistische Lebenslüge ›Keiner oder alle‹ hat Hitler gesetzt: ›Für alle reicht es nicht‹. Das hat Hitler auf den Punkt gebracht, schon in seiner Rede vor dem Industrieclub 1932: Der Lebensstandard der weißen Rasse kann nur gehalten werden, wenn der der anderen Rassen sinkt. Die Selektion ist nach wie vor das Prinzip der Politik der Industriestaaten. Insofern hat Hitler gewonnen.[3]

1994/95, im Jahrzehnt der boomenden *New Economy*, der privatisierten Telekommunikation, der Börsengänge und irren Gewinnmargen, der Abwicklung der öffentlichen Dienste und strategischen Fusionen, fielen jene Sätze Müllers, welche den Triumph des kapitalistischen Prinzips der Selektion über das Prinzip einer gerechten Verteilung für alle konstatierten, in taube, unverständige Ohren. Die Behauptung, dass es einen *systematischen* Zusammenhang gebe zwischen Hitlers massenmörderischen Selektionen und der kapitalistischen Wirtschaftsordnung, zwischen Auschwitz und der Deutschen Bank (aber auch: I. G. Farben, VW, Thyssen, Bertelsmann, Audi, Hugo Boss, Oetker usw.), erschien verrückt. Sie wurde als vollkommen obsolete, irrige und bösartige Geschichtsauffassung disqualifiziert, die mit dem zur Evidenz geronnenen politischen Konsens unvereinbar war. Im bundesrepublikanischen Westen hatte man derlei zuletzt in den 1970er Jahren aus dem Mund verblendeter RAF-Terroristen gehört. Diese hatten (aufgrund mangelnden historischen Differenzierungsvermögens) nicht vergessen wollen, dass (und weswegen) Hanns-Martin Schleyer, der ehemalige SS-Untersturmführer und nachmalige Präsident der Bundesvereinigung der Deutschen Arbeitgeberverbände, ab dem 1. April 1943 als Sachbearbeiter im *Zentralverband der Industrie für Böhmen und Mähren* mit der Arisierung der tschechischen Wirtschaft und der Beschaffung von Zwangsarbeitern für das Deutsche Reich befasst gewesen war.

Die Mehrheit der deutschen Intelligenz hielt Müllers Äußerungen für postmodernen Trash-Talk beziehungsweise für das apokalyptische Bühnenbild eines zynisch verzweifelten DDR-Dramatikers, dem gerade Land und Publikum abhandengekommen waren. Oder aber man denunzierte ihn als politisch unverbesserlichen Stalinisten, SED- und Stasi-Sympathisanten, der von Demokratie, Marktwirtschaft, Freiheit, reflexiver Moderne, Menschenrechten, Eigenverantwortung usw. (noch immer) nichts verstand und der überdies die ehrlichen deutschen Bemühungen um Vergangenheitsbewältigung und Versöhnung böswillig ignorierte. Hatte die BMW-Group nicht gerade eine Studie zur Aufarbeitung ihrer Verstrickungen in das NS-Regime in Auftrag geben wollen? – Müllers Behauptungen erschienen als boshafte Verleumdung: als Theater-Donner eines DDR-Nostalgikers oder – so die andere Seite der Kritik – als schamlose Selbstvermarktungsaktion eines *Radical chic*-Autors, der den internationalen

Erfolg von Stücken wie *Germania Tod in Berlin*, *Mauser*, *Hamletmaschine*, *Wolokolamsker Chaussee* auf die Leichenberge der Weltkriege und der Lager gebaut hatte. Im Kontext der Berliner Republik, des Postnationalismus und ökumenischen Multi-Kulturalismus, der friedlichen deutschen Revolution und der Beendigung der Konfrontation der Blöcke, des globalen Welthandels und des Endes der kommunistischen Illusion schienen Müllers blutige Katastrophenszenarien längst überholt zu sein, angestaubte Dokumente einer »enigmatischen Gestrigkeit«,[4] die demnächst nur noch mit Hilfe spezialisierter Historiker zu entziffern sein würden.

Doch dann ist alles ganz anders gekommen. Die DDR war zwar 1990 untergegangen, aber gewonnen hatten nicht allein Demokratie und Freiheit, sondern auch das von Müller als strukturimmanent verstandene Selektionsprinzip. Zu Beginn des 21. Jahrhunderts klingt seine provokante Faustformel zum Kapitalismus – *Für alle reicht es nicht* – jedenfalls entschieden weniger enigmatisch als die Triumph- und Wohlstandsreden der Sieger aus dem Kalten Krieg. In den Jahrzehnten nach 1990 haben nicht Frieden und Wohlstand, nicht blühende Landschaften und das kindlich-naive Vertrauen in die Gesetzlichkeiten oder harmonischen Gleichgewichte des freien Marktes zugenommen, sondern zugenommen haben (vom Reichtum der Reichen und Superreichen einmal abgesehen) Arbeitslosigkeit, Armut, Kriege, soziale und politische Gewalt; die Beschäftigungsverhältnisse sind in einem bisher ungeahnten Ausmaß prekär geworden; die Jugendarbeitslosigkeit hat in Teilen der europäischen Welt beschämende Prozentziffern erreicht; Deutschland hat sich den Ausbau eines

Niedriglohnsektors geleistet; die weltweit ungleiche Verteilung der Reichtümer hat massiv zugenommen. »Das reichste Prozent der Weltbevölkerung«, so die Oxfam-Studie aus dem Jahr 2016, »verfügt über mehr Vermögen als der Rest der Welt zusammen – dies zeigt eine Analyse der Zahlen des Credit Suisse Wealth Reports 2015. 2015 besaßen 62 Einzelpersonen (davon 53 Männer) genauso viel wie die ärmere Hälfte der Weltbevölkerung, das heißt rund 3,6 Milliarden Menschen.«[5]

Auch hat der Sieg des realexistierenden Kapitalismus über den realexistierenden Sozialismus nicht zu einem friedlicheren Miteinander sowohl innerhalb der Gesellschaften als auch zwischen ihnen geführt. Die Fragen, die sich ein Vierteljahrhundert nach dem Triumph stellen, lauten anders: »Warum beklatschen Leute in Sachsen brennende Asylbewerberheime? Warum marschieren 5000 Menschen durch Zagreb und rufen den Ustaša-Gruß ›Fürs Vaterland bereit‹ – das ist unser ›Sieg Heil!‹? Warum schießen junge Leute in Paris in volle Konzertsäle?«[6] Genauso wenig hat der Sieg des Kapitalismus zu einem globalen Konsens über das Telos oder das Ende der Geschichte geführt.

Was 1990 begann, war lediglich – hier ist die marxistische Diagnose des Dramatikers Müller genauer als die Spekulationen des Neoliberalismus – eine weitere Epoche innerhalb der kapitalistischen Krisengeschichte, die mit neuen dramatischen Zusammenbrüchen, neuen sozialen Konflikten und neuen Nationalismen aufwartete, mit Finanzkrisen ungeahnter Größe, mit ökologischen und soziopolitischen Katastrophen, mit neofeudalen Formen der Lohnabhängigkeit und Tagelöhnerei und, *last but not least*, mit dem Aufbrechen einer Unzahl neuer, ebenso asymmetrisch wie barbarisch geführter Terrorkriege mitsamt den entsprechenden Flüchtlingsströmen: in Afrika, Südosteuropa, Asien, im Nahen und im Mittleren Osten. In deutschen Tageszeitungen finden sich seit der Finanzkrise von 2007 Sätze, die in den 1990er Jahren noch als linksradikale Delirien denunziert worden wären: »Verteilungskämpfe sind in dieser Gesellschaft unvermeidlich. [...] Sie werden den Alltag der Menschen bestimmen, die die vergleichsweise schlechtesten Lebensbedingungen haben.«[7] Der römische Papst gibt im Jahr 2014 Erklärungen zur Lage der Welt ab, die in den Ohren der Aufsichtsräte und Vorstandsvorsitzenden der DAX-NIKKEI-NASDAQ-DOW-JONES-Konzerne wie Reden des einstigen großen kommunistischen Widersachers klingen:

Wenn man Fotos von unterernährten Kindern in verschiedenen Teilen der Welt sieht, dann fasst man sich an den Kopf. Das ist nicht zu verstehen! Wir befinden uns in einem Weltwirtschaftssystem, das nicht gut ist. Im Zentrum jedes Wirtschaftssystems muss der Mensch stehen [...]. Aber wir haben das Geld zu Gott gemacht. Wir sind [...] dem Götzendienst des Geldes verfallen. Die Wirtschaft wird nur vom Bestreben in Gang gehalten, immer mehr zu haben. [...] Jetzt ist es Mode geworden, die Jugendlichen durch Arbeitslosigkeit auszuschließen. Die Arbeitslosenquote in manchen Ländern beträgt mehr als 50 Prozent. Jemand hat mir gesagt, dass in Europa 75 Millionen Jugendliche unter 25 Jahren arbeitslos sind. Das ist Wahnsinn, es ist barbarisch. Wir schließen eine ganze Generation aus, um ein Wirtschaftssystem aufrechtzuerhalten, das nicht mehr zu ertragen ist; ein System, das Krieg führen muss, um zu überleben, wie es die großen Imperien immer getan haben. Aber weil man keinen Dritten Weltkrieg führen kann, führt man regionale Kriege. Und was bedeutet das? Dass Waffen produziert und verkauft werden. Dadurch wird offenbar die Bilanz der Wirtschaft saniert, und so sanieren sich die wichtigsten Wirtschaftsblöcke der Welt, die dem Götzen Geld den Menschen als Opfer vor die Füße legen.[8]

Kurzum, Müllers ätzender Satz aus dem Jahr 1995 war alles andere als ein zu spät gekommenes stalinistisches Hirngespinst. Es war die hellsichtige Beschreibung einer mörderischen geschichtlichen Realität, die vor den Küsten Lampedusas und Siziliens, in den Transitzonen der Flughäfen, in allen Auffang- und Durchgangslagern, an den Grenzzäunen Spaniens, Ungarns oder Mazedoniens Alltag geworden ist. Selbst den allerletzten Anhängern der *Open Society* dürfte das allmählich einleuchten – wie dunkel und unbehaglich auch immer.

Reden, die von den historischen Zeitgenossen für verrückt erklärt werden, ein paar Jahre später aber alle Evidenz des Realen auf ihrer Seite haben, sind *prophetische* Reden. Prophetien sind Einspruch, nicht Irrsinn. Sie haben – wie ein Blick in die Bibel zeigt, auf Moses oder Jonas – mit der Zerstörung von Götzen, Kultpraktiken und Ideologien zu tun, mit dem Außerkraftsetzen von Wahrnehmungsroutinen, dem Anprangern von Ungerechtigkeit und Ignoranz, mit dem Zorn auf unerträgliche Verhältnisse. Gilles Deleuze und Félix Guattari haben die Figur des Propheten deswegen auch als Figur des antiimperialen Widerstands und des ideologischen Verrats charakterisiert.

> Der Prophet, der wahre Mensch, hört in seinem göttlichen Zorn nicht auf – das ist die Positivität seiner Fluchtlinie –, Gott zu verraten, so wie Gott umgekehrt nicht aufhört, den Menschen zu verraten. [...] Der Prophet ist kein Priester, er interpretiert nicht. [...] Er spürt stattdessen die Mächte des Kommenden auf, die Zukunft, die sich bereits ankündigt.[9]

Die Wirklichkeit, wie sie sich in der semiotischen Ordnung der Prophetie zeigt, geht prinzipiell aus einem geschichtlichen Auftrag hervor: Knechtschaft und Unterdrückung zu beseitigen, ideologische Götzenbilder zu stürzen, Gerechtigkeit herzustellen. Während die intellektuellen Angestellten der herrschenden Mächte die Welt stets nur im Rahmen der etablierten Ordnung rechtfertigen, erklären und auslegen, zielt die prophetische Rede auf etwas anderes, nämlich auf etwas, das jene mit allen Mitteln zu verhindern suchen: das Ende der Welt, wie sie ist, kurz, auf den revolutionären Zusammenbruch und ein noch ungesehenes Jenseits der historisch gegebenen Welt. Ein prophetischer Blick auf die Wirklichkeit sieht immer auch – das trägt ihm prompt den Vorwurf des Nihilismus, der Zerstörungswut und des Größenwahns ein – ihre Vergänglichkeit in der Geschichte; einfacher gesagt, er nimmt sie als veränderliche, wandelbare Wirklichkeit wahr, als Welt, die gekommen ist, die aber auch wieder gehen wird. Er hängt nicht an ihr – und er ist ihr nicht zu Diensten.

Dass Heiner Müller die Welt mit prophetischen Augen sieht, dass sein Blick aus der Welt des *Auftrags* stammt, nicht aus der Welt der staatstragenden Intellektuellen, der Experten, Journalisten, Pressesprecher und Kommunikationsstrategen, wird nicht nur an Texten wie dem des *Engels der Verzweiflung* deutlich: »Meine Rede ist das Schweigen, mein Gesang der Schrei. Im Schatten meiner Flügel wohnt der Schrecken. Meine Hoffnung ist der letzte Atem.«[10] Ebenso bilden Müllers Sätze zum Kapitalismus kein ökonomisches Theorem und keine wissenschaftliche, theoretische Hypothese, sondern sind Einspruch gegen die »schaurige kapitalistische Welt«.[11] Es ist ein analytischer, zersetzender Blick, der die heraufziehenden Verteilungskämpfe sieht, wie sie aus dem Ausschluss derjenigen entstehen, für die es nicht gereicht haben wird. Weil es schon da und absehbar war, konnte Heiner Müller im Jahr 1991 lapidar beschreiben, was spätestens seit dem zweiten Jahrzehnt des 21. Jahrhunderts sichtbare Realität für jedermann geworden ist.

Das [Horkheimers Vision der Zukunft als total verwalteter Welt und Aldous Huxleys *Schöne neue Welt*] ist die pessimistische Variante der Hoffnung, dass die Festung Europa auf Dauer gehalten werden kann. All diese Visionen unterschlagen, dass die dritte Welt eine Macht ist; dass die, auf deren Kosten man lebt, dem nicht ewig tatenlos zusehen werden. Dazu bedarf es keiner militärisch-ökonomischen Stärke. Es reicht völlig, wenn sich Millionen Verelendeter in Bewegung setzen.[12]

Und nicht weniger prophetisch ist der Blick, den Müller auf diejenigen wirft, die von der Verelendung, die sie geschäftig vorantreiben, nichts wissen wollen, die dennoch aber – *jetzt schon*, auch wenn niemand es sehen und hören will – gerichtet sind:

NACHTFLUG FRANKFURT TOKYO
Stewardessen trippeln
Durch den fliegenden Sarg
Die Leichen
Schlafen

Die Geschäfte[13]

Im Rückblick wird deutlich, wie ungenau Heiner Müllers präzise formulierten Texte in der gerade verflossenen Postmoderne der 1990er und 2000er Jahre gelesen worden sind, wie unverständlich sie im Kontext des ruchlosen Optimismus waren, der das Ende des Kalten Krieges begleitete, und wie wenig ernst man seine Bilder und Szenen, seine analytischen Überlegungen und prognostischen Beobachtungen in einer Welt nehmen konnte, die Kapitalismuskritik für eine überwundene Kinderkrankheit hielt.

Der vorliegende Band schlägt deswegen vor, die Texte noch einmal neu zu lesen, und zwar nicht nur als das abgeschlossene literarische Werk eines Klassikers, zu dem Müller inzwischen geworden ist, sondern als weiterhin aktuellen Eingriff in die geschichtliche Wirklichkeit und ihre Widersprüche, Konflikte und Kriege. Der Band enthält eine anthologische Zusammenstellung von lyrischen, dramatischen und Prosatexten sowie von Auszügen aus den Gesprächen, die Müller seit den siebziger Jahren mit Vertretern der Intelligenz aus Ost und West zur Wirklichkeit des Kapitalismus geführt hat. Es geht darum, den prophetischen, Konflikt- und Zerstörungslinien präzise nach- und vorauszeichnenden Blick Müllers für die Gegenwart präsent und kritisch offen zu halten.

Die fünf Kapitel der vorliegenden Anthologie greifen spezifische Aspekte der Auseinandersetzung Müllers mit dem Kapitalismus auf. Im Einzelnen geht es um die kapitalismuskritische Analyse der Konfrontation der Blöcke, wie sie nach dem Zweiten Weltkrieg entstanden sind (1), um den Affekt des Ekels angesichts der unmenschlichen

Verelendung und des kannibalischen Konsums, die der Kapitalismus erzeugt (2), um die kapitalistisch instrumentalisierte Sprache (3), um die nach wie vor virulente Frage der Religion (4) und schließlich um die kontinuierliche Gegenwart des Krieges (5).

Eingeleitet werden die Kapitel jeweils von einem knappen Problemaufriss, der einen theoretischen Horizont bieten will, innerhalb dessen die ausgewählten Texte – vielleicht anders als bisher – kontextualisiert werden können. Im besten Fall sind die Einleitungen als Lesehilfen zu verstehen, während die Texte und Textauszüge aus dem Werk für sich selbst sprechen und sprechen sollen. Müllers Texte folgen keiner Idee systematischer Ganzheit oder Geschlossenheit, auch keiner theoretisch ausgearbeiteten Ästhetik; dementsprechend wird auch mit der vorliegenden Auswahl kein Anspruch auf systematische Vollständigkeit erhoben. Es geht nicht um die Rekonstruktion einer Müller'schen Theorie des Kapitalismus (die es nicht gibt), sondern um die kritische Problematisierung einer Welt, die es verdient hat, wahrgenommen, gedacht und verändert zu werden.

Die Zusammenstellung der Texte nach thematischen Aspekten führt jenes Prinzip fort, das sich bei der Sichtung der Manuskripte des Autors als dessen Arbeitsprinzip gezeigt hat: die konstellative Zusammenstellung von Namen, Gedanken, Zitaten, Zeiten, Orten, Stückfragmenten zu graphischen Gebilden, die vielleicht den Denkbildern von Walter Benjamin am nächsten kommt; eine schwebende Vermittlung von Poesie und Reflexion, im Sinne anschaulicher Erkenntnis. Denn, wie Müller 1991 formulierte, in dieser Ratlosigkeit des Denkens liegt auch die Chance, zu etwas anderem zu kommen – zur Verbindung von Kunst und Philosophie, die nicht mehr auflösbar ist. Bislang hatte die Philosophie keine Chance, in Kunst aufzugehen, und die Kunst keine in Philosophie. Das ist seit Jahrhunderten der Normalzustand. Nach dem Ende der Aufklärung bleibt nur noch die Kunst. Alles andere ist ruiniert, der Glaube und das Denken. Jetzt wird es möglich, das zusammenzubringen, was die Aufklärung so sorgsam getrennt hat.[14]

Anmerkungen

1 Heiner Müller, »›Die Wahrheit, leise und unerträglich‹. Ein Gespräch mit Heiner Müller. Von Peter Becker«, in: *Werke*, Band 12: *Gespräche 3. 1991-1995*, herausgegeben von Frank Hörnigk, redaktionelle Mitarbeit: Kristin Schulz, Ludwig Haugk, Christian Hippe und Ingo Way, Frankfurt am Main: Suhrkamp 2008, S. 767.

2 Ders., »Die Reflexion ist am Ende, die Zukunft gehört der Kunst«, in: *Werke* 12, S. 12.

3 Ders., »Endlich hat Hitler den Krieg gewonnen. Gespräch mit Heiner Müller über Hitler und Stalin und den Humanismus als letzten Mythos (Teil 2)«, in: *Werke* 12, S. 689 f.

4 Eleonore Büning, »Wolfgang Rihm in Zürich. Plaste-Haie singen sie zur Ruh«, *Frankfurter Allgemeine Zeitung*, 29. Januar 2016.

5 *Ein Wirtschaftssystem für die Superreichen. Wie ein unfaires Steuersystem und Steueroasen die soziale Ungleichheit verschärfen*, herausgegeben von Oxfam Deutschland e. V., Berlin: Selbstverlag 2016, S. 2.

6 Nenad Popovic, »Neue Rechte. Ein Gespräch«, in: *Die Zeit*, Nr. 10, 26. Februar 2016, S. 40.

7 Frank Lübberding, »Verteilungskämpfe werden unvermeidlich«, in: *Frankfurter Allgemeine Zeitung*, 18. Februar 2016.

8 Papst Franziskus, in: *La Vanguardia*, 9. Juni 2014.

9 Gilles Deleuze, Félix Guattari, *Capitalisme et schizophrénie. Mille Plateaux*, Paris: Les Éditions de Minuit 1980, S. 155 f. (Aus dem

Französischen von C. P.); vgl. dies., *Kapitalismus und Schizophrenie. Tausend Plateaus*, aus dem Französischen von Gabriele Ricke und Ronald Vouillié, Berlin: Merve 1992, S. 172f.

10 Heiner Müller, »Ich bin der Engel der Verzweiflung«, in: *Warten auf der Gegenschräge. Gesammelte Gedichte*, herausgegeben von Kristin Schulz, Berlin 2014, S. 76.

11 Vgl. Gottfried Benn, »Können Dichter die Welt verändern?«, in: *Essays und Reden. In der Fassung der Erstdrucke*, herausgegeben von Bruno Hillebrand, Frankfurt am Main: Fischer 1989, S. 148.

12 Heiner Müller, »Die Reflexion ist am Ende, die Zukunft gehört der Kunst«, in: *Werke* 12, S. 12.

13 Ders., »travelnotes«, in: *Gesammelte Gedichte*, S. 337.

14 Ders., »Reflexion«, S. 12.

Brief DR 46 der abgebrochene Priester
Stalins Literaturgesellschaft (Klosterschule) (a träumt auf für die ... Laufbahn)
(das Wort, die sollen lassen stahn)
Glaube an das „Wort“ (d. geschriebne z Denunziation)
~~Sein bestimmt~~ d. gesprochne
~~was~~
„Bewußtsein“ bestimmt Sein
was gesagt wird, ist – was nicht gesagt wird, ist ni
der Tod des Sprechers (Kritikers) löscht seinen Text,
macht d. Kritik „gegenstandslos“ (Bürosprache)
das Problem der Propheten (sie „sprechen es aus“)
(z Verräter)
Foucaults jüdisch-christlich – revolutionärer Diskurs
→ Zykl
Grom. VI (z FM battle of the dinosaurs) power = kl
Panzerschlacht: Augenblick der Wahrheit Gehirn
(moment of truth) lack of ... sight, ...
für both of them: H + S (Begr. + Chemie...)
deshalb Flucht nach vorn: 8 „Mühle v. Stalingrad
z change from civil war strategy (breite Front)
„zu Kessel differenz „Wagenburg“ (S) + Kessel (H
(Umfassung)
„Feigheit“ „Mut“
„Vorsehung“ defense aggression
„Sendung“ (self-survival energy) (suicidal energy
„Son of Sam europe
metaphysical point asia
(illusion) die allianz (+ the conflict with) the other
(Entstehung v. Sendung
aus small brain) | Leviathan (US) z Ballard
(„Künstler“ Stalin actor / Hitler Archi-tekt male + other

I
Kapitalismus und Kapitalismuskritik

Der doppelte Betrug

»Das Kapital ist schlauer / Geld ist die Mauer« zitiert Heiner Müller ein »Westberliner linkes Flugblatt« in seinem *Plädoyer für den Widerspruch*,[1] darin er sich erklärt – erklärt, wieso er am 4. November 1989 auf einer der größten Demonstrationen der DDR-Geschichte statt eines eigenen Redebeitrags den kurzen Aufruf einer Initiative zur Gründung unabhängiger Gewerkschaften verlesen hat. Neben Friedrich Schorlemmer, Günter Schabowski, Gregor Gysi, Lothar Bisky, Christa Wolf, Stefan Heym, Jens Reich, Ulrich Mühe, Jan Josef Liefers, Steffi Spira und anderen, die mit mehr oder auch weniger Herzblut von der Sache sprachen, fordert Müller auf dem Berliner Alexanderplatz Solidarität statt Privilegien, verliest, die Forderung konkret machend, den Aufruf, den er mit eigenen Worten beendet: »Wenn in der nächsten Woche die Regierung zurücktreten sollte, darf auf Demonstrationen getanzt werden«[2] – und geht ab.

Seit Monaten schon brechen die Vorgänge auf den Straßen des zusammenbrechenden Staates in die Proben Müllers von *Hamlet / Maschine* am Deutschen Theater ein.[3] Diese stören die Arbeit auf der Bühne weniger, als dass sie die Inszenierung in ein neues Licht rücken und sie zum Kommentar eben jener Ereignisse werden lassen. »Dunkel«, rezensiert Henrichs am 30. März 1990 die Aufführung in der *Zeit*, »überglänzt« Hamlet »den fahlen Zerfall um sich herum. Seine Einsamkeit wirkt grenzenlos, unbeschreiblich – die Verlorenheit des denkenden Menschen in einer dumpfdämmernden Welt.«[4] Müller dagegen lakonisch: »Aus Stalins Geist, der in der ersten Stunde auftrat, wurde in der letzten Stunde der Aufführung die Deutsche Bank.«[5] Von der Tragödie also bleibt nur mehr ein deutsches Trauerspiel, in welchem die eine Ideologie die andere ersetzt.

Nicht umsonst fällt der Blick des Dramatikers am 4. November auf jenes Flugblatt einer linken Gruppierung aus Westberlin, dessen Aufschrift dann als Zitat im *Plädoyer* wiederkehrt. Und nicht ganz zufällig verliest er den Aufruf. »Ich stand«, heißt es in *Krieg ohne Schlacht*,

> mit andern Nationalpreisträgern, Vertretern der Opposition und zwei Funktionären auf der Rednerliste, und als ich hinkam, hatte ich das ungute Gefühl, dass da ein Theater inszeniert wird, das von der Wirklichkeit schon überholt ist [...]. Ich wusste nicht, was ich sagen sollte, das nicht wie ein Nachvollzug geklungen hätte. Ich hatte daran gedacht, den Brecht-Text »Fatzer komm« vorzutragen, mit der Aufforderung an die Staatsmänner, den Staat herauszugeben, der sie nicht mehr braucht. Ich hatte den Text in der Tasche, aber vor den 500 000 Demonstranten kam es mir plötzlich albern vor, dem kranken Löwen einen Tritt zu versetzen, der mir sicher Applaus eingetragen hätte. Ich habe Wodka getrunken und gewartet, ratlos. Die Kulturverantwortliche der Bezirksleitung Berlin wollte mit mir diskutieren über einen Satz von mir in einem Interview, über die Trennung der Kommunisten von der Macht als der einzigen Chance für den Kommunismus. Sie hatten nichts begriffen. Dann kamen drei junge Leute mit einem Flugblatt zu mir, das sie verfasst hatten, es war ein Aufruf zur Gründung unabhängiger Gewerkschaften, und sie fragten mich, ob ich das für sie vorlesen könnte, weil sie keine Redezeit kriegten. Das Programm wäre so dicht, es gab keinen Platz mehr für sie. Ich sah keinen Grund, nein zu sagen. Also habe ich es vorgelesen, mit einem Satz über die Trennung der Intelligenz von der Bevölkerung durch Privile-

gien. […] Das klang sicher fremd aus meinem Mund, und es war kein Text für 500 000 Menschen, die glücklich sein wollten. […] Als ich nach Pfiffen und Buh-Chören von dem Podest heruntersteig, stand unten ein alter Ordner und sagte zu mir: »Das war billig.« Auch Stefan Heym hat mir den Text übelgenommen. Für ihn war es ein glücklicher Tag. Die Arbeiter hatten die ökonomische Daumenschraube kommen sehn, er sah die endliche Heraufkunft eines demokratischen Sozialismus.[6]

An jenem Freudentag blickt Heiner Müller auf das, was größer ist als dieser Tag, größer als die historisch-politischen Ereignisse dieser Umbruchszeit, die das Ende des Kalten Krieges markieren, größer als die mit diesem Umbruch einhergehenden Debatten um Worte und Positionen, größer als die Hoffnung auf die Heraufkunft eines demokratischen Sozialismus, größer noch als die deutsche und größer als die deutsch-deutsche Geschichte, größer, weil es nicht nur vor zwanzig Jahren, sondern je schon nur international zu denken gewesen ist: auf das Kapital – *das Kapital ist schlauer.*

Und dieser Blick ist sowohl im Kleinen als auch im Großen stets ein doppelter. Zum einen umfasst er beide deutsche Staaten zugleich, zum anderen die durch die *Mauer* des Kapitals gespaltene Welt. Vom Kapital, mehr noch vom Scheitern, von Tierlauten, von Ekel, Sprachlosigkeit und Tod, aber auch vom Warten, von Flaschenpost und Hoffnung sprechen nicht nur die späteren und späten, sowohl dramatischen als auch lyrischen Texte, die in ihrer verdichtenden Lakonie eine immer geopolitischer und zeitloser werdende Dimension durchschreiten. Auch umkreisen die zahllos geführten Gespräche jener Jahre dieses harte Segment, unnachgiebig und mit dialektischem

Witz. Diesen Texten und Gesprächen zugrunde liegt, mit der auf das Ende des Kalten Kriegs voranschreitenden Geschichte, ein zunehmend skelettierender, Geschichte zum Modell zuschneidender Blick, der dann genauso gnadenlos und hart ist wie die Welt, auf die er fällt. Denn diese Welt, zeigt er, ist nicht gut – noch nicht, vielleicht nie: »Die Wahrheit ist konkret. Ich atme Steine.«[7] Nicht mehr, wie noch in den ganz frühen Arbeiten, fällt der Blick des Dramatikers – im Bewusstsein des Scheiterns – auf das Mögliche einer Zukunft, vielmehr – im Angesicht des Scheiterns – auf die Gespenster, die nun vermehrt nicht allein aus der Vergangenheit, sondern auch aus der Zukunft kommend die Gegenwart bedrängen: all die *busybodies* des pausenlosen Konsums.[8] Das heißt, dass *nach* dem Fall der Mauer zur von den Toten der Vergangenheit eingeforderten Schuld nun noch die Verschuldung der Zukunft tritt. Die Lage: ausweglos.

Doch nicht nur – »Mein Blick aus dem Fenster fällt auf den Mercedesstern«[9] – zitiert Müller die kapitalismuskritische Aufschrift des Westberliner Flugblatts, auch verliest er eben jenen Aufruf der Initiative zur Gründung unabhängiger Gewerkschaften. Damit ordnet er sich als Privilegierter in die Genealogie der ewig Nichtprivilegierten ein – *Die Arbeiter hatten die ökonomische Daumenschraube kommen sehen* –, und zwar in die Tradition der deutschen Arbeiterbewegung, in der auch Vater und Großvater standen. Vater und Großvater im Angesicht des doppelten Betrugs (vom vielbesprochenen »Verrat« des Sohnes am Vater ganz zu schweigen). Betrogen zum einen von der Sozialdemokratie, zum anderen von DDR-Stalinismus und LENINDADA, der Sohn, wenn auch wissend, betrogen vom Phantom des Arbeiter- und Bauernstaates, der als ideologische Fratze einer politischen Idee genau das reproduziert, was in jenem eigentlich aufgehoben sein sollte: die »Trennung von Wissen und Macht«.[10] Diese systembedingte Spaltung zwischen Macht und Intelligenz führt einerseits zur fatalen Trennung des Dramatikers von seinem Publikum, dessen Sprache er dann nicht mehr spricht, zum anderen zu jenem Privileg, das ihn diesem Publikum zugleich so entfremdet, dass er seine Sprache notwendig verfehlen muss.

Dennoch bleibt die Lage für Müller alternativlos, denn die Geschichte, die sich aus der Perspektive des doppelten Betrugs heraus weiter als eine Geschichte der Klassenkämpfe fortschreibt, wird bis auf weiteres nicht an ihr Ende kommen. Vielmehr schreibt sie sich – mitten im Kalten Krieg und über das Ende dieses Krieges hinaus – entlang eben jener Mauer weiter, die in Form von Eigentums- und Produktionsverhältnissen die Welt teilt. Anders gesagt: Sie hat zu siegen nicht aufgehört, oder wie es Brecht in dialektischer Wendung im *Fatzer*-Fragment formuliert: »Und von jetzt ab und eine ganze Zeit über / Wird es keinen Sieger mehr geben / Auf eurer Welt, sondern nur mehr / Besiegte«.[11] So erkennt im Anschluss an diese Tradition auch Müller in dialektischer Verkürzung im Kapital weiterhin den Feind, der sich bereits im geteilten Deutschland in seiner hässlichen Doppelfratze gezeigt hat: *Tierlaute* dort wie hier.

Anmerkungen

1 Heiner Müller, »Plädoyer für den Widerspruch«, in: *Werke*, Band 8: *Schriften*, herausgegeben von Frank Hörnigk in Zusammenarbeit mit der Stiftung Archiv der Akademie der Künste, Berlin, redaktionelle Mitarbeit: Kristin Schulz, Frankfurt am Main: Suhrkamp 1999, S. 361-363.

2 Vgl. Christoph Rüter, *Die Zeit ist aus den Fugen* [DVD mit Beiheft], Frankfurt am Main 2009.

3 Vgl. ders., »Was man auf der Bühne gesagt hat, kann man nicht mehr zurücknehmen. Christoph Rüter erinnert sich an die Dreharbeiten zu *Die Zeit ist aus den Fugen*«, in: Rüter, *Zeit* [Beiheft], S. 5-13.

4 Benjamin Henrichs, »Acht Stunden sind kein Theater. Tod um Mitternacht: Premiere am Deutschen Theater in Ost-Berlin«, in: *Die Zeit*, Nr. 14, 30. März 1990.

5 Heiner Müller, *Krieg ohne Schlacht. Leben in zwei Diktaturen. Eine Autobiographie*, in: *Werke*, Band 9: *Eine Autobiographie*, herausgegeben von Frank Hörnigk, redaktionelle Mitarbeit: Christian Hippe, Kristin Schulz, Ludwig Haugk und Ingo Way, Frankfurt am Main: Suhrkamp 2005, S. 278.

6 Ebd., S. 278f.

7 Ders., »Das Gefühl des Scheiterns«, in: *Werke* 8, S. 87.

8 Vgl. Bertolt Brecht, *Der Untergang des Egoisten Johann Fatzer* [Bühnenfassung von Heiner Müller], in: Heiner Müller, *Werke*, Band 6: *Die Stücke 4. Bearbeitungen für Theater, Film und Rundfunk*, herausgegeben von Frank Hörnigk, redaktionelle Mitarbeit: Kristin Schulz, Christian Hippe, Ludwig Haugk und Ingo Way, Frankfurt am Main: Suhrkamp 2004, S. 104 sowie Eric L. Santner, *The Weight of all Flesh. On the Subject-Matter of Political Economy*, Oxford: Oxford University Press 2015.

9 Heiner Müller, »Ajax zum Beispiel«, in: *Warten auf der Gegenschräge. Gesammelte Gedichte*, herausgegeben von Kristin Schulz, Berlin 2014, S. 180.

10 Ders., »Plädoyer«, S. 362.

11 Vgl. Brecht, *Fatzer*, S. 139.

Texte

[In ärmlichen Verhältnissen ...]

In ärmlichen Verhältnissen wächst Clyde Griffith auf, seine Eltern sind Straßensänger, Sektierer, von Gott »auserwählt«, aber von der Gesellschaft geächtet.

Clyde wird Hotelboy, dann, in der Wäschefabrik eines Onkels, Angestellter. So lernt er den Luxus, Glanz u[nd] Glück der Erfolgreichen kennen. Er fürchtet, weil er sie erfahren hat, nichts mehr als Armut, wünscht, das Leben der Besitzenden vor Augen, nichts sehnlicher, als daran teilzuhaben. Dreiser zeigt nun, wie der persönliche Ehrgeiz, das Streben nach dem Aufstieg in die herrschende Klasse – »Ausweg« des Kleinbürgers aus dem Dilemma der Klassengesellschaft – notwendigerweise den Verrat an der eigenen, unterdrückten Klasse bedingt.

Vor die Wahl gestellt, seine Schwester dem Elend preiszugeben, als sie, völlig mittellos, ein Kind erwartet oder auf einen Ausflug zu verzichten, entscheidet er sich für den Ausflug. Aber auf dem Rückweg wird ein Kind überfahren. Und wenn Clyde sich mit den Freunden nach der Flucht vor der Polizei im Schnee vor Chikago unter den Trümmern des »geborgten« Wagens hervorarbeitet, ist sein erster Versuch, am Besitz teilzuhaben, gescheitert. Und so geht es weiter. Denn die Möglichkeiten sind nicht mehr unbegrenzt in Amerika, das Eigentum ist verteilt, die Plätze sind vergeben.

Es gibt Ausnahmen, aber Clyde ist keine. Dazu fehlt ihm die letzte Brutalität. Er wird so, weil er zwischen den Klassen steht, zwischen ihnen zermahlen, und das ist die Regel. Schuldig-unschuldig – Opfer wie die ertrunkene Näherin, die sterben mußte, damit er frei würde für die Unternehmertochter, für den Aufstieg – sitzt er am Ende auf d[em] elektr[ischen] Stuhl statt auf dem goldenen. Die Gesellschaft ließ ihn fallen: Er hat die Spielregeln verletzt: der einfache Mord gehört nicht mehr zu den legitimen Mitteln des »Fortkommens«.

Der Rom[an] »Eine am[erikanische] Tr[agödie]« erschien 1925. Er ist heute so gegenwärtig wie damals. An dem erschütternden Ablauf des Einzelschicksals macht er ein entscheidendes Stück Geschichte des Kapitalismus in Amerika deutlich und trägt so bei zum Verständnis des USA-Imperialismus in der Gegenwart.

[1952]

Drei Parabeln

Zwei Knaben hatten jeder einen Vogel in der Hand. Die Vögel sollten singen, sagten sie.
Da machte der eine die Hand mit dem Vogel darin zur Faust. Aber der Vogel sang nicht, schrie nur, und auch das nicht lange.
Der andere machte die Hand auf und ließ den Vogel fortfliegen.
Dein Vogel ist dir fortgeflogen, sagte der erste.
Er singt, erwiderte der andere.

*

Ein Redner redete in einem großen Saal vor vielen Menschen über eine Sache, die alle anging. Aber die Menschen

hörten ihm nicht zu. Da unterbrach er seine Rede und fragte die Versammelten, ob sie ihn nicht hörten.
Nein, wurde ihm gesagt, du sprichst zu laut.

*

Ein Mann hatte in seinem Beruf einen Fehler gemacht. Das bereitete ihm großen Ärger. Um dem abzuhelfen, hatte er die Wahl, entweder seine Frau anzuschreien, die sehr zänkisch war, oder den Fehler gutzumachen.
Er erschlug seinen Kanarienvogel.

[1953]

Gespräch mit Heiner Müller

GIRNUS Es gab noch eine weitere sehr spezifizierte Kritik: In Ihrem Stück sagt der Brigadier Barka von sich selbst »Ich bin die Fähre zwischen Eiszeit und Kommune«; in dieser Bemerkung – im Zusammenhang mit anderen Sätzen – komme zum Ausdruck, so wurde bemerkt, daß der Aufbau des Sozialismus als eine von lauter Schwierigkeiten und Aufopferung erfüllte Phase erscheine; die Kritik meinte, Ihnen schwebe ein utopisch-illusionäres Bild des Kommunismus vor, das aber entspreche nicht unserer Realität. Wie stehen Sie zu dieser Kritik, Heiner Müller?

MÜLLER Dieser Brigadier ist aufgewachsen im Kapitalismus, und das Stück beschreibt, wie er zu einem sozialistischen Bewußtsein kommt. Und jede Auseinandersetzung um eine neue Sicht und Haltung zur Welt beginnt, nach meiner Erfahrung, allgemein.

GIRNUS Was aber verstehen Sie unter »Eiszeit«?

MÜLLER Den Kapitalismus.

GIRNUS Und warum nennen Sie ihn »Eiszeit«? Das ist doch eine Metapher, denn Sie sind ja wohl nicht der Überzeugung, der Kapitalismus habe in der Eiszeit geblüht.

MÜLLER Die Metapher steht für eine Welt, in der es für Barka nicht möglich war, menschliche Kontakte zu finden ...

GIRNUS ... in der also eine Vereisung der Beziehungen zwischen den Menschen eintrat, eine Vereinzelung und Entfremdung? Wie Marx im »Kommunistischen Manifest« sagt, die moderne Bourgeoisie habe kein anderes Band zwischen den Menschen übriggelassen als die gefühllose bare Zahlung und alles andere »im eiskalten Wasser egoistischer Berechnung ertränkt«.

MÜLLER Und Barka sagt das an dem Punkt des Stückes, wo er »auftaut«, um im Bild zu bleiben.

GIRNUS Wenn ich Sie recht verstanden habe, soll die Metapher der »Fähre« zum Ausdruck bringen: Er, Barka, empfinde sich als aktive Kraft der Veränderung, des Übergangs von der Eiszeit zum Kommunismus. Oder?

MÜLLER Ja.

[...]

MÜLLER Sie kennen den Goethetext: »Der Mensch muß wieder ruiniert werden.« Hier ist ein Positives negativ formuliert. Was Sie zitieren, sind Stationen auf dem Weg des Brigadiers Barka zu der Erkenntnis, daß sich der Glücksbegriff in der Arbeit am sozialistischen Aufbau neu definiert. Es gibt da kein privates, unverbindliches, kein Rentner- und Konsumentenglück mehr. Ein Fehler im Stück: Der neue Glücksbegriff wird vorausgesetzt, nicht formuliert. Das muß korrigiert werden.

GIRNUS Um auf den Ausgangspunkt unseres Gesprächs zurückzukommen: Heiner Müller ist angefüllt mit einer Gärung von Metaphern, ja das ganze Stück kann man als Eruption, als eruptive Kaskade von Metaphern bezeichnen. Nun sind Metaphern natürlich immer mehrdeutig, deshalb können sie aber auch problematisch werden. Daher würde unsere Leser sicher interessieren, in welcher Richtung Sie Ihre Arbeit zur bereits angedeuteten Vervollständigung des Stücks weiterzutreiben gedenken.

MÜLLER Es geht einmal darum, alles zu verstärken, was die Kontinuität der Entwicklung der Deutschen Demokratischen Republik deutlich macht und zweitens alles hervorzuheben, was die Grundtendenz dieser Entwicklung betont, nämlich, daß die Menschen immer mehr aus einem Objekt der Produktion und der Geschichte zu ihrem Subjekt werden.

[1966]

Stahlnetz oder Die teilbare Freiheit

Ein Deutschlehrer, den ich immer für besonders reaktionär gehalten hatte, ein Fanatiker der »Gliederung«, gab uns im Abitur als Aufsatzthema den Herwegh-Satz »Die Freiheit der Welt ist unteilbar«. Das war 1948 in Sachsen, und ich weiß nicht, ob er uns damit das Abitur leicht oder das Leben schwermachen wollte.

Wie schreibt man, auf einem Balkon in Pankow mit mehr Vogel- als Verkehrslärm, von Parkbäumen zuverlässig sogar vor den Blicken der Nachbarn geschützt, und in einer Wohnung, die gerade renoviert wird, ausgerechnet für den »Spiegel« über ein im Westberliner Rotbuch-Verlag erschienenes Chile-Buch,* vielleicht das wichtigste seit dem Putsch, geschrieben im politischen Asyl in der italienischen Botschaft in Santiago, in einer andern Stunde der wahren Empfindung, »inmitten eines Blutbads«, nach drei Jahren Arbeit an einer Hoffnung, die seit September 1973 von Militärstiefeln mit dem Blut chilenischer Arbeiter, Bauern, Intellektueller in unser Gedächtnis geschrieben wird, vertagt, nicht verjährt.

Die Kategorien der Literaturkritik werden fragwürdig vor den Umständen dieser Autorschaft. Stuparich nennt sein Buch einen »Roman in Verhören«. Die Verhöre sind mehr Dokument als Fiktion, und hier literarische Maßstäbe anlegen heißt, sich auf die Seite derer stellen, die den Verhörten die Handschellen angelegt haben. Die Einheit von Politik und Literatur zerreißt unter dem Druck einer

* Sergio Stuparich: Wer uns nicht kennt, kennt Chile nicht. Rotbuch Verlag, Berlin 1975.

Erfahrung wie der chilenischen, und auf bricht die Kluft zwischen Worten und Taten, von der Gollwitzer gesprochen hat, unsre eigene Schizophrenie der Redner und Schreiber, die nichts tun können als ihre Arbeit, die wenig Folgen hat und für die Toten keine.

Der Propagandawert des Buches mit dem ungeschickten Reiseführer-Titel (im Original so präzis wie unübersetzbar »Comprometerse con una clase«) ist von seinem Materialwert nicht zu trennen.

Der Roman verhört einen Bauern, der aus dem Süden in die Hauptstadt kommt (»Ich weiß noch, ich träumte, ich falle von diesen hohen Gebäuden herunter«), Industriearbeiter wird (»ich werd' ganz viel Geld verdienen und einmal Millionär sein«) und durch Saufen arbeitslos. Bei Gelegenheitsarbeit in der Oberstadt lernt er den Standard der Besitzenden kennen, holt, um ihn zu erreichen, in Abendkursen die Volksschule nach.

Der Griff nach der Brust einer Frau (»... wie ich es im Kino gesehen hatte«) beendet das Studium: Die Familie vermehrt sich zu schnell. Er wählt »die Konservativen, die die Ordnung und den Respekt vor der Obrigkeit garantieren«, bis ein Fremder ihn »plötzlich mit ganz ruhiger Stimme: Du verdammtes Verräterschwein« nennt; er schließt sich der Unidad Popular an, nimmt an einer Landbesetzung teil, dann am bewaffneten Widerstand gegen die Junta, wird im Dezember 1973 »auf der Flucht erschossen«.

Die Vita belegt die Chance der Unterentwicklung, das Stahlnetz der kapitalistischen Strukturen zu sprengen, bevor es engmaschig (»organisch«) genug ist, die Masse der Ausgebeuteten in Gruppen von mehr und weniger Ausgebeuteten aufzuspalten. Und die Gefährdung dieser

Chance durch die heilige Allianz traditioneller patriarchaler Strukturen mit den faschistischen Militärtechnokratien, den mehr oder weniger potenten Schamteilen der USA im Süden des Kontinents.

Ein Beispiel: die Erscheinung der heiligen Kuh im Kapitel über die Landbesetzung. Nach dem Auftritt des Gutsbesitzers, der den Landbesetzern mit Polizei und Gefängnis droht, »passierte mir etwas Eigenartiges ... Während die Posten verteilt wurden, erregte eine Kuh meine Aufmerksamkeit ... zum erstenmal hatte ich den Eindruck, daß wir uns auf fremdem Grund und Boden befanden ... als ob darin 40 Jahre Arbeit und Leistung des Gutsbesitzers steckten. Ich überlegte mir, ob wir nicht Eindringlinge waren, die hier eine Entwicklung störten, die dieser Herr in feiner Kleidung und glänzenden Schuhen mit viel Verstand in Gang gesetzt und aufgebaut hatte. Die Kuh war so was wie der lebende Beweis ... Das Viech war schön dick, mit vollem Euter, und ganz sicher war dafür gesorgt, daß auch an diesem Morgen einer der Angestellten mit einem Eimer kam, um die Kuh zu melken. Dieses Gefühl, unrechtmäßig Besitz ergriffen zu haben, ist erst später verschwunden, als eine Gruppe von uns das erste Rind schlachtete«.

Der Erzähler hat ein Gespenst gesehn, die heilige Kuh des Privateigentums. Gespenster leben von Gespensterfurcht, die bei den Unterprivilegierten besonders verbreitet ist. Nicht jedes Gespenst verschwindet, wenn man es anspricht oder Schlag zwölf. Der beste Exorzismus ist die Schlachtung.

Während ich das schreibe, läßt nebenan im Werbefernsehen das Kapital seine heiligen Kühe steuerbegünstigt aufmarschieren, bestaunt von Leuten, denen durch revolutionäre Gewalt versagt ist, am eigenen Leib zu erfahren, daß die Endlösung des Konsumproblems für den Kapitalismus im Ernstfall immer die Wegrationalisierung der Konsumenten ist; und man muß weder Kommunist noch Mitglied des Club of Rome sein, um zu prophezeien, daß auch diese Gespenster ihrer natürlichen Bestimmung nicht entgehen werden.

Mit einer Frau »aus betuchtem Haus«, ihr Vater »progressiver Humanist« und Freund Allendes, befaßt sich das zweite Roman-Verhör. Ihre Lebensgeschichte ist die Geschichte ihres Lebens mit, nacheinander, drei Männern. Den ersten, mit dem sie eine »Ehe in Weiß« führt, erschreckt ihre sexuelle Emanzipation, den zweiten die politische. Sie erfährt den Zusammenhang von Mutterbindung und Machismo. Die Niederhaltung der Frau durch die Mutterschaft. Neben dem dritten wäre Platz für sie, aber da ist kein Platz mehr: Der Weg führt ins Nationalstadion, in die sexuelle Folter.

Machismo – während ich das schreibe, höre ich von der Straße her einen vertrauten Ton: Eine Frau weint. Ich sehe mir vom Fenster aus die Szene an, in der wir alle gelegentlich auftreten, steif wie ein Torero, wenn der Stier angreift: »Warte bis wir zu Hause sind.« Es ist eine gute Wohngegend. Variante für weniger gute Wohngegenden: »Komm du nach Hause!«

Ein radikaler Intellektueller, mit Spuren von Autobiographie, auch von Selbstkritik – seine Liebe gehört nicht ihm –, ist die dritte Bezugsfigur. Er reflektiert die Schwierigkeit, die sozialistische Todsünde zu meiden: »Für das Volk statt mit ihm«; die Sprachstörung der linken Intelligenz beim Dialog mit der Arbeiterklasse. Sie schlägt sich formal, zumindest in der Übersetzung (von Rainer Enrique Hamel), nieder: Kein Arbeiter redet so »klasse« wie ein linker »Typ«.

In den Gang der Tragödie sind, wie Akzente gegen den Eindruck der Zwangsläufigkeit, polit-ökonomische Analysen montiert, relevant nicht nur für Chile, ein aktueller Kommentar zu Lenins »Staat und Revolution«. Der Zusammenhang zwischen Allendes »Politik der weichen Hand«, seiner Weigerung, aus Treue zu den Prinzipien der parlamentarischen Demokratie, das Volk zu bewaffnen gegen den Würgegriff ebendieser Demokratie, seiner Illusion vom »Volk in Uniform«, und dem Atavismus der Junta wird schmerzhaft deutlich. Mit dem zu späten Griff nach der Maschinenpistole hat Allende seine Politik korrigiert, nicht zu spät für Lateinamerika.

[1975]

Die Hamletmaschine

Fernsehn Der tägliche Ekel Ekel
Am präparierten Geschwätz Am verordneten Frohsinn
Wie schreibt man GEMÜTLICHKEIT
Unsern Täglichen Mord gib uns heute
Denn Dein ist das Nichts Ekel
An den Lügen die geglaubt werden
Von den Lügnern und niemandem sonst Ekel
An den Lügen die geglaubt werden Ekel
An den Visagen der Macher gekerbt
Vom Kampf um die Posten Stimmen Bankkonten
Ekel Ein Sichelwagen der von Pointen blitzt
Geh ich durch Straßen Kaufhallen Gesichter
Mit den Narben der Konsumschlacht Armut

Ohne Würde Armut ohne die Würde
Des Messers des Schlagrings der Faust
Die erniedrigten Leiber der Frauen
Hoffnung der Generationen
In Blut Feigheit Dummheit erstickt
Gelächter aus toten Bäuchen
Heil COCA COLA
Ein Königreich
Für einen Mörder
ICH WAR MACBETH DER KÖNIG HATTE MIR SEIN DRITTES KEBSWEIB ANGEBOTEN ICH KANNTE JEDES MUTTERMAL AUF IHRER HÜFTE RASKOLNIKOW AM HERZEN UNTER DER EINZIGEN JACKE DAS BEIL FÜR DEN / EINZIGEN / SCHÄDEL DER PFANDLEIHERIN
In der Einsamkeit der Flughäfen
Atme ich auf Ich bin
Ein Privilegierter Mein Ekel
Ist ein Privileg
Beschirmt mit Mauer
Stacheldraht Gefängnis
Fotografie des Autors.
Ich will nicht mehr essen trinken atmen eine Frau lieben einen Mann ein Kind ein Tier. Ich will nicht mehr sterben. Ich will nicht mehr töten.
Zerreißung der Fotografie des Autors.
Ich breche mein versiegeltes Fleisch auf. Ich will in meinen Adern wohnen, im Mark meiner Knochen, im Labyrinth meines Schädels. Ich ziehe mich zurück in meine Eingeweide. Ich nehme Platz in meiner Scheiße, meinem Blut. Irgendwo werden Leiber zerbrochen, damit ich wohnen kann in meiner Scheiße. Irgendwo werden Leiber ge-

öffnet, damit ich allein sein kann mit meinem Blut. Meine Gedanken sind Wunden in meinem Gehirn. Mein Gehirn ist eine Narbe. Ich will eine Maschine sein. Arme zu greifen Beine zu gehen kein Schmerz kein Gedanke.

Bildschirme schwarz. Blut aus dem Kühlschrank, Drei nackte Frauen: Marx Lenin Mao. Sprechen gleichzeitig jeder in seiner Sprache den Text ES GILT ALLE VERHÄLTNISSE UMZUWERFEN, IN DENEN DER MENSCH ... Hamletdarsteller legt Kostüm und Maske an.

[1977]

Der Mann im Fahrstuhl

Ich stehe zwischen Männern, die mir unbekannt sind, in einem alten Fahrstuhl mit während des Aufstiegs klapperndem Metallgestänge. Ich bin gekleidet wie ein Angestellter oder wie ein Arbeiter am Feiertag. Ich habe mir sogar einen Schlips umgebunden, der Kragen scheuert am Hals, ich schwitze. Wenn ich den Kopf bewege, schnürt mir der Kragen den Hals ein. Ich habe einen Termin beim Chef (in Gedanken nenne ich ihn Nummer Eins), sein Büro ist in der vierten Etage, oder war es die zwanzigste; kaum denke ich darüber nach, schon bin ich nicht mehr sicher. Die Nachricht von meinem Termin beim Chef (den ich in Gedanken Nummer Eins nenne) hat mich im Kellergeschoß erreicht, einem ausgedehnten Areal mit leeren Betonkammern und Hinweisschildern für den Bombenschutz. Ich nehme an, es geht um einen Auftrag, der mir erteilt werden soll. Ich prüfe den Sitz meiner Krawatte und ziehe den Knoten fest. Ich hätte gern einen Spiegel, damit ich den Sitz der Krawatte auch mit den Augen prüfen kann. Unmöglich, einen Fremden zu fragen, wie dein Schlipsknoten sitzt. Die Krawatten der andern Männer im Fahrstuhl sitzen fehlerfrei. Einige von ihnen scheinen miteinander bekannt zu sein. Sie reden leise über etwas, wovon ich nichts verstehe. Immerhin muß ihr Gespräch mich abgelenkt haben: beim nächsten Halt lese ich auf dem Etagenanzeiger über der Fahrstuhltür mit Schrecken die Zahl Acht. Ich bin zu weit gefahren oder ich habe mehr als die Hälfte der Strecke noch vor mir. Entscheidend ist der Zeitfaktor. FÜNF MINUTEN VOR DER ZEIT / IST DIE WAHRE PÜNKTLICHKEIT. Als ich das letztemal auf meine Armbanduhr geblickt habe, zeigte sie Zehn. Ich erinnere mich an mein Gefühl der Erleichterung: noch fünfzehn Minuten bis zu meinem Termin beim Chef. Beim nächsten Blick war es nur fünf Minuten später. Als ich jetzt, zwischen der achten und neunten Etage wieder auf meine Uhr sehe, zeigt sie genau vierzehn Minuten und fünfundvierzig Sekunden nach der zehnten Stunde an: mit der wahren Pünktlichkeit ist es vorbei, die Zeit arbeitet nicht mehr für mich. Schnell überdenke ich meine Lage: ich kann beim nächsten möglichen Halt aussteigen und die Treppe hinunterlaufen, drei Stufen auf einmal, bis zur vierten Etage. Wenn es die falsche Etage ist, bedeutet das natürlich einen vielleicht uneinholbaren Zeitverlust. Ich kann bis zur zwanzigsten Etage weiterfahren und, wenn sich das Büro des Chefs dort nicht befindet, zurück in die vierte Etage, vorausgesetzt der Fahrstuhl fällt nicht aus, oder die Treppe hinunterlaufen (drei Stufen auf einmal), wobei ich mir die Beine brechen kann oder den Hals, gerade weil ich es eilig habe. Ich sehe mich schon auf einer Bahre ausgestreckt, die auf meinen Wunsch in das Büro des Chefs getragen und vor seinem Schreibtisch aufgestellt wird, immer noch dienstbereit, aber nicht mehr tauglich. Vorläufig spitzt sich alles auf die durch meine Fahrlässigkeit im voraus nicht beantwortbare Frage zu, in welcher Etage der Chef (den ich in Gedanken Nummer Eins nenne) mit einem wichtigen Auftrag auf mich wartet. (Es muß ein wichtiger Auftrag sein, warum sonst läßt er ihn nicht durch einen Untergebenen erteilen.) Ein schneller Blick auf die Uhr klärt mich unwiderlegbar über die Tatsache auf, daß es auch für die einfache Pünktlichkeit seit langem zu spät ist, obwohl unser Fahrstuhl, wie beim zweiten Blick zu sehn, die zwölfte Etage noch nicht erreicht hat: der Stundenzeiger steht auf Zehn, der Minutenzeiger auf Fünfzig, auf die Sekunden kommt es schon länger nicht mehr an. Mit meiner Uhr scheint etwas nicht zu stimmen, aber auch für einen Zeitvergleich ist keine Zeit mehr: ich bin, ohne daß ich bemerkt habe, wo die andern Herren ausgestiegen sind, allein im Fahrstuhl. Mit einem Grauen, das in meine Haarwurzeln greift, sehe ich auf meiner Uhr, von der ich den Blick jetzt nicht mehr losreißen kann, die Zeiger mit zunehmender Geschwindigkeit das Zifferblatt umkreisen, so daß zwischen Lidschlag und Lidschlag immer mehr Stunden vergehn. Mir wird klar, daß schon lange etwas nicht gestimmt hat: mit meiner Uhr, mit diesem Fahrstuhl, mit der Zeit. Ich verfalle auf wilde Spekulationen: die Schwerkraft läßt nach, eine Störung, eine Art Stottern der Erdrotation, wie ein Wadenkrampf beim Fußball. Ich bedaure, daß ich von Physik zu wenig weiß, um den schreienden Widerspruch zwischen der Geschwindigkeit des Fahrstuhls und dem Zeitablauf, den meine Uhr anzeigt, in Wissenschaft auflösen zu können. Warum habe ich in der Schule nicht aufgepaßt. Oder die falschen Bücher gelesen: Poesie statt Physik. Die Zeit ist aus den Fugen und irgendwo in der vierten oder in der zwanzigsten Etage (das Oder schneidet wie ein Messer durch mein fahrlässiges Gehirn) wartet in einem wahrscheinlich weitläufigen und mit einem schweren Teppich ausgelegten Raum hinter seinem Schreibtisch, der wahrscheinlich an der hinteren Schmalseite des Raumes dem Eingang gegenüber aufgestellt ist, mit meinem Auftrag der Chef (den ich in Gedanken Nummer Eins nenne) auf mich Versager. Vielleicht geht die Welt aus dem Leim und mein Auftrag, der so wichtig war, daß ihn der Chef mir in Person erteilen wollte, ist schon sinnlos geworden durch meine Fahrlässigkeit. GEGENSTANDSLOS in der Sprache der Ämter, die ich so gut gelernt habe (überflüssige Wissenschaft!), BEI DEN AKTEN, die niemand mehr einsehen wird, weil er gerade die letzte mögliche Maßnahme gegen den Untergang betraf, dessen Beginn ich jetzt erlebe, eingesperrt in diesen verrückt gewordenen Fahrstuhl mit meiner verrückt gewordenen Armbanduhr. Verzweifelter Traum im Traum: ich habe die Fähigkeit, einfach indem ich mich zusammenrolle, meinen Körper in ein Geschoß zu verwandeln, das die Decke des Fahrstuhls durchschlagend die Zeit überholt. Kaltes Erwachen im langsamen Fahrstuhl zum Blick auf die rasende Uhr. Ich stelle mir die Verzweiflung von Nummer Eins vor. Seinen Selbstmord. Sein Kopf, dessen Porträt alle Amtsstuben ziert, auf dem Schreibtisch. Blut aus einem schwarzrandigen Loch in der (wahrscheinlich rechten) Schläfe. Ich habe keinen Schuß gehört, aber das beweist nichts, die Wände seines Büros sind natürlich schalldicht, mit Zwischenfällen ist beim Bau gerechnet worden und was im Büro des Chefs geschieht, geht die Bevölkerung nichts an, die Macht ist einsam. Ich verlasse den Fahrstuhl beim nächsten Halt und stehe ohne Auftrag, den nicht mehr gebrauchten Schlips immer noch lächerlich unter mein Kinn gebunden, auf einer Dorfstraße in Peru. Trockener Schlamm mit Fahrspuren. Auf beiden Seiten der Straße greift eine kahle Ebene mit seltenen Grasnarben und Flekken von grauem Gebüsch undeutlich nach dem Horizont, über dem ein Gebirge im Dunst schwimmt. Links von der Straße ein Barackenbau, er sieht verlassen aus, die Fenster schwarze Löcher mit Glasresten. Vor einer Plakatwand mit Reklamen für Produkte einer fremden Zivilisation stehen zwei riesige Einwohner. Von ihren Rükken geht eine Drohung aus. Ich überlege, ob ich zurückgehen soll, noch bin ich nicht gesehen worden. Nie hätte ich gedacht, während meines verzweifelten Aufstiegs zum Chef, daß ich Heimweh nach dem Fahrstuhl empfinden könnte, der mein Gefängnis war. Wie soll ich meine Gegenwart in diesem Niemandsland erklären. Ich habe keinen Fallschirm vorzuweisen, kein Flugzeug oder Autowrack. Wer kann mir glauben, daß ich aus einem Fahrstuhl nach Peru gelangt bin, vor und hinter mir die Straße, von der Ebene flankiert, die nach dem Horizont greift. Wie soll überhaupt eine Verständigung möglich sein, ich kenne die Sprache dieses Landes nicht, ich könnte genausogut taubstumm sein. Besser ich wäre taubstumm: vielleicht gibt es Mitleid in Peru. Mir bleibt nur die Flucht ins hoffentlich Menschenleere, vielleicht vor einem Tod in einen andern, aber ich ziehe den Hunger dem Messer des Mörders vor. Mittellos mich freizukaufen bin ich in jedem Fall, mit meiner geringen Barschaft in der fremden Währung. Nicht einmal im Dienst zu sterben ist mir vom Schicksal vergönnt, meine Sache ist eine verlorene Sache,

Angestellter eines gestorbenen Chefs der ich bin, mein Auftrag beschlossen in seinem Gehirn, das nichts mehr herausgibt, bis die Tresore der Ewigkeit geöffnet werden, um deren Kombination die Weisen der Welt sich abmühn, auf dieser Seite des Todes. Hoffentlich nicht zu spät löse ich meinen Schlipsknoten, dessen korrekter Sitz mich so viel Schweiß gekostet hat auf meinem Weg zum Chef, und lasse das auffällige Kleidungsstück in meiner Jacke verschwinden. Beinahe hätte ich es weggeworfen, eine Spur. Im Umdrehn sehe ich zum erstenmal das Dorf; Lehm und Stroh, durch eine offne Tür eine Hängematte. Kalter Schweiß bei dem Gedanken, ich könnte von dort aus beobachtet worden sein, aber ich kann kein Zeichen von Leben ausmachen, das einzig Bewegte ein Hund, der in einem qualmenden Müllhaufen wühlt. Ich habe zu lange gezögert: die Männer lösen sich von der Plakatwand und kommen schräg über die Straße auf mich zu, zunächst ohne mich anzusehn. Ich sehe die Gesichter über mir, undeutlich schwarz das eine, die Augen weiß, der Blick nicht auszumachen: die Augen sind ohne Pupillen. Der Kopf des andern ist aus grauem Silber. Ein langer ruhiger Blick aus Augen, deren Farbe ich nicht bestimmen kann, etwas Rotes schimmert darin. Durch die Finger der schwer herabhängenden rechten Hand, die ebenfalls aus Silber zu bestehen scheint, läuft ein Zucken, die Blutbahnen leuchten aus dem Metall. Der Silberne geht hinter mir vorbei dem Schwarzen nach. Meine Angst verfliegt und macht einer Enttäuschung Platz: bin ich nicht einmal ein Messer wert oder den Würgegriff von Händen aus Metall. Lag in dem ruhigen Blick, der fünf Schritte lang auf mich gerichtet war, nicht etwas wie Verachtung. Worin besteht mein Verbrechen. Die Welt ist nicht untergegangen, vorausgesetzt, das hier ist keine andre Welt. Wie erfüllt man einen unbekannten Auftrag. Was kann mein Auftrag sein in dieser wüsten Gegend jenseits der Zivilisation. Wie soll der Angestellte wissen, was im Kopf des Chefs vorgeht. Keine Wissenschaft der Welt wird meinen verlorenen Auftrag aus den Hirnfasern des Verewigten zerrn. Mit ihm wird er begraben, das Staatsbegräbnis, das vielleicht jetzt schon seinen Gang nimmt, garantiert die Auferstehung nicht. Etwas wie Heiterkeit breitet sich in mir aus, ich nehme die Jacke über den Arm und knöpfe das Hemd auf: mein Gang ist ein Spaziergang. Vor mir läuft der Hund über die Straße, eine Hand quer in der Schnauze, die Finger sind mir zugekehrt, sie sehn verbrannt aus. Mit einer Drohung, die nicht mich meint, kreuzen junge Männer meinen Weg. Wo die Straße in die Ebene ausläuft, steht in einer Haltung, als ob sie auf mich gewartet hat, eine Frau. Ich strecke die Arme nach ihr aus, wie lange haben wir keine Frau berührt, und höre eine Männerstimme sagen DIESE FRAU IST DIE FRAU EINES MANNES. Der Ton ist endgültig und ich gehe weiter. Als ich mich umsehe, streckt die Frau die Arme nach mir aus und entblößt ihre Brüste. Auf einem grasüberwachsenen Bahndamm basteln zwei Knaben an einer Kreuzung aus Dampfmaschine und Lokomotive herum, die auf einem abgebrochenen Gleis steht. Ich Europäer sehe mit dem ersten Blick, daß ihre Mühe verloren ist: dieses Fahrzeug wird sich nicht bewegen, aber ich sage es den Kindern nicht, Arbeit ist Hoffnung, und gehe weiter in die Landschaft, die keine andre Arbeit hat als auf das Verschwinden des Menschen zu warten. Ich weiß jetzt meine Bestimmung. Ich werfe meine Kleider ab, auf das Äußere kommt es nicht mehr an. Irgendwann wird DER ANDERE mir entgegenkommen, der Antipode, der Doppelgänger mit meinem Gesicht aus Schnee. Einer von uns wird überleben.

[1978/79]

Mülheimer Rede

Ich bedaure, daß ich an dieser Veranstaltung nicht teilnehmen kann, um so mehr als eine meiner Arbeiten den diesjährigen Anlaß darstellt. Die Proben zur Uraufführung eines älteren Stücks sind in einer Phase, die mehr als gewöhnlich meine Mitarbeit braucht, und ich habe außerdem die Arbeit an einem neuen Stück aufgenommen. In dieser Situation würde mein Auftritt in Mülheim mich mehr kosten als einfach zwei Arbeitstage. Ich bitte Sie deshalb um Verständnis für meinen Entschluß, darauf zu verzichten.

Der Wunsch, von mir etwas über die heutige Dramatik zu hören, bringt mich in Verlegenheit. Die Wirklichkeit des Dramas, das Theater, ist immer Gegenwart, und in der gegenwärtigen Lage geht mich, um annähernd gleichrangige Beispiele zu nennen, Hamlet mehr an als Godot, der Wallenstein mehr als die Courage. Ich rede von Stücken, nicht von Autoren. Immer noch und immer wieder interessiert mich Brechts »Fatzer«-Fragment vor Shakespeares »Wintermärchen«. Daß die klassischen Texte noch wirken, hat mit ihrem Reservoir an Utopie zu tun; daß sie nicht mehr geschrieben werden können oder noch nicht wieder, mit der Gefährdung bzw. mit dem Schwund der Utopie. Gegenstand der neueren Dramatik ist, das Schon oder Noch eine Frage des politischen Standorts, der reduzierte Mensch. Am Verschwinden des Menschen arbeiten viele der besten Gehirne und riesige Industrien. Der Konsum ist die Einübung der Massen in diesen Vorgang, jede Ware eine Waffe, jeder Supermarkt ein Trainingscamp. Das erhellt die Notwendigkeit der Kunst als Mittel, die Wirklichkeit unmöglich zu machen. Die Schwerkraft der Massen, im Kapitalismus Bedingung, ist in der sozialistischen Gesellschaft Korrektiv der Politik, die Blindheit der Erfahrung der Ausweis ihrer Authentizität. Sozialismus-Klischees von Dissidenz und / oder Dogma greifen an der Wirklichkeit vorbei; sie wohnt nicht in den Extremen. Was für die Eliten Geschichte, ist für die Massen noch immer Arbeit gewesen. Die Klischees bedienen den Appetit auf Signale von Verrat aus dem Lager jenseits des Kapitalismus, garantieren das gute Gewissen des Konsums, den Frieden der Korruption. Nur der zunehmende Druck authentischer Erfahrung entwickelt die Fähigkeit, der Geschichte ins Weiße im Auge zu sehen. Die Raumzeit der Kunst ist zwischen der Zeit des Subjekts und der Geschichte, die Differenz ein potentieller Kriegsschauplatz. Meine Schwierigkeit im Umgang mit der Dramatik aus Ihrem anderen deutschen Staat liegt in meiner nachbürgerlichen Erfahrung mit einem anderen Subjekt und mit einer anderen Geschichte. Das schwarze Drama in den USA ist mir weniger fremd als die kapitalistischen Trauerspiele von Botho Strauß, in denen Geschichte nur in ihrer Abwesenheit, als Leerstelle, vorkommt bzw. als Kapitalbewegung, die dem Blick entzogen ist, die Angst um den Standard als religiöse Erfahrung. Thomas Bernhards grauschwarze Schwänke, die von sensiblen Kritikern, mit ihren privaten Traurigkeiten besetzt, neuerdings als Dynamit gehandelt werden, bleiben grimmig affirmative Witze, solange der Marktzwang des

Theaters den Texten die Trauer austreibt. Meine Solidarität gehört Franz Xaver Kroetz und seinem heroischen Versuch, in dem politischen Vakuum, das die Mitte Ihrer Welt ist, den Kommunismus als das Mittlere zu behaupten, obwohl meine Erfahrung ihn eher als das Andere ausweist. In beiden deutschen Staaten ist die Dramatik ein weiteres Feld, als die Theater auszuschreiten bereit oder in der Lage sind, um so begrüßenswerter eine Einrichtung wie die Mülheimer Theatertage, die wenigstens die Illusion ermöglicht, daß es auch in der Bundesrepublik ein breiteres Interesse an der heutigen Dramenproduktion in deutscher Sprache gibt. Im ganzen ist das Stückeschreiben wieder ein einsames Geschäft, sind die Theorien im Leerlauf der Diskussionen grau geworden; was nur durch Politik zu ändern ist und nicht ohne den politischen Beitrag der Kunst.

Seit dem RUNDGANG DES FATZER DURCH DIE STADT MÜLHEIM, der in bösen Sätzen den Zusammenhang von Krieg und Geschäft reflektiert, hat sich an den Eigentumsverhältnissen in Mülheim wohl nicht viel geändert. Der Dramatikerpreis ist insofern etwas wie ein Ablaß. Meine Hoffnung ist eine Welt, in der Stücke wie GERMANIA TOD IN BERLIN nicht mehr geschrieben werden können, weil die Wirklichkeit das Material dafür nicht mehr bereithält. In diesem Sinne danke ich der Stadt Mülheim für den Preis.

[1979]

Und vieles

Und vieles
Wie auf den Schultern eine
Last von Scheitern ist
Zu behalten ...
(Hölderlin)

1

Eugen Gottlob Winkler, einer der vielen deutschen »Frühvollendeten«, schreibt 1936 in einem Text über ERNST JÜNGER ODER DAS UNHEIL DES DENKENS: Zwischen der Verschiedenheit zweier Erfahrungen kann es kein Streitgespräch geben. Bei dem Versuch, für Leser in Frankreich etwas wie einen »Kulturbrief« aus der DDR-Hauptstadt zu schreiben, geht mir die Wahrheit dieses Satzes auf. Das Unternehmen hat den Schwierigkeitsgrad einer Beschreibung der erdabgewandten Seite des Mondes. Die Sozialismusklischees der Medien von Dissidenz und/oder Dogma greifen an der Wirklichkeit vorbei. Sie wohnt nicht in den Extremen. Was für die Eliten Geschichte, ist für die Massen noch immer Arbeit gewesen. Die Klischees bedienen den Appetit auf Signale von Verrat aus dem Lager jenseits des Kapitalismus, garantieren das gute Gewissen des Konsums, den Frieden der Korruption.

2

Ich bin im westlichen Ausland gelegentlich gefragt worden, warum ich in der DDR bleibe. Niemand wird einen Franzosen fragen, warum er in Frankreich bleibt. Was nicht nur *für* die Zustände in seinem Land spricht: Ein

Bürger der ersten französischen Republik, die mit Blut die Tafeln beschrieben hat, die heute gegen den Sozialismus gehalten werden, mußte mit dieser Frage leben und/oder sterben, die Differenz eine Frage der Interpunktion, die das Amt der Guillotine war. Die Unfähigkeit, der Geschichte ins Weiße im Auge zu sehn, als die Grundlage der Politik.

Brecht, in einer ersten Diskussion mit Studenten 1948 nach seiner Übersiedlung in die sowjetische Besatzungszone, sprach von Ideologiezertrümmerung als der Zielsetzung seines Theaters für zwanzig Jahre. Er ist nicht der zahnlose Löwe, als den ihn zu betrachten modisch wird, weil er zum Baustein einer Ideologie gebraucht werden kann. Der Stein arbeitet in der Wand. Sein Versuch der Synthese von Realismus und Volkstümlichkeit ist gescheitert. Sein Theater war nicht volkstümlich, als es realistisch, es war nicht mehr realistisch, als es volkstümlich war.

3

Der Diskurs über Rezeptionsprobleme des Theaters in der DDR braucht den Kontext, der von Begriffen wie Bürokratie und Zensur nicht erhellt wird. Zwei verschiedene deutsche Erfahrungen sind geronnen zu zwei deutschen Staaten. Die BRD ist eine durch zwei Weltkriege gesundgeschrumpfte Firma, gegründet auf den Boden der Tatsachen, der der Sumpfboden der deutschen Geschichte ist, die Identität seiner Bevölkerung der Kurs der D-Mark. Die DDR eine Notgeburt per Kaiserschnitt durch Klassen, Familien, Individuen, auf dem Rücken den ALP TOTER GESCHLECHTER, ihr Boden die Utopie, mit einer Bevölkerung, die ihre nationale Identität nur im internationalen Kontext finden kann, unvermeidlich eingebunden in eine imperiale Struktur, die seine Präsenz garantiert und seine Zukunft einfärbt. Die Kritik der Bedürfnisse erstes Bedürfnis, konkret geworden in der Grenze. Aus dem verwüsteten Frankfurt über die Vitrine Westberlin heimgekehrt in das trübe Licht am Bahnhof Friedrichstraße, bin ich froh, daß Rosa Luxemburg, Jüdin aus Polen, Revolutionär in Deutschland, auf dieser Seite der Mauer begraben liegt.

4
Die Frage von Michel Foucault, welche Revolution lohnt welchen Preis, ist eine privilegierte Frage. Wenn Victor Schklowski Eisensteins OKTOBER als das bildgewordene Ende der Warenwelt beschreibt, weiß er, daß dieses Ende von den Massen zunächst als Einschränkung der Warenproduktion erlebt wird. Die soziale Sicherheit hat ihren Preis. Eine Bevölkerung, die dem Trommelfeuer der Werbung für die Wunder des Kapitalismus als dem verschlossenen Garten der Lüste täglich unmittelbar ausgesetzt ist, zahlt ihren Beitrag zur Befestigung der Zukunft nicht mit Jubel. Die totale Information wird zum Stabilitätsfaktor und zementiert den Status quo, wenn sie nicht in eine Praxis übersetzt werden kann. Die Warenwelt schwappt über und beißt Lücken in die Zukunft wie in eine Beute, bis die Löcher als das Bild erscheinen. Wenn keine andere Wahl ist, ziehe ich den Kannibalismus der Lebenden dem Vampirismus der Toten vor.

5
Die Raumzeit der Kunst ist zwischen der Zeit des Subjekts und der Zeit der Geschichte. Die Differenz ist ein potentieller Kriegsschauplatz. Hier zeigt die Frage von

Foucault ihren Januskopf. Das Ende der Eliten ist Programm, die Lage fordert Privilegien. Privilegien müssen bezahlt werden: zu den Arbeiten der Intelligenz gehört ihre Selbstkritik. Schon Talent ist ein Privileg, der Eigenbeitrag zur Enteignung gehört zu den Kriterien. Erst auf diesem Hintergrund kann Systemkritik produktiv werden, sind Optimismus und Pessimismus gleichermaßen Zeitverlust. Die Gefahr, daß wichtige Autoren sich aus der Wirklichkeit der DDR hinausschreiben in ein Niemandsland zwischen dem verständlichen Affirmationswunsch überarbeiteter Funktionäre und dem ebenso verständlichen Ventilbedürfnis eines unzufrieden korruptionsbereiten Publikums, die beide mit Kunst nicht bedient werden können, ist real. Die Bildungspolitik und die Sozialstruktur der DDR bringen mehr Begabungen hervor, als der Staat gebrauchen kann. Der Überschuß wird in der BRD durch Vermarktung dem Gebrauch (in beiden Staaten) entzogen.

6

Im REICH DER NOTWENDIGKEIT sind Realismus und Volkstümlichkeit zwei Dinge, aber das REICH DER FREIHEIT rückt nicht näher, wenn die Synthese nicht immer neu versucht wird, unter den wachsamen Augen der Brecht-Erben am BERLINER ENSEMBLE oder der Stadtväter in der VOLKSBÜHNE AM LUXEMBURGPLATZ, im ersten Fall vom akademischen Starrkrampf, im zweiten vom Niveausturz bedroht. Oder in VILLEURBANNE gegen den Sog der Medien. Das Theater sucht seine Funktion. Das aktuelle Ausweichmanöver, Kompromiß mit der feudalistischen Struktur des (Theater-)Betriebes ist der Mißbrauch der Klassiker. Rekurs auf Molière.

Shakespeare als Alibi. Ein immer noch strahlendes Material wird mit Patina überzogen, um eine Struktur zu konservieren, die es einmal gesprengt hat. Das Theater wird seine Funktion nicht finden, solange es sich aus der Teilung in Spieler und Publikum konstituiert. Es lebt aus der Spannung zwischen Bühne und Zuschauerraum, von der Provokation der Texte.

7
Die Schwerkraft der Massen, im Kapitalismus Bedingung, ist in der sozialistischen Gesellschaft Korrektiv der Politik. Die Blindheit der Erfahrung ist der Ausweis ihrer Authentizität. Nur der zunehmende Druck authentischer Erfahrung entwickelt die Fähigkeit, der Geschichte ins Weiße im Auge zu sehn, die das Ende der Politik und der Beginn einer Geschichte des Menschen sein kann. Die Prognose, daß die Dummheit noch schreckliche Tragödien aufführen wird, bei Marx nachzulesen, ist für die Opfer kein Trost, aber wir können nichts tun als unsre Arbeit, die wenig Folgen hat und für die Toten keine.

Ich bedaure, daß ich so allgemein geblieben bin. Es ist schwer, ohne Öffentlichkeit und aus der Entfernung nicht in Versalien zu schreiben. Im Detail steckt der Teufel, wie Hegel in Preußen gelernt hat. Theater ist eine Projektion in die Utopie oder es ist nicht besonders. Ich grüße den einsamen Baum an der Einfahrt zum Flughafen CHARLES DE GAULLE.

[1979]

[Ein intelligenter Mensch]

Als Br[echt] Goethes Urfaust inszenierte bzw. von einem seiner Schüler inszenieren ließ, er selbst schaute nur immer öfter vorbei, galt es bei den Mitarbeitern des Berliner Ensembles, Personenkult überall, als ausgemacht, daß Goethe, mit Brecht verglichen, ein niederer Autor war, ein Höfling [und] Harmonisierer, dem die Technik der Verfremdung noch nicht zur Verfügung stand [und] nicht die marxistische Dialektik. Brecht brachte seine Anhänger zum Schweigen, als er eines Tages, zwischen den Zähnen mit deutlicher Anstrengung, sagte: dieser Goethe, ein intelligenter Mensch. G[oethe] war ein intelligenter Mensch: sein neptunisches Zögern vor Konsequenzen, die allzuoft Kurzschlüsse sind.

Er sah [und] beschrieb die Bewegungsgesetze des sich formierenden Kapitalismus, bevor das Monstrum in die Erscheinung trat.

[1980er Jahre]

Ich glaube an Konflikt. Sonst glaube ich an nichts

LOTRINGER Seit dem »Ende der Ideologien« im Westen beginnen mehr Leute die Gültigkeit des ideologischen Konflikts in Frage zu stellen, den die beiden rivalisierenden Regime bewußt hochspielen. Kapitalismus und Sozialismus können sich einfach als verschiedene Arten erweisen, den Produktionsbereich zu kontrollieren und die Arbeitsdisziplin sicherzustellen – besonders in der nachindustriellen Ära.

MÜLLER Ich traf kürzlich einen russischen Schriftsteller, der zwei Monate auf irgendeinem Kolchos in der Ukraine gearbeitet hatte. Nach ein paar Tagen dachte er sich eine neue Arbeitsorganisation aus, die zu besseren Resultaten führen sollte. Er erklärte sie einem alten Bauern, der ihm antwortete: »Wissen Sie, wir leben nicht nur, um zu arbeiten. Die Arbeit nimmt einen so großen Teil von unserem Leben ein, also versuchen wir auch während unserer Arbeitszeit zu leben!« Die Trennung von Leben und Arbeit, die für die kapitalistische Produktionsweise typisch ist, ist im Osten vorbei. Was die Regierenden hier als eine Schwäche in der Produktion ansehen, stellt in Wirklichkeit einen sehr positiven Aspekt dar. Die Trennung zwischen Leben und Arbeit wird verschwinden.

[...]

LOTRINGER Gegensätzliche Positionen agieren immer konservativ. In anderen Worten, Geschichte ist immer konservativ.

MÜLLER Ein Kritiker hat in meinen letzten Stücken einen Angriff auf die Geschichte gesehen, auf das lineare Konzept von Geschichte. Er las in ihnen die Rebellion des Körpers gegen Ideen, oder genauer: gegen die Wirkung von Ideen, von der Idee der Geschichte, auf menschliche Körper. Das ist in der Tat mein Punkt im Theater: Körper und ihr Konflikt mit Ideen werden auf die Bühne geworfen. Solange es Ideen gibt, gibt es Wunden, Ideen bringen den Körpern Wunden bei.

LOTRINGER Ideen produzieren tote Körper. Solange es Geschichte gibt …

MÜLLER … gibt es Opfer.

LOTRINGER Es gibt drei fundamentale Rollen in der Geschichte: die Rolle des schlauen, pragmatischen Staatsmannes, die Rolle des unschuldigen Mörders, und das Opfer, das ein Teil der Geschichte ist und seine Rolle in ihr spielt. Ich glaube, man kann zwischen den dreien nicht wählen.

MÜLLER Nein, es gibt da keine Wahl. Meine Wahl ist außerhalb des Stücks.

LOTRINGER Unschuld ist auch nicht eine sehr gute Position. Die Schuld des Mörders ist der Tat angemessen. Glauben Sie, Deutschland spielt nun die Rolle des Unschuldigen?

MÜLLER Das ist vielleicht ein zu idealistischer Gesichtspunkt. In den Zwanzigern fand einer heraus, daß Abfälle bei der Stahlproduktion für andere Industrien verwendet werden konnten. Es wurden also mehrere Stufen der Stahlproduktion an Kokereien angegliedert usw. Das konnte ökonomisch aber nur ab einem bestimmten Produktionsvolumen funktionieren. Als die Krise die Produktion verringerte, wurde der Krieg eine Notwendigkeit. Der Wendepunkt der deutschen präfaschistischen Geschichte kam 1932. Die Manager der deutschen Konzerne trafen sich in Düsseldorf, und Hitler hielt seine berühmte Rede, die eigentlich eine marxistische Rede war.

Er erklärte, der Lebensstandard der weißen Rasse könne nur verbessert werden, wenn der Lebensstandard der anderen Rassen gesenkt wird. Er sagte, man kann diese Stellung nicht allein mit ökonomischen Mitteln halten. Man braucht auch militärische Mittel. Sie verstanden diese Sprache, und er bekam das Geld, das er für den Krieg brauchte. Das war das letzte Bollwerk gegen den Sozialismus.

[1982]

New York oder Das eiserne Gesicht der Freiheit

1

FATZER *kommt mit fleisch in einer zeitung:*
fleisch.
KAUMANN
wie kommt das blut
an deinen ärmel, fatzer?
FATZER
wollt ihr fleisch fressen
und könnt kein blut sehn.
da ist ein zeitungsblatt!
darin steht daß wir viele
städte gebaut haben
über
dem atlantischen meer, zwanzig
stockwerke hoch, aus reinem
zement und eisen! es ist
ein bild da, ich kenne die
häuser, ich hab sie mir so gedacht.

hier ist das bild.
eine neue
stadt mit namen new york
dies hat gemacht
unser geschlecht oder eines
das ihm ähnlich ist.
Koch
was hat es genützt? jetzt
laufen wir wie ratten in dieser
höhle herum …
(aus: Brecht UNTERGANG DES EGOISTEN FATZER)

2

Gestern habe ich geträumt, daß ich durch New York ging. Die Gegend war verfallen und von Weißen nicht bewohnt. Vor mir auf dem Gehsteig stand eine goldne Schlange auf, und als ich über die Straße ging, beziehungsweise durch den Dschungel aus kochendem Metall, der die Straße war, auf dem andern Gehsteig eine andre Schlange. Sie war leuchtend blau. Ich wußte im Traum: die goldene Schlange ist Asien, die blaue Schlange, das ist Afrika. Beim Erwachen vergaß ich es wieder. Wir sind drei Welten. Warum weiß ich es jetzt …
(aus: DER AUFTRAG)

3

Ihr Arm mit dem Schwert ragte wie neuerdings empor und um ihre Gestalt wehten die freien Lüfte …
(aus: Kafka AMERIKA)

4
Ungeheuer, Atalanta
Leuchtet deine Sonne.
(aus: Hanns Eisler JOHANN FAUSTUS)

5
In Kafkas AMERIKA trägt die Freiheitsstatue an der Hafeneinfahrt von New York ein Schwert statt der Fackel. In New York zeigt die Freiheit ihr eisernes Gesicht. Manchmal ist es das Gesicht der Gorgo, deren Blick versteint. Seit London, erschöpft von Herrschaft wie eine Frau von Geburten, nicht mehr in der Nachfolge Roms steht (der eigentliche Verlierer des Zweiten Weltkriegs, als einer Phase im Weltbürgerkrieg des zwanzigsten Jahrhunderts, ist England), sind New York und Moskau die Metropolen der Welt, New York das Flaggschiff des Kapitals im BAUCH DER BESTIE, wie Che Guevara die USA genannt hat, mit der Blutbahn der Banken, Moskau die narbenbedeckte Hoffnung der Welt, lange Zeit dem Blick entzogen durch einen blutigen Nebel. So wenig wie Moskau ist New York eine feste Stadt. Moskau seit dem Sturm aus Asien, der die Rache der Kinder Abels an den Erben des Brudermörders und ersten Städtebauers Kain war, immer neu gegen den Wind gebaut, nomadisch bis in die Architektur; noch der Stalinbarock hat durch seine Ornamentik die Fliehkraft von Zeltgiebeln: asiatische Verfremdung der kalt monumentalen Wallstreetgeometrie, die der architektonische Ausdruck des Puritanismus ist, einer Religion für Kolonisatoren.

New York ein Gebilde, das aus seiner eignen Explosion besteht, UNSTET UND FLÜCHTIG im Sinn der biblischen Verfluchung, Schnittpunkt von Kontinenten, kein

Schmelztiegel, wie die landläufige Vorstellung meint, sondern ein Ort der Trennung, die Elemente (Rassen Klassen Nationen) bleiben separat (Little Italy Chinatown Lower Eastside Harlem), mit keiner andern Solidarität als der des Geldes. Die berühmte Skyline täuscht: New York, ein Pfahlbau, ist dem Wasser näher als dem Himmel, sein Grund die Leiber der toten Indianer, die Abels weniger glückliche Nachkommen sind. (Auf den Baugerüsten arbeiten die letzten Irokesen, schwindelfrei durch einen Zufall der Natur.) Und manchmal schlägt der Grund zurück: Im New York der siebziger Jahre, als es Mode wurde, Kindern statt Goldhamster kleine Alligatoren zu schenken (der leichte Weg, das Spielzeug wieder loszuwerden, wenn es lästig wurde, die Spülung des WC, SEE YOU LATER ALLIGATOR), kehrten immer häufiger Kanalarbeiter von ihrer Arbeit unter der Stadt nicht zurück. Suchtrupps entdeckten in den Abwässern der Kanalisation Geschwader von ausgewachsenen Alligatoren. Sie waren weiß und blind und satt. Wenn als Folge der Klimaverschiebung, ein Triumph der Technik, Nord- und Südpol schmelzen, holt der Atlantik vielleicht seine Hauptstadt heim, das Wasser den Beton, schwimmen die Haie durch die Banken. Inzwischen ist das Gesetz des Wachstums von New York das Gesetz des Dschungels: Wucher und Verfall, und aus den Ghettos wächst die Wüste auf die Stadt zu, während mit schnellerem Wachstum im Schatten der Erdbeben Los Angeles die Nachfolge antritt, Hauptstadt des Pazifik und ein neues Babel. Auf den ersten Blick ist New York die letzte intakte europäische Stadt, eine Jungfrau unter den Städten: keine Bombe vom Himmel hat es berührt, es hat keine Panzer gesehen. Der tägliche Krieg findet in den Subways, in den Ghettos, auf den Straßen, in Appartements und Fahrstühlen statt. Eine Stadt der Einsamkeit: nirgendwo hört man so viele Menschen mit sich selber reden wie in den Straßenschluchten von New York. Stadt der Extreme: reiche Witwen mit Penthouse und Chauffeur, bewacht von schwarzen oder irischen Türstehern, ihre Hunde von Negerinnen ausgeführt, Schaufel und Plastiktüte unvermeidlich im Griff, um, wie das Gesetz es befiehlt, die Scheiße wegzuräumen; junge schwarze Mörder, für die nicht einmal in den Gefängnissen Platz ist. Schwierig, New York mit Kunst beizukommen: Vor dem Tanz der fliegenden Zeitungen und im Wirbel der Mülltonnen, die der Wind aus den Indianerprärien über die Straßen am Hudson treibt, schrumpft sie auf das Beispiel Andy Warhol, Klassiker New Yorks durch die Qualität der kleinsten Größe. Unvergeßlich die Trauer im Gesicht des alten Juden, Hegel- und Marxübersetzers (er hatte, wie er beim Whisky gestand, in der McCarthy-Ära vor die Wahl zwischen Management und Alkohol gestellt, die Flucht in den Alkohol vorgezogen), bei seiner Erzählung von einem Besuch im METROPOLITAN MUSEUM am Vortag: er stand vor einem altägyptischen Relief, zwei junge Schwarze stellten sich rechts und links neben ihn: WHAT ARE YOU DOING HERE THIS IS OUR CULTURE. Er kannte gut die sozialen Wurzeln des schwarzen Antisemitismus: Mietwucher in Harlem, Bauspekulation, Brandstiftung gehört zum Geschäft, in den Ghettos, Krieg der Minderheiten. Sein Resümee: Was Marx vergessen oder nicht gewußt hat: die Gewalt des Tribalismus. Erst wenn die Verführungskraft der Fassaden schwindet (die den Bewohnern der Hölle den Himmel auf Erden verspricht), weil das Mahlwerk der Ausbeutung unter der staatlichen Schuldenlast stockt, kann in den Ghettos eine andre Solidarität aufblühn als die des Kapitals gegen das Elend. Bevor man stirbt, sollte man New York gesehen haben, einen der großen Irrtümer der Menschheit.

6
UNGEHEUER IST VIEL DOCH NICHTS / UNGEHEURER ALS DER MENSCH.

[7. Juli 1987]

Stirb schneller, Europa

RADDATZ Ohne Geld ist das Abendland, seine wissenschaftliche Rationalität, die die technischen Voraussetzungen für den Imperialismus geschaffen hat, doch gar nicht denkbar.

MÜLLER Klar, Europa ist eine Geldfrage. [...] Das eigentliche Phänomen ist natürlich Japan, und das nicht nur für die Amerikaner. »Der Individualismus ist die Barbarei«, heißt es – durchaus fragwürdig – bei Flaubert. Die momentane Überlegenheit der Japaner beruht sicherlich auch darauf, daß sie so etwas wie Individualismus noch gar nicht entwickelt haben. Im Verhältnis zu Europa ist Japan eine Hohlform, die sich über alles stülpt und es kopiert, ohne es verarbeiten zu müssen. Schluckt, ohne verdauen zu müssen. Auch die USA sind solch eine Hohlform; eine Hohlform, die sich vampiristisch durch die Gegend bewegt und alles frißt, was ihr schmeckt. Das allerdings vernichtet Geschmack. Die größten Löcher im europäischen Boden sind die McDonald's-Läden – und dabei muß man bedenken, daß die Amerikanisierung des Alltags in den meisten europäischen Metropolen erheblich weiter fortgeschritten ist als in der Bundesrepublik. Vergleicht man unter diesem Aspekt Paris mit München, dann ist München eine vorderasiatische Kleinstadt. Das macht München, bei allem, was an der Stadt zu kritisieren ist, ja auch sympathisch.

[1989]

Hohlkörper Biene Maja

Übermalung

1
Hohlkörper Biene Maja (2,60 DM) (Werbetext für eine Schokoladenbiene ohne Füllung)

2
Der Junggeselle reibt seine Schokolade selbst (D Grüne Schachtel)

3
Das Phänomen ist nicht der Schrecken, sondern sein Ausbleiben/Verfall

4
Die Übermalung denunziert den Blick grad, wenn das Leben sich dem Konsum unterwirft wird der Tod ein Kunstwerk

5
Gott ist ein Zombie der den Messias gebiert. Die letzte Erinnerung, die im Gedächtnis mir sich einprägt, ist der erste Schrei. Die unmögliche Bewegung. Fleisch Wahrheit auf Knochen Haut an Fleisch Nerven Sehnen Adern (?) Blut läuft mit und transportiert die menschlichen Salze

6
Die Befreiung der Toten findet in Zeitlupe statt

[o.J.]

FERNSEHEN

Margarita says my father
Was Howard Hughes a member
Of the next/last Generation
Which doesnt move its ass
From the tv-chair because
Outside lives man the beast
On the screen at least
It is flat and doesnt watch you

1 GEOGRAFIE
Gegenüber der HALLE DES VOLKES
Das Denkmal der toten Indianer
Auf dem PLATZ DES HIMMLISCHEN FRIEDENS
Die Panzerspur
2 DAYLY NEWS NACH BRECHT 1989
Die ausgerissenen Fingernägel des Janos Kadar
Der die Panzer gegen sein Volk rief als es anfing
Seine Genossen Folterer an den Füßen aufzuhängen

Sein Sterben als der verratene Imre Nagy
Ausgegraben wurde oder der Rest von ihm
BONES AND SHOES das Fernsehn war dabei
Verscharrt mit dem Gesicht zur Erde 1956
WIR DIE DEN BODEN BEREITEN WOLLTEN
FÜR FREUNDLICHKEIT
Wieviel Erde werden wir fressen müssen
Mit dem Blutgeschmack unserer Opfer
Auf dem Weg in die bessere Zukunft
Oder in keine wenn wir sie ausspein
3 SELBSTKRITIK
Meine Herausgeber wühlen in alten Texten
Manchmal wenn ich sie lese überläuft es mich kalt Das
Habe ich geschrieben IM BESITZ DER WAHRHEIT
Sechzig Jahre vor meinem mutmaßlichen Tod
Auf dem Bildschirm sehe ich meine Landsleute
Mit Händen und Füßen abstimmen gegen die Wahrheit
Die vor vierzig Jahren mein Besitz war
Welches Grab schützt mich vor meiner Jugend
4 FÜR GUNTER RAMBOW 1990
Im Fernsehn die Verhaftung Erich Honeckers nach der Krebsoperation am Tor der Charité. Ein alter Mann, gezeichnet von sechzehn Jahren Macht, die seinen Verstand überfordert und seinen Charakter, ausgehöhlt von zehn Jahren Haft im Zuchthaus Brandenburg, zermürbt hat, trauriger Beleg für Jüngers These von der wachsenden Disproportion zwischen dem Format der Akteure und ihrem Aktionsradius in der neueren Geschichte, von seinen Kreaturen jetzt dem Volkszorn als Sündenbock präsentiert. (Inzwischen hat ihn die Kirche aufgenommen, eine alte Macht, die nur noch nach den Seelen greift, nicht mehr nach den Körpern.) Ich sehe die Bilder und denke an

Rambows Theaterplakate in Frankfurt, Hauptstadt der Banken und der Prostitution und, eine kurze Zeit lang, des politischen Theaters in der Bundesrepublik. ANTIGONE: Hölderlins republikanischer Stuhl, brennend auf dem Scheiterhaufen der Restauration. GUNDLING: die zerrissne Figur des zweigeschlechtlichen stürzenden Ikarus LessingKleistFriedrichderGroße, links oben flatternd das NEUE DEUTSCHLAND, eine Zeitung ohne Leser, verlorenes Bramsegel der sozialistischen Todgeburt. HAMLETMASCHINE: der Hamletdarsteller ohne Gesicht im Rücken eine Mauer, sein Gesicht eine Gefängniswand. Bilder, die keine Aufführung einholen konnte. Wegmarken durch den Sumpf, der sich schon damals zu schließen begann über dem vorläufigen Grab der Utopie, die vielleicht wieder aufscheinen wird, wenn das Phantom der Marktwirtschaft, die das Gespenst des Kommunismus ablöst, den neuen Kunden seine kalte Schulter zeigt, den Befreiten das eiserne Gesicht seiner Freiheit.

[1989/90]

[Trilogie zur Arisierung]

ARISIERUNG 3

Aus: SZ 19.IX.1990:

... »Behörden in der DDR kämpfen derzeit mit einer bedrohlich anschwellenden Papierflut: mit Anträgen über Anträgen, in denen Ansprüche auf nach 1949 enteignete Grundstücke und Betriebe angemeldet werden. In der jetzt gültigen Regelung aber wurde bisher ein großes Problem überhaupt nicht berücksichtigt. Immer mehr Juden, die nach 1933 von den Nazis verfolgt worden waren, stellen die Frage, was aus ihren in der NS-Zeit arisierten oder unter Verfolgungsdruck enteigneten beziehungsweise unter Wert verschleuderten Vermögen auf dem Gebiet der DDR wird.

(...)

Überdies könnte eine höchst delikate Situation eintreten, falls die Rückerstattungsansprüche aus der Zeit bis 1945 im Gegensatz zu den Entschädigungsansprüchen für Enteignungen nach 1949 nicht bald geregelt werden: Bei der gegenwärtigen Rechtslage wäre es immerhin denkbar, daß Personen oder deren Rechtsnachfolger, die ihr Eigentum in der Zeit der NS-Herrschaft aus jüdischer Hand erwarben und die später in der DDR enteignet wurden, nunmehr entschädigt werden, während die jüdischen Vorbesitzer ohne Anspruch bleiben. Im schlimmsten Fall also: Entschädigung für die Ariseure, nicht für die jüdischen Opfer.«

DER ARME NAZI UND DER REICHE JUDE

Es war einmal ein armer Nazi, der wurde reich, als die Juden arm gemacht wurden. Dem Juden gehörte ein Haus, und als die weise Regierung beschloß, daß den Juden nichts gehören sollte, auch das Leben nicht und der Jude, geizig wie die Juden sind, sogar mit seinem Leben nach Amerika floh, gehörte das Haus dem Nazi. Die nächste Regierung nahm dem Nazi das Haus weg, einfach weil er ein Nazi war, und der Kommunismus wollte seine Seele verwüsten, und der Nazi floh nach Westen, wo der Mensch noch etwas galt. Nach der Auferstehung der toten Seelen aus dem Joch des Kommunismus wollte der Nazi das Haus wiederhaben. Aber der Jude, rachsüchtig wie die Juden sind, kaufte einen Anwalt und sagte: »Das ist mein Haus«. Aber in Deutschland gab es gütige Richter, die sagten, der Nazi ist arm, der Jude ist reich, das Herz der Gerechtigkeit schlägt für die Armen, und die Klage des rachsüchtigen Juden wurde abgewiesen, und dem armen Nazi gehörte das Haus.

[1990]

[»Die deutsche Form der Revolution ...«]

»Die deutsche Form der Revolution ist die Denunziation«
Benn

Ich konnte mich mit diesem Staat, aufgrund meiner Biografie bzw. der Biografie meines Vaters, von Anfang an nicht bruchlos identifizieren. Ich konnte mich identifizieren mit dem (diktatorischen) Gegenentwurf zur Nazidiktatur, die meine Kindheit zum Trauma gemacht hat, nicht mit dem Terror der sowjetischen Besatzungsmacht, mit dem mein Vater, als Funktionär der SPD, später der SED, schon vor d[er] Gründung d[er] DDR konfrontiert war und manchmal, gegen meinen Vater, auch mit dem Terror der Besatzungsmacht, der von der Intention her gegen Angehörige von Schichten gerichtet war, die ich, mit vielleicht schon ideologischem Blick, aus den Demütigungen meiner Kindheit, für meine Feinde hielt. Andrerseits konnte mir nicht entgehn, daß dieser Terror nicht revolutionär war, sondern bürokratisch, d. h. blind, nicht auf Geschichte, d. h. Zukunft, sondern befangen auf Statistik orientiert. Das Unheimliche der stalinistischen Variante des »Sozialismus«, daß er, aufgrund der ökonomischen Überlegenheit des umgebenden Kapitalismus, in den er eingeschrieben war wie ein Virus ohne Hoffnung gegen Chemotherapie, zunehmend nur noch ein Text sein konnte, eine unheilige Schrift, mit Blut auf die Körper geschrieben: Literatur. Eine Konsequenz dieser Zwangslage war für die Arbeit der Staatssicherheit nicht nur in der DDR die Verwandlung von Biografien in Vorgänge, von Menschen in Akten, von Realität in Papier, die Kafka beschrieben hat.

Die historische Gerechtigkeit fordert, darin auch den Versuch zu sehn, die Verwandlung von Menschen in Asche [auch mit dem Rücken an der Wand und gegen sich die Mehrheit der Bevölkerung] nicht zu denken, die Hemmschwelle war in der DDR nach dem Trauma des Faschismus bis zum Ende höher als in andern Ostblockstaaten. [Akten leben länger.]

Ich rede nicht von Psychopathen, ohne die ein Geheimdienst offenbar nicht auskommt, wenn er die Realität aus dem Auge verliert. Daß die Berufskrankheit der Nachrichtendienste, ihre Paranoia, die nur in Verschwörungen denken kann und den Zufall nicht kennt, immer wieder vor Bäumen den Wald nicht gesehen hat, ist ihr gemeinsamer Beitrag zu den Katastrophen der neueren Geschichte. Mein Leben in der DDR war ein Purgatorium, zugleich die Bedingung für mein dramatisches Werk, von der Flucht meiner Eltern in die Bundesrepublik, weil mein Vater dem DDR-Zuchthaus ein unsichres Leben im Westen vorzog, in einer Struktur, die zu verändern er sein Leben lang versucht hatte, ich zog es vor, in der DDR zu bleiben, mit Hoffnung und Neugier auf ihre Zukunft, nicht aus Patriotismus oder Liebe zu ihrer Gegenwart, über den Selbstmord meiner zweiten Frau, der eine Flucht aus den Widersprüchen ihrer und meiner Existenz in diesem Staat war, nicht verursacht, aber ausgelöst durch die Affäre UMSIEDLERIN, deren staatlicher Reflex in Akten nachzulesen ist, die jetzt zur Lektüre bereitstehn, die Ausweisung meiner dritten Frau aus der DDR aufgrund einer Staatssicherheitsaffäre (Honecker selbst hat mir d[ie] Akte, mit Auslassungen, vorgelesen), einem Staatsakt, der unsre Ehe zerstört hat, bevor sie, vier Jahre später, durch einen Gnadenakt von Honecker zustande kam, bis zu meinen Kontakten mit der Staatssicherheit. Dieser Staat hat mir nichts geschenkt und ich habe mir von ihm nichts schenken lassen als die Erfahrung des Scheiterns einer Utopie, die der Motor meines Schreibens war, das diese Erfahrung dokumentiert mit Texten jenseits der Zensur. Die Problematik dieser Kontakte ist mir bewußt, seit ich sie aufnahm. Ich würde lügen, wenn ich sagte, daß sie angstfrei waren. Ich hatte, seit der Aufführung von LOHNDRÜKKER in der DDR als potentieller Staatsfeind mit trotzkistischer Tendenz geführt, wenig Grund, keine Angst zu haben. Die Situation entsprach der Grunderfahrung meiner Kindheit im feindlichen Deutschland, mit dem Zwang zum Doppelleben, draußen anders als in den vier Wänden der Familie. Der Vorwurf gegen meinen Vater im Parteiausschlußverfahren 1951 hieß, neben dem gerade aktuellen TITOISMUS, ein Ungeheuer an Wortbildung: Doppelzünglertum. Der Vorwurf war berechtigt. Mein angstfreier Raum war früh das Schreiben, die Literatur. Das Gefühl der Bedrohung war allgemein und atmosphärisch: an Details meiner Überwachung Abhörung oder was immer bin ich auch heute wenig interessiert. Ich weiß, daß Freunde daran nicht beteiligt waren und will mehr nicht wissen. Das Gefühl der Bedrohung war zugleich Inspiration, Stendhals Egotismus schließt den Masochismus ein, d[en] Mas[ochismus] des Künstlers gegenüber seinem Gegenstand, der Welt bzw. seinem genetisch-biografisch bestimmten und begrenzten Ausschnitt v[on] Welt. Heideggers Sottise/Diktum gegen den Sozialstaat WO DER KAMPF AUSSETZT, VERSCHWINDET ZWAR DAS SEIENDE NICHT, ABER WELT WENDET SICH WEG beschreibt nicht die DDR, die Diktatur einer Minderheit im Interesse der Mehrheit, wie Brecht in einem Gespräch mit Benjamin auf seinem notwendig unkompletten Informationsstand von 1940 die stalinistische Struktur benannt hat. Die Ironie der Formulierung bekommt d[ie] Qu[alität] d[er] Tr[agödie], wenn man sich erinnert, welche Massen hinter Hitler standen, unschuldig auf den Leibern einer verschwindenden Minderheit und [einem] zum scapegoat Sündenbock für die Defekte des Kapitalismus auserwählten Volk bzw. einer zur Ablenkung vom Klassenkampf erfundenen Rasse.

Ein Volk ohne Staat braucht Bewegung und produziert Beschleunigung. Die Wurzel des Antisemitismus ist seit Nero die Furcht vor der höheren Geschwindigkeit eines Volks ohne Staat, in Rom die Angst vor dem Aufbruch der Basis, des Untergrunds der Sklaverei, im Mittelalter die Behauptung der neuen Seßhaftigkeit, der Zünfte gegen die Nomaden, der Gewerkschaften gegen die Fremdarbeit, was die Juden in den Geldumlauf trieb, sozusagen in die schnellste Umlaufbahn, wodurch sie im 20. Jahrhundert, aus der Angst vor dem Schwund nationaler Autonomien durch die Internationalis[ierung] [und] Tempo der Kapitalbewegung, als die jüdischbolschewistische Weltverschwörung, zeitweilig im Bündnis mit dem Vatikan gesehn, mit dem Gespenst des Kommunismus identifiziert werden konnten. Daraus folgt natürlich, daß der

Aberglaube des Antisemitism[us] quer durch die Systeme ging und sie eher geeint als getrennt hat. Das Paradox des Staatsgebildes DDR, fremdbestimmt von Moskau Washington und Bonn, vom Osten in politischer, vom Westen in ökonomischer Abhängigkeit gehalten, daß sie ein Staat ohne Volk war, aber ihr Volk nicht ohne Staat, versetzte in den Augen von Staat [und Volk] die Intelligenz an die leergeräumte Position der Juden – die Leerstelle das Vakuum der unkalkulierbaren Beschleunigung. Der Kleinbürger erträgt nur Zustände, der Wechsel ist ihm verhaßt. Die beschworene Einheit von Staat und Volk, von Wirtschafts- und Sozialpolitik, war nicht nur eine Phrase, sondern die Formel für d[ie] Einheit der kleinbürgerlichen Mentalität oben und unten. In einem Text von Malaparte über den KLEINBÜRGER LENIN, deutsch veröffentlicht im Januarheft 1933 der Zeitschrift DIE UMSCHAU, lautet der Schlußsatz: der Kleinbürger wird uns in diesem Jahrhundert noch viel zu schaffen machen.

Das Gefühl der Bedrohung weckte das Bedürfnis nach Tuchfühlung mit dem Gegner. Die bei jeder Ausreise seit 1966 mögliche Flucht aus der DDR war nie in meinen Gedanken, die Bundesrepublik, von meinem Interesse als Schriftsteller gesehn ein Atavismus, keine Alternative. Ich hatte den unsäglichen Ulbricht, durchaus im Bewußtsein seiner Unsäglichkeit (mein Vater hatte ihn kennengelernt), akzeptieren können, weil ich Globke, Kiesinger, Filbinger, Lübke nicht für denkbar hielt. Auch die Geschichte der Bundesrepublik ist noch nicht geschrieben. Wichtiger vielleicht: die Jahrhunderterfahrung des blitzhaften Aufscheinens und des langsamen und beinahe lautlosen Untergangs einer großen Utopie in der westlichen

Grenzprovinz des dritten Rom war meine zweite Grunderfahrung als Autor, [...] die erste das Faschismustrauma meiner Kindheit. (Ich kann der Versuchung nicht widerstehn, Georg Heym zu zitieren, der diesen Untergang unverlierbar beschrieben hat in einem Sonett über einen Armenfriedhof in Berlin: Die Toten schaun den roten Untergang / Aus ihrem Loch er schmeckt wie starker Wein / Sie sitzen strickend an der Wand entlang / Mützen aus Ruß dem nackten Schläfenbein / Zur Marseillaise dem alten Sturmgesang.) Die Illusionen der DDR-Dissidenz von einem andern Sozialismus, ihren Traum von einem dritten Weg zwischen den Blöcken, konnte ich nicht ernstnehmen. Ich glaubte zu wissen, daß seit Hiroshima der dritte Weg nach Jugoslawien führt und nicht nach Küßnacht. Das Spiel der (evangelischen) Kirche war nicht mein Spiel, meine Glaubensschwäche galt für alle Religionen. Ich hatte kein Haus am See, nur meinen Schreibtisch, an dem das Geisterschiff der Revolution mit seiner toten Mannschaft und dem immer andern Kapitän am Mast, den immergleichen Nagel in der Stirn, manchmal fern vorbeifuhr. Meine Bühne hatte keine vierte Wand. Der Rückzug ins Private war mir, schon weil ich eine Bühne brauchte, versperrt. Ich konnte mich nicht aus dem Streit der Welt halten, was mit Recht für weise gilt. Es wäre pathetisch und, wie jedes Pathos ohne Todesdrohung, halb wahr, wenn ich sagen würde, daß ich nach dem Prinzip aus Brechts MASSNAHME verfahren bin: UMARME DEN SCHLÄCHTER ABER / ÄNDERE DIE WELT SIE BRAUCHT ES. Ich hatte wenig Illusionen über meine Macht, die Welt zu ändern. Es ging höchstens um d[as] kleine Unrecht (Brecht 3 Gr[oschenoper]) und nicht das Recht, diese Gespräche zu verweigern, weil es immer wieder auch um geplante »Maßnahmen« zur Kriminalisierung von Unterprivilegierten ging und ich, auch noch in der Bedrohung, zu den Privilegierten gehörte. Privilegien müssen bezahlt werden.

Die Moral der Zeit ist die Heuchelei der Sieger. Die d[eu]tsche Unfähigkeit (weil unsre graue Geschichte uns so selten die Gelegenheit bot), mit Siegen ökonomisch umzugehn, treibt nicht nur die materiellen Kosten der deutschen Einheit in die Inflation. Zum deutsch-deutschen Umgang, der den Umgang mit Fremden bestimmt, ein trauriger Satz von Adorno: Geliebt wirst du einzig, wo du Schwäche zeigen darfst, ohne Stärke zu produzieren.

Es beweist den Machtinstinkt der Katholischen Kirche, daß sie die Neugier zu den Todsünden zählt, für die zum Beispiel Odysseus, d[as] erste politische Tier, seit seiner Denunziation durch Dante wahrscheinlich immer noch im Fegefeuer einsitzt.

Berührungsangst

Ich hätte keine Hemmung gehabt, mit Hitler zu reden, mit Stalin, den erklärten Teufeln des Jahrhunderts. Wer von Schuld reden will, soll es tun, ich rede nicht von Unschuld, die nicht nur in Deutschland und nicht nur in diesem Jahrhundert ein Privileg ist, das ich für mich schon aus geografischen Gründen nicht beanspruchen kann, weder privat noch politisch. Aus meinen Kontakten/Gesprächen mit der Staatssicherheit der ehemaligen DDR kann ich ein Schuldbewußtsein nicht beziehn. Man wird hier und heute nicht so alt wie ich, wie früh starb Shakespeare, wie rechtzeitig Brecht, ohne »eine Last von Scheitern«. Der Satz von Gottfried Benn: Die deutsche Form der Revolution ist die Denunziation, gilt nur im Zusammenhang mit dem Diktum von Marx, daß die Deutschen die Freiheit immer nur am Tag ihrer Beerdigung erleben. Das Erhellende an der deutschen Erfahrung ist, daß sie auf andre Erfahrungen verweist: Seit 1789 hat keine Revolution in Europa oder anderswo eine andre Existenzweise [und] Überlebensform gefunden als die Kultur der Denunziation, mit dem tragikomischen Niveausturz von Fouché, der immerhin für Nap[oleon] schon »Scheiße im Seidenstrumpf« war, zu Mielke. Die crux war immer die Ökonomie, das Dilemma, daß sie aus der Tiefe kommt, ihr Treibstoff Neid [und] Rache. Was den Schluß nahelegt, daß nicht der Kommunismus, sondern der Kapitalismus das Schicksal der Menschheit ist, und die für ihren privilegierten Teil bequemste Form ihres ökologischen Selbstmords.

[1993]

Ajax zum Beispiel

Babypille fauler Zauber
Ajax hält das Becken sauber
Volksmund

In den Buchläden stapeln sich
Die Bestseller Literatur für Idioten
Denen das Fernsehn nicht genügt
Oder das langsamer verblödende Kino
Ich Dinosaurier nicht von Spielberg sitze
Nachdenkend über die Möglichkeit
Eine Tragödie zu schreiben Heilige Einfalt
Im Hotel in Berlin unwirklicher Hauptstadt
Mein Blick aus dem Fenster fällt

Auf den Mercedesstern
Der sich im Nachthimmel dreht melancholisch
Über dem Zahngold von Auschwitz und anderen
Filialen
Der Deutschen Bank auf dem Europacenter
Europa Der Stier ist geschlachtet das Fleisch
Fault auf der Zunge der Fortschritt läßt keine Kuh aus
Götter werden dich nicht mehr besuchen
Was dir bleibt ist das Ach der Alkmene
Und der Gestank von brennendem Fleisch den täglich
Von deinen Rändern der landlose Wind dir zuträgt
Und manchmal aus den Kellern deines Wohlstands
Flüstert die Asche singt das Knochenmehl
Eine Laufschrift am Kurfürstendamm verkündet der
Welt
PETER ZADEK ZEIGT BERLIN SEINE ZÄHNE
BEWARE OF DENTISTS möchte man ihm sagen
In den Bauernkriegen dem größten Unglück
Der deutschen Geschichte las ich kopfschüttelnd
Im Stand der Unschuld neunzehnachtundvierzig
Wie kann eine Revolution ein Unglück sein
In Brechts Anmerkungen zur MUTTER COURAGE
Wurde der Reformation der Reißzahn gezogen
Heute kann ich die Fortsetzung schreiben Der
Französischen Revolution in den Kriegen Napoleons
Der sozialistischen Frühgeburt im Kalten Krieg
Seitdem tanzt die Geschichte wieder Tango
Ein Exkurs über Revolution und Zahnmedizin
Geschrieben im Jahrhundert der Zahnärzte
Zwei Zahnprothesen ein Büchner-Preis
Das zu Ende geht Das kommende
Wird den Advokaten gehören die Zeit

Steht als Immobilie zum Verkauf
Im Hochhaus unter dem Mercedesstern
In den Etagen der Kulturverwaltung
Was für ein Wort Wer verwaltete Phidias
Ein Teppichhändler aus Smyrna laut POLYDOR
Auch die Kunst lebt nicht vom Staub allein
Brennt noch Licht rauchen die Köpfe im Sparzwang
Proben die Amputierten den aufrechten Gang
Mit geborgten Krücken aus Fiberglas
Unter Aufsicht des Finanzsenators
ZUM GELDE DRÄNGT AM GELDE HÄNGT
DOCH ALLES
Stöhnt Faust in Goethes Sarkophag in Weimar
Mit der gebrochnen Stimme von Einar Schleef
Der seine Chöre probt in Schillers Schädel
Ich Dinosaurier im Rauschen der Klimaanlage
Selbst in der Steuerschraube bis zum Hals
Die Staatsgewalt geht vom Geld aus Geld
Muß kaufen Arbeit macht unfrei Heimat ist
Wo die Rechnungen ankommen sagt meine Frau
Lese Sophokles AJAX zum Beispiel Beschreibung
Eines Tierversuchs vergilbte Tragödie
Eines Mannes mit dem eine launische Göttin
Blindekuh spielt vor Troja im Abgrund der Zeiten
Arnold Schwarzenegger im WÜSTENSTURM
Um mich heutigen Lesern verständlich zu machen
ICH AJAX OPFER ZWEIFACHEN BETRUGS
Ein Mann in Stalinstadt Bezirk Frankfurt Oder
Auf die Nachricht vom Klimawechsel in Moskau
Nahm stumm von der Wand das Porträt des geliebten
Führers der Arbeiterklasse des Weltkommunismus
Trat mit Füßen das Bild des toten Diktators

Hängte sich auf an dem frei gewordenen Haken
Sein Tod hatte keinen Nachrichtenwert Ein Leben
Für den Reißwolf KEINER ODER ALLE
War das falsche Programm für alle reicht es nicht
Das letzte Kriegsziel ist die Atemluft
Oder KAULICH befreit von der Roten Armee
Aus Hitlers Gulag hört nach vier Tagen Fußmarsch
Aus einem zerschoßnen Fenster seine Frau schrein
Sieht einen Soldaten der ruhmreichen Roten Armee
Der sie aufs Bett wirft vergißt das ABC
Des Kommunismus schlägt dem Genossen Befreier
Den Schädel ein Übt Selbstkritik im Gespräch mit dem
Toten
Kein Ohr für die immer noch schreiende Frau
Wird zuletzt gesehn auf dem Transport
In Stalins Gulag seine zweite Epiphanie
Singt die Internationale im Viehwagen
Wenn er gestorben ist singt er heute noch
Mit den toten Kommunisten unter dem Eis
Das Schreibglück der fünfziger Jahre
Als man aufgehoben war im Blankvers
Zwischen den Planken des kenternden Geisterschiffs
Beschirmt vom ironischen Pathos des Knittelreims
Nur die Hebungen werden gezählt
Gegen den Steinschlag der Denkmäler
In der Ewigkeit des Augenblicks
Im Elend der Information BILD KÄMPFT FÜR SIE
Wird Erzählung Prostitution BILD KÄMPFT
Gibt die Tragödie den Geist auf Stalin zum Beispiel
Seit seine Totems zum Verkauf stehn
Blut geronnen zu Medaillenblech
Am Brandenburger Tor für Hitlers Enkel

Welchen Text soll ich ihm in den Mund legen
Oder ins Maul stopfen je nach dem Standpunkt
In das Gehege seiner gelben Zähne
In sein kaukasisches Wolfsgebiß
In seiner Nacht im Kreml beim Warten auf Hitler
Wenn der sprachlose Lenin erscheint im Wodka
Lallend und brüllend nach dem zweiten Gehirnschlag
Der Beweger der Welt dem seine Zunge
Nicht mehr gehorchen will LENINDADA
Seine Welt ein Quadrat von Malewitsch
Der Tartar der das Gesetz der Steppe
Nicht mehr begreift Römer geworden zur Unzeit
Das sein Vollstrecker im Blut hat der Kaukasier
Oder Trotzki das Beil des Macbeth noch im Schädel
Die Faust geballt zum bolschewistischen Gruß
Im deutschen Panzerturm Hamlet der Jude
Oder Bucharin der im Keller singt
Der Liebling der Partei Kind der AURORA
Mit Hitler vielleicht kann er reden von Mann zu Mann
Oder von Tier zu Tier je nach dem Standpunkt
Der Totengräber mit dem Totenführer
Nach zehn Jahren Krieg war Troja museumsreif
Ein Gegenstand von Archäologie
Nur eine Hündin heult noch um die Stadt
Aus den Gebeinen der Rächer gründete Rom
Preis eine brennende Frau in Karthago
Mutter der Elefanten Hannibals
Rom von der Wölfin gesäugt das den Sieger beerbte
Griechenland eine Provinz aus der man Kultur zog
3000 Jahre nach der blutigen
Geburt der Demokratie mit Bad Netz Beil

O NACHT SCHWARZE MUTTER im Haus der
Atriden
Die Zange führt Athene die Kopfgeburt
Kriecht das dritte Rom schwanger mit Unheil
Nach Bethlehem in seine nächste Gestalt
Der Rausch der alten Bilder Die Müdigkeit
Im Rücken das unendliche Gemurmel
Des Fernsehprogramms BEI UNS SITZEN SIE
IN DER ERSTEN REIHE Die Schwierigkeit
Den Vers zu behaupten gegen das Stakkato
Der Werbung das die Voyeure zu Tisch lädt
UNSERN TÄGLICHEN MORD GIB UNS HEUTE
In meinem Gedächtnis taucht ein Buchtitel auf
DIE ERSTE REIHE Bericht von Toden in
Deutschland
Kommunisten gefallen im Krieg gegen Hitler
Jung wie die Brandstifter von heute wenig
Wissend vielleicht wie die Brandstifter von heute
Andres wissend und andres nicht wissend
Verfallen einem Traum der einsam macht
Im Kreisverkehr der Ware mit der Ware
Ihre Namen vergessen und ausgelöscht
Im Namen der Nation aus dem Gedächtnis
Der Nation was immer das sein oder werden mag
Im aktuellen Gemisch aus Gewalt und Vergessen
In der traumlosen Kälte des Weltraums
ICH AJAX DER SEIN BLUT VERSTRÖMT
ÜBER SEIN SCHWERT GEKRÜMMT AM STRAND
VON TROJA
Im weißen Rauschen
Kehren die Götter zurück nach Sendeschluß
Verbrennt die Sehnsucht nach dem reinen Reim

Der Welt in Wüste wandelt Tag in Traum
Reime sind Witze im Einsteinschen Raum
Des Lichtes Welle sondert keinen Schaum
Brechts Denkmal ist ein kahler Pflaumenbaum
Und so weiter was die Sprache hergibt
Oder das Lexikon des deutschen Reims
Das letzte Programm ist die Erfindung des Schweigens
ICH AJAX DER SEIN BLUT

[1994]

NOTIZ 409

Wenn schon dein Lied nicht leben hilft
So hilft es doch zum Tode
(Brentano)

Der Himmel verspricht einen schönen Tag Er beginnt
Mit der Zeitungslektüre in der Hotelbar
Ein Überlebender beschreibt ein Blutbad
ICH LAG UNTER ICHWEISSNICHT WIEVIEL TOTEN
MIT ANGST DASS EINER LEBT UND BEWEGT SICH
ODER FÄNGT AN ZU SCHREIN ÜBER MIR SIE SCHOSSEN
AUF ALLES WAS SICH REGTE ODER LAUT GAB
GLÜCKLICHERWEISE WAREN ALLE TOT
Das Glück muß sich nach der Decke strecken
Leben weil alle tot sind ein Menschheitstraum
Leerzeit Ein Tag wirft mich dem andern zu
Axel Manthey ist tot Man sollte Komödien schreiben

Leben in diesem trüben Menschenbrei
Mit glücklichen Idioten vor dem Bildschirm
Heute nacht im Traum war ich Aktäon
Ich wurde von sieben Frauen gejagt
Eine Schauspielerin führte sie an
Durch Wald und Feld wir zertraten die Blumen
Sie jagten mich mit einer Drahtschlinge
Ich belästigte einige Freunde mit Fragen
Nach meinem neuen Stück ICH BIN IRRITIERT
Sagte der höflichste Die andern schwiegen
Meine Frau fragte mich BRAUCHST DU DAS
Gründgens speist mit Göring dem Jäger und Sammler
Im Keller erteilt die Geheime Staatspolizei
Dem Kommunisten Hans Otto Gesangsunterricht
ICH BIN SCHAUSPIELER KEIN VOLK sagt Hamlet
Wenn Laertes politisch wird Er seinerseits
Weiß wie man sich dreht und wendet im
Gespräch mit Mördern aus Liebe zur Kunst
ICH DENKE EINEN LANGEN SCHLAF ZU TUN
War das letzte was man von ihm gehört hat
HAMLETWALLENSTEIN dem seine Mörder
Die Beine brechen mussten weil der Sarg
Zu kurz geraten war Unsre Hamlets
In Platons Höhle Althusser zum Beispiel
Ein Kommunist massiert seine Frau Immer schon
Hat sie den Nacken steif gemacht gegen seine
Grund legende Skepsis immer schon wollte er
Sagt ein Graffito an der Mauer der école normale
Ein Handarbeiter sein
OH MUTTER MUTTER
WAS HAST DU GETAN
Oder Pasolini

GIB MIR DEINEN ARSCH PELOSI ICH
WILL DEINEN DRECKIGEN ARSCH SOHN
ITALIENS
HURE VON MARLBORO UND COCA COLA
GIB MIR DEINEN DRECKIGEN
Blutige Hochzeit
Mit der Klasse die die Zukunft trägt
Auf Schultern tätowiert vom Kapital
Die Morgenröte einer Nacht Die Nacht
Der Morgenröte
Dann legt Pelosi den Gang ein
Und fährt das Auto über den Besitzer
JETZT BIST DU VEREINT PAOLO MIT DEINEM
ITALIEN
Oder St. Martin Waldschrat und Gartenzwerg
Im kurzen Leder wartend auf den Führer
... SEINE WUNDERSCHÖNEN HÄNDE JASPERS
In seinem Schwarzwald wo Kafka der ewige Jude
Den Jäger Gracchus gesehn hat den Toten der
Das Sterben nicht gelernt hat den Meister aus
Deutschland
Der sich die Hände wärmt im Blut seiner Tiere
Immerhin hat er gewußt St. Martin
Seit die Mitten über den Jordan gehn
Daß der Boden der Abgrund ist Leben ein Sprung
Denn Gott ist tot seine verwaisten Engel
Leihen ihre Flügel nicht mehr aus
Sein Skelett kreist im Weltraum
In der Hotelbar langweilt ein betrunkener Gast
Eine Serviererin sie hat dienstfrei und darf
An der Theke sitzen mit dem Krebstod seiner Frau
Dann unterhalten sie sich über Hunde

ICH MAG CHOWCHOWS sagt die Serviererin
WEIL SIE SO KLEIN SIND BITTE SEHR WO BLEIBT
MEIN DRINK schreit der Betrunkene I HATE DOGS
THEY TOOK MY TIME WHEN I LIVED WITH
MY WIFE
AND SHE'S DEAD NOW AND THE DOGS TOOK
MY TIME
Gestern habe ich Teorema gesehn
ICH BIN GESTORBEN FÜR DIESE
GESELLSCHAFT
Sagt der müde Kapitalist auf dem Bahnhofsstrich
Wie soll die Welt enden wenn das Geld müde wird
Der Strichjunge zieht sich schon auf dem Bahnsteig aus
Mitten unter den Reisenden ins Nichts
Die Welt ist beschrieben kein Platz mehr für Literatur
Wen reißt ein gelungener Endreim vom Barhocker
Das letzte Abenteuer ist der Tod
Ich werde wiederkommen außer mir
Ein Tag im Oktober im Regensturz

Baden-Baden Oktober 1995

Foucault —
wir sollten uns [illegible],
d.h. Frieden in Europa, über den wir reden,
[illegible] ist + war
nur ein Frieden im Krieg sein kann.

Krieg den Hütten Friede den Palästen
wir alle die hier versammelt sind
wohnen in Palästen.
gehören zu den Bewohnern usw. –

so wie die Stufe Faschismus eine
unglückliche Episode in dem viel-
hundertjährigen kapitalistischen
Weltkrieg war ein geographischer Irrtum in
der Geographie [Lapsus]
genocid in Europa stattfand,
was die Norm war für Afrika
Asien Südamerika –

wenn wir von den gleichen Waffen
reden, reden wir über verschiedene Dinge
Waffen in der kapitalist. Welt
Rüstung schafft Arbeitsplätze
Rüstung in unserer Welt bedeutet
Senkung des Lebensstandards (nicht nur
des materiellen)

— militärstrat. Gleichgewicht [illegible]
Friedensbewegung [illegible] Kulturerzeugung
(heute sind ohne Bedeutung)

die subversive ist mehr als diskursive
[illegible] Foucault, [illegible]
(Beispiel [illegible])

die subversive Funktion d. Kunst liegt in
ihrer Möglichkeit, die
Wirklichkeit unmöglich zu machen.

7

II
Ekel

Leben in diesem trüben Menschenbrei

»Per affectum intellegio corporis affectionis«, definierte Spinoza.[1] Der Primäraffekt des Ekels betrifft unmittelbar die Körper. Anders als Gefühle, die bereits die Innerlichkeit eines Subjekts voraussetzen, werden Affekte von keiner bewussten Repräsentanz begleitet; sie stellen sich nicht auf der Ebene der reflektierten Empfindung eines Ich und des träumerischen Sentiments ein, sondern auf der Ebene der unmittelbaren, d. h. körperlichen Wahrnehmung.

Dennoch ist der Affekt des Ekels nicht natürlich. Er ist *geschichtlich*. Affekte sind normativ kodiert und historisch modelliert. Dieselben Gegenstände – Szenen, Bilder, Töne oder Gerüche – rufen nicht bei allen Menschen zu allen Zeiten dieselben Affekte hervor, ob Freude, Ekel, Wut oder Verzweiflung. Sie betreffen und ergreifen zwar unmittelbar die Körper und ihre Physiologie, dennoch gehören sie nicht einfach ins Reich der Natur. Sie sind abhängig von einer spezifischen, historisch geprägten Sensibilität und Sinnlichkeit. Wahrnehmungs- und Empfindungsweisen werden durch die geschichtlichen Erfahrungen generiert und verwandelt, durch soziale, religiöse, politische Instanzen, durch historische Kämpfe und Niederlagen, politische Erwartungen und Enttäuschungen. Vor diesem Hintergrund gibt es keinen einfach individuellen Affekt, vielmehr ist jeder Affekt immer auch kollektiv, sozial und polemisch situiert. Insofern kann er, auch in Zeiten, in denen die politisch-revolutionären Begriffe nicht mehr zu greifen scheinen, eine kritische Distanz zur Welt in ihrer unmöglichen Einrichtung bewahren, die da ist und bleibt, weil er die Körper betrifft.

Ein wesentliches Merkmal der künstlerischen Avantgarden seit Beginn des 19. Jahrhunderts ist, dass sie den bürgerlichen Kunstbetrieb und seine überlegten ästhetischen (Geschmacks-)Urteile fliehen, dass sie nicht auf Erlebnisse des Schönen, auf Reflexionen und Konversationen setzen, sondern den Affekt, das heißt auch, die Äußerlichkeit der Körper bevorzugen.

Die Affekte durchqueren den Körper wie Pfeile, es sind Waffen in einem Krieg. Kleist ist der Erste, der das Außen der Affekte in die Literatur getragen hat, um der Zeit einen neuen, unerhörten Rhythmus und eine neue Ordnung zu geben, eine Abfolge von Katatonien und Ohnmachten, Blitzen, unvorhergesehenen Wendungen, überstürzten Aktionen. Katatonie heißt: ›dieser Affekt ist zu stark für mich‹, Blitz: ›die Kraft dieses Affekts reißt mich fort‹.[2]

Die avantgardistischen, nicht mehr schönen Künste, welche dem distanziert betrachtenden Ich keinen Ort gewähren, zielen seither auf eine radikal andere politisch-ästhetische Organisation der Körper, des Wahrnehmungsapparates, der Sinne. Es geht ihnen nicht um eine distanziert-ruhige, systematisch-diskursive Betrachtung der Welt, sondern um deren Veränderung, um den Schock und die affektive Erschütterung. Der Grund für die Privilegierung des Affektiven in der Avantgarde gegenüber dem *sentiment* und der diskursiven Adressierung des Publikums liegt zum einen in der historischen Erfahrung einer aus den Fugen geratenen revolutionären Welt, zum anderen in der gegen die Prosa der Verhältnisse revoltierenden *poetischen* Welterfahrung, die eine »direct sensuous apprehension of thought« ist, ein unmittelbar sinnliches Denken, »a recreation of thought into feeling«.[3]

Heiner Müllers Verhältnis zur geschichtlichen Wirklichkeit ist doppelt geprägt: zum einen von der barbarischen Erfahrung des genozidären 20. Jahrhunderts, wie Walter Benjamin sie 1933 unmittelbar nach der Machtergreifung Hitlers in seinem Essay »Erfahrung und Armut« beschrieben hat, nämlich als traumatische, die überkommene zivilisatorische Organisation des Menschenwesens radikal umwerfende und entwertende Schockerfahrung.[4] Zum anderen ist sein Wirklichkeits- und Weltbezug geprägt durch einen genuin poetischen, genauer: dramatischen, das Denken in Sinnlichkeiten verwandelnden, es sofort in Bilder und konfliktträchtige Szenen transformierenden Blick – so wie die Bilder und Szenen sich unmittelbar wiederum in Denken verwandeln.

Der grundlegende Affekt, der diesen poetischen Blick auf die kapitalistische Welt begleitet, ist der des Ekels: angesichts ihrer Grausamkeit, Brutalität, Gier, Ungerechtigkeit, Arroganz und Asozialität, angesichts ihres Zynismus und geheuchelten Mitleids, vor allem aber angesichts der selbstzufriedenen, vulgären Sattheit, der obszön ausgestellten Unschuld (die ein monströser Wille zum Nicht-Wissen-Wollen ist) und gepanzerten Fühllosigkeit ihrer Subjekte. Man will nichts wissen von der Gewalt und den Verbrechen, den Enteignungen und Kriegen, den Kolonialismen und den Elendsgettos, die zur Prosperität und Sauberkeit der Vorstadtsiedlungen und der *central business districts* gehören wie das Blöken aus den Schlachthöfen zum Filetstück, das den Feinschmeckern auf der Zunge zergeht.

Wenn man beispielsweise durch eine Einkaufspassage in Düsseldorf spaziert, stößt man nur noch auf massenhaften Lebensersatz. Da wird Kunst plötzlich Terror, bekommt die Aufgabe, dieses Leben auszulöschen, denn das Leben in Düsseldorf ist nicht lebenswert. Fünftausend rosa Slips bejahen nicht das Leben, das schreit vielmehr nach Tod und Vernichtung.[5]

Der Affekt des Ekels speist sich demnach nicht nur aus ästhetisch-theoretischen und moralischen Überlegungen oder bloßen Lektüren, sondern unmittelbar auch – Müller nennt das seinen »Traditionssozialismus« – aus genealogisch tradierter, familialer und historisch-politischer Erfahrung, die dem Körper je schon innewohnt.[6] Es ist die Erfahrung von Bauern und Arbeitern, welche die Gewalt des Fortschritts – der Pleiten, der Arbeitszeiten, des Hungers, der Kälte – am eigenen Leib erlitten und sie überliefert haben.

Schreiben gegen die Unmöglichkeit der Welt: mit dieser Wendung, die zugleich die Traditionslinie der Avantgarden weiterführt, bringt der Dramatiker die historische Erfahrung auf den Punkt der Produktion: Die Welt, wie sie ist, ist nicht möglich, man muss sie in ihrer Unmöglichkeit, im Alptraum ihrer unfasslichen Widersprüche zeigen – und sie erst noch möglich machen, d. h. verändern.

Damit geriet Müller bereits zu DDR-Zeiten in Konflikt mit einer allzu optimistischen, den avantgardistischen Rebellen nur noch im historischen Rückblick wohlgesonnenen Aufbau-Literatur, die in der Frühphase der DDR prometheisch und propagandistisch in die Welt gesetzt worden war. Später heißt es in der Autobiographie *Krieg ohne Schlacht* dazu:

Ich will nicht wissen, was die Welt im Innersten zusammenhält. Ich will wissen, wie sie abläuft. Es geht eher um Erfahrung als um Erkenntnis. Bei der Hinrichtungsversammlung im Schriftstellerverband 1961 gegen »Umsiedlerin« sagte Kurella einen Satz, der mich getroffen hat: »Aus diesem Text spricht ein ungeheurer Ekel an der Wirklichkeit.« Aus diesem Ekel wächst das Bedürfnis, die Wirklichkeit unmöglich zu machen. Das fiel mir jetzt wieder auf bei einem Text von Malraux über Goya. An Goya interessierte mich der Angriff auf die Wirklichkeit. Als er taub war und Angst hatte, blind zu werden, ging er zum Angriff auf die Wirklichkeit über. Was man bei Goya auch historisch erklären kann. Diese Situation, die ich erst in den letzten Jahren wirklich begriffen habe: Goya sitzt da in seinem reaktionären Spanien, in dieser Monarchie, gierig interessiert an der französischen Aufklärung. Dann kommt das Neue, der Fortschritt, die Aufklärung, die Revolution, aber als Besatzungsarmee, mit dem ganzen Terror der Besatzungsarmee. Die Bauern bilden die erste Guerilla für ihre bedrohten Unterdrücker. Sie bekämpfen den Fortschritt, der ihnen in Gestalt von Terror entgegentritt. In dieser Zerreißsituation entsteht bei Goya der breite Pinselstrich und der gebrochene Strich. Es gibt keine festen Konturen mehr, keinen klaren Pinselstrich. Es entstehen die Brüche und auch das Zittern des Strichs.[7]

Als permanente Produktion von Brüchen und zerreißenden Widersprüchen ist auch dieser Ekel dialektisch zu denken: Er schließt den Ekel auf die kapitalistische Welt ebenso ein wie den Ekel am scheiternden Sozialismus und an dessen verleugneten Widersprüchen, nicht zuletzt aber auch den Selbstekel angesichts der eigenen Privilegien. Dialektisch wird er dort, wo der Affekt des Ekels produktiv gewendet wird – und es ohne ihn keinen Grund zum Schreiben gäbe, vorerst keinen einzigen. Im Ekel nämlich zeigt sich die unmögliche Welt zugleich als

Freund und als Feind – als das, was es wert ist, verändert zu werden.

Damit ist Heiner Müllers *Ekel* grundlegend unterschieden von jeder a-sozialen, nihilistisch-existenzialistischen Weltverachtung, die Alfred Kurella 1961 zweifellos noch im Auge hatte, als er der *Umsiedlerin* – vor dem Hintergrund der Expressionismus-Debatte von 1937/38, an der er maßgeblich beteiligt war, und in Erinnerung an seine eigenen, lange schon selbstkritisch behandelten ultralinken, formalistischen Fehler – Weltekel vorwarf, also mangelnden Optimismus, fehlende sozialistische Zuversicht, Defätismus, Zersetzung der Parteimoral, individualistischen Dünkel usw. usf. Er täuschte sich, wie so oft, auch hier und stand mit seiner Kritik den späteren, westlichen Nihilismus-Vorwürfen, die Müller gemacht worden sind, näher, als er je hätte zugeben wollen. Denn dieser Affekt hat nichts mit Weltflucht, wohliger Regression, unglücklichem Bewusstsein oder elitärer Arroganz zu tun oder mit der Unfähigkeit, der Welt anders als im Modus verurteilender Abweisung zu begegnen. Er hat stattdessen zu tun mit dem, was Brecht das *Einverständnis* nannte. Die klassische Formel des Einverständnisses lautet im Lehrstück *Die Maßnahme* wie folgt:

Welche Niedrigkeit begingest du nicht, um
Die Niedrigkeit auszutilgen?
Könntest du die Welt endlich verändern, wofür
Wärest du dir zu gut?
Versinke in Schmutz
Umarme den Schlächter, aber
Ändere die Welt, sie braucht es!
Wer bist du?
Stinkend verschwinde aus

Dem gesäuberten Raum! Wärest du
Doch der letzte Schmutz, den du
Entfernen musst![8]

Angesichts der schmutzigen, niedrigen Welt wird der Affekt des Ekels genau dann produktiv, wenn sein Gegenstand als ekelhafter Gegenstand *bejaht* wird, nicht wenn er verdrängt, geleugnet, verneint oder phobisch abgestoßen wird. Der Ekel meint deswegen keine Flucht aus oder vor der Welt, sondern eine Flucht *in* die Welt, in der man zuletzt selbst verschwindet, bis hin zum Einswerden mit dem, wovor man sich ekelt. Denn das, wovor man sich ekelt, lässt sich nur ändern, indem man an es rührt – oder noch einfacher: indem man sich handelnd damit auseinandersetzt. Der Ekel ist eine dialektische Figur des Einverständnisses mit der Welt, nicht die Attitüde einer schönen Seele, die »den echten Gehalt der vorhandenen Welt nicht ertragen und verarbeiten« kann.[9] Deswegen korrespondiert ihm auch Müllers schwarzer Humor.

Anmerkungen

1 Spinoza, *Die Ethik. Lateinisch und Deutsch*, revidierte Übersetzung von Jakob Stern, Nachwort von Bernhard Lakebrink, Stuttgart: Reclam 1977, S. 254: »Unter Affekte verstehe ich die Affektionen des Körpers, durch die das Tätigkeitsvermögen des Körpers vergrößert oder vermindert, gefördert oder gehemmt wird, zugleich auch die Ideen dieser Affektionen.«

2 Gilles Deleuze, Félix Guattari, *Capitalisme et schizophrénie. Mille Plateaux*, Paris: Les Éditions de Minuit 1980, S. 440 (Aus dem Französischen von C. P.); vgl. dies., *Kapitalismus und Schizophrenie. Tausend Plateaus*, aus dem Französischen von Gabriele Ricke und Ronald Vouillié, Berlin: Merve 1992, S. 488.

3 T. S. Eliot, »The Metaphysical Poets«, in: *Selected Essays 1917-1932*, London: Faber and Faber 1932, S. 246.

4 Vgl. Walter Benjamin, »Erfahrung und Armut«, in: *Illuminationen. Ausgewählte Schriften*, herausgegeben von Siegfried Unseld, Frankfurt am Main: Suhrkamp 1977, S. 291-296.

5 Heiner Müller, »Da trinke ich lieber Benzin zum Frühstück. Betrachtungen zum Fundamentalismus«, in: *Werke*, Band 11: *Gespräche 2. 1987-1991*, herausgegeben von Frank Hörnigk, redaktionelle Mitarbeit: Kristin Schulz, Ludwig Haugk, Christian Hippe und Ingo Way, Frankfurt am Main 2008, S. 445.

6 Vgl. Heiner Müller, *Krieg ohne Schlacht. Leben in zwei Diktaturen. Eine Autobiographie*, in: *Werke*, Band 9: *Eine Autobiographie*, herausgegeben von Frank Hörnigk, redaktionelle Mitarbeit: Christian Hippe, Kristin Schulz, Ludwig Haugk und Ingo Way, Frankfurt am Main: Suhrkamp 2005, S. 252.

7 Ebd., S. 212 f.

8 Bertolt Brecht, *Die Maßnahme*, in: *Werke. Große kommentierte Berliner und Frankfurter Ausgabe*, herausgegeben von Werner Hecht, Jan Knopf, Werner Mittenzwei und Klaus-Detlef Müller, Band 3: *Stücke 3*, bearbeitet von Manfred Nössig, Berlin [Ost] und Weimar / Frankfurt am Main: Aufbau / Suhrkamp 1988, S. 89.

9 Georg Wilhelm Friedrich Hegel, *Vorlesungen über die Ästhetik I*, in: *Werke in 20 Bänden mit Registerband*, Band 13, Auf der Grundlage der Werke von 1832-1845 neu edierte Ausgabe [Redaktion: Eva Moldenhauer und Karl Markus Michel], Frankfurt am Main: Suhrkamp 1986, S. 278.

Grußadresse an eine Akademie

Ich habe nichts zu schaffen mit eurem Paradies für Dauerredner. Eh ihr nicht gelernt habt euch selber in die Fressen zu spein braucht ihr mir nicht mehr unter die Augen zu kommen. Die Hoffnung daß ihr nicht aufhören werdet mit Lügen ist was mich am Leben erhält. Spart den Trauerflor, ich werde mich nicht auf die Schienen legen. Warum stürzen sich die Lemminge ins Meer auf Spitzbergen? warum sehen die Bäume bei Windstille unschuldig aus? wen morde ich nachts? warum lebt ihr? warum will ich die Antwort nicht wissen? warum frage ich? Man sollte euch Scherben ins Maul stopfen, bis der Wind auf euren zerrissnen Gedärmen spielt. Ich hab euch den Spiegel gehalten für ein Trinkgeld. Auf meinem Schädel habt ihr ihn zertrümmert, weil euch eure Nase nicht gefallen hat. Jetzt ist keiner mehr übrig der euch eure Visagen zeigt. Wenn der Misthaufen wächst ist der Hahn dem Himmel näher. Die Misthaufen wachsen, die Hähne spreizen sich und hacken nach den Wolken.

[1961]

[Lysistrate 70]

CHOR

Nach viertausend Jahren Herdrauch Küchendunst Wäschedampf
Vom Geschirrspülen reden wir nicht und vom Staubfressen
Und das Erbrochene-vom-Vereinsabend-aus-dem-Frack-bürsten
Damit er seinem Chef wieder in den Arsch kriechen kann
Ohne daß der die Nase rümpft, und nebenan
Pissen die Kinder schon in die leeren Flaschen
Aber er wälzt sich noch im Doppelbett und träumt von der Weltherrschaft
Die er morgen antreten wird oder wasweißich
Einem ungeheuren Beischlaf in Chikago
Blutbeschmierte Weiber in den Leichenhallen
Und alles was ich von ihm habe ist sein Grunzen wie ein besoffenes Schwein.
Nach viertausend Jahren die Beine aufmachen für jedes Arschloch
Das einen eigenen Schwanz hat der uns den Bauch dick machen kann
Nach viertausend Jahren die Titten den Kindern ins Maul hängen
Bis sie am Boden schleifen beim die Treppe bohnern
Haben wir Köchin Waschbrett Matratze Müllerschlucker
Beschlossen es nicht mehr zu sein, sondern von jetzt an
Unsern Kampf zu führen mit allen Mitteln

Gegen die Herrschaft des Mannes über die Frau
Und zwar bis zur vollständigen Unterwerfung
Des Mannes unter die Herrschaft der Frau, also
Verfallen zu lassen unsre Wohnstätten gänzlich
Die zu unserm Gefängnis gemacht hat er
Und wenn sie zum Himmel stinken und wenn sie schwarz werden
Den Wanzen das Bett, den Schaben die Küche, den Motten der Kleiderschrank
Und nicht mehr aufzumachen die Beine für ihn
Der unsre Lust zu seiner Waffe gemacht hat
Also die Welt zu verwandeln in einen Dreckhaufen
Damit er sieht, daß sie ein Dreck ist, denn das ist sie
Ohne unsere Arbeit und er selber ist auch ein Dreck.

C Wollen wir Mann und Frau spielen, August.
A Meinetwegen. Ich spiele den Mann.
C Den Mann spiele ich.

[1970]

Germania Tod in Berlin

HOMMAGE À STALIN 1

Schnee. Schlachtlärm. Drei Soldaten. Ihre Körper sind nicht mehr vollständig. Auftritt im Schneetreiben ein junger Soldat.

SOLDAT 1 Da kommt Nachschub.
SOLDAT 2 Der hat noch alles.
SOLDAT 3 Wer ist dran?

SOLDAT 1 Ich.
SOLDAT 2 Woher, Kamerad?
JUNGER SOLDAT Aus der Schlacht.
SOLDAT 3 Wohin, Kamerad?
JUNGER SOLDAT Wo keine Schlacht ist.
SOLDAT 1 Deine Hand, Kamerad.

Reißt ihm den Arm aus. Der junge Soldat schreit. Die Toten lachen und fangen an, den Arm abzunagen.

SOLDAT 3 *den Arm anbietend:* Hast du keinen Hunger?

Der junge Soldat verdeckt sein Gesicht mit der verbliebenen Hand.

SOLDAT 1 Das nächste mal bist du dran. Der Kessel hat für alle Fleisch.

STIMMEN Vive l'empereur
Es lebe der Kaiser.

SOLDAT 1 Das ist Napoleon. Er kommt jede dritte Nacht.

Napoleon geht vorbei. Er ist bleich und dick. Er schleift einen Soldaten seiner Großen Armee an den Füßen hinter sich her.

Das geht in Ordnung. Es sind seine Leichen. Ohne ihn wären sie nicht hier. Und er zählt nach, er ist filzig. Kameradschaft gibt es nur bei uns. Willst du wirklich nichts essen?

Hinter Napoleon ist Cäsar aufgetaucht, grünes Gesicht, die Toga blutig und durchlöchert.

Der Grüne hinter ihm ist Cäsar. Der hat sein Fett: dreiundzwanzig Löcher.

SOLDAT 2 Wenn du den Arsch nicht mitzählst. *Lachen.*

SOLDAT 1 Er lebt vom Fechten. Seine Leichen hat er auf Sperrkonto: die Schlachtfelder liegen zu tief.

SOLDAT 3 Warum hat er sich nicht eingeteilt, der Makkaroni.

SOLDAT 1 Manchmal läßt Napoleon ihm ein Bein ab. *Lacht.*

Oder einen Arm. *Wirft Cäsar den abgenagten Arm zu.* Bei uns braucht keiner zu hungern. *Cäsar nimmt den Arm auf und verschwindet im Schneetreiben.*

Der junge Soldat läuft schreiend weg.

SOLDAT 3 Der kommt wieder. Der Kessel ist dicht.

Immer mehr Soldaten taumeln und kriechen auf die Bühne, fallen, bleiben liegen. Dann treten überlebensgroß in verrosteten Harnischen die Nibelungen Gunther, Hagen, Volker und Gernot auf.

GUNTHER *auf den Toten herumsteigend:* Simulanten. Drückeberger. Defätisten. Feiges Pack.

VOLKER Die glauben, wenn sie verreckt sind, haben sie alles getan, was von ihnen verlangt werden kann.

HAGEN *höhnisch:* Die glauben, die haben es hinter sich.

GERNOT Die werden sich wundern.

GUNTHER Nehmt eure Schwerter auf, ihr Nibelungen. Die Hunnen kommen wieder. GOTT MIT UNS.

Die Nibelungen bewaffnen sich mit Leichen und Leichenteilen und werfen sie brüllend auf imaginäre Hunnen, so daß ein unregelmäßiger Wall aus Leichen entsteht.

Sieh, Attila, die Ernte unsrer Schwerter.

Die Nibelungen setzen sich auf den Leichenwall, nehmen die Helme ab und trinken aus ihren Hirnschalen Bier.

GERNOT Immer dasselbe. *Die andern sehen ihn an, empört.*

Ich sage nicht, daß ich nicht mehr mitmachen will. Aber worum geht es eigentlich.

VOLKER Hast du Siegfried schon vergessen, den die Hunnen im Odenwald –

HAGEN *hebt seine Hirnschale:* Rache für Siegfried.

GUNTHER UND VOLKER *ebenso:* Rache für Siegfried.

GERNOT *zu Hagen:* Aber ich habe doch selbst gesehen. Ich meine, das weiß doch jeder, daß du ihn.

GUNTHER Wir alle haben gesehen, wie Hagen den Speer aus der Wunde zog, mit dem die Hunnen aus dem Hinterhalt unsern Siegfried –

GERNOT Ich habe gesehen, wer den Speer geworfen hat.

GUNTHER Er war ein Verräter.

GERNOT Wer.

GUNTHER Siegfried. Ich wollte es dir eigentlich nicht sagen. Man soll der Jugend ihre Illusionen lassen, solange es irgend geht. Jetzt weißt du es.

GERNOT Ich weiß immer noch nicht, warum wir uns hier mit den Hunnen herumschlagen.

VOLKER Bist du ein Hunne, daß du zum Kämpfen einen Grund brauchst.

HAGEN Weil wir aus dem Kessel nicht herauskommen, darum schlagen wir uns mit den Hunnen herum.

GERNOT Aber wir brauchen doch nur aufzuhören, und es gibt keinen Kessel mehr.

GUNTHER Hat er aufhören gesagt.

VOLKER Er hat es immer noch nicht gelernt.

HAGEN Der lernt es nie.

GUNTHER Wir dürfen die Hoffnung nicht aufgeben. Er ist kein Hunne.

VOLKER Wir werden ihn schon hinbiegen.

HAGEN Jedenfalls müssen wir jetzt anfangen. Zeit ist Geld.

Die drei stehen auf, bewaffnen sich und gehen auf Gernot zu. Der springt auf.

GERNOT Ich will nicht jede Nacht sterben. Ich finde das

langweilig. Es macht mir keinen Spaß. Ich möchte auch mal etwas anderes machen. Das mit den Frauen zum Beispiel. Ich habe vergessen, wie es heißt.

HAGEN *höhnisch:* Er hat vergessen, wie es heißt.

VOLKER Das ist die Jugend von heute. Sie hat keine Ideale mehr.

GUNTHER Was meinst du, wozu deine Mutter dich geboren hat. Wir werden es so lange üben, bis du es im Schlaf kannst.

Die drei Nibelungen schlagen in einem längeren Kampf den vierten in Stücke. Dann masturbieren sie gemeinsam.

VOLKER *masturbierend:* »Ich möchte auch mal etwas anderes machen. Das mit den Frauen zum Beispiel. Ich habe vergessen, wie es heißt.«

Die Nibelungen lachen.

HAGEN *ebenso:* Ich weiß schon nicht mehr, was das ist, eine Frau. Ich glaube, ich würde das Loch nicht mehr finden.

Die Nibelungen lachen.

GUNTHER *ebenso:* Der Krieg ist Männerarbeit. Jedenfalls geht das Geld jetzt nur noch in drei Teile. Das Loch im Kessel werden wir schon finden.

Die Nibelungen lachen. Volker stimmt seine Geige.

Laß deine Geige aus dem Spiel. Ich kenne deine Tricks. Er will uns weichmachen mit seiner Gesangsnummer. SCHLAFE MEIN PRINZCHEN SCHLAF EIN. Und dann haut er ab und reißt sich die Sore allein unter den Nagel.

HAGEN Besser, wir machen ihn gleich fertig.

GUNTHER Los. *Bewaffnen sich.*

VOLKER Kameraden. *Schlagen ihn in Stücke.*

GUNTHER Jetzt sind es nur noch wir beide.
HAGEN Einer zu viel.

Schlagen einer den andern in Stücke. Einen Augenblick Stille. Auch der Schlachtlärm hat aufgehört. Dann kriechen die Leichenteile aufeinander zu und formieren sich mit Lärm aus Metall, Schreien, Gesangsfetzen zu einem Monster aus Schrott und Menschenmaterial. Der Lärm geht weiter bis zum nächsten Bild. [1956/71]

Die Befreiung des Prometheus

Prometheus, der den Menschen den Blitz ausgeliefert, aber sie nicht gelehrt hatte, ihn gegen die Götter zu gebrauchen, weil er an den Mahlzeiten der Götter teilnahm, die mit den Menschen geteilt weniger reichlich ausgefallen wären, wurde wegen seiner Tat beziehungsweise wegen seiner Unterlassung im Auftrag der Götter von Hephaistos dem Schmied an den Kaukasus befestigt, wo ein hundsköpfiger Adler täglich von seiner immerwachsenden Leber aß. Der Adler, der ihn für eine teilweise eßbare, zu kleineren Bewegungen und, besonders wenn man von ihr aß, mißtönendem Gesang befähigte Gesteinspartie hielt, entleerte sich auch über ihn. Der Kot war seine Nahrung. Er gab ihn, verwandelt in eigenen Kot, an den Stein unter sich weiter, so daß, als nach dreitausend Jahren Herakles sein Befreier das menschenleere Gebirge erstieg, er den Gefesselten zwar schon aus großer Entfernung ausmachen konnte, weißschimmernd von Vogelkot, aber, zurückgeworfen immer wieder von der Mauer aus Gestank, weitere dreitausend Jahre lang das Massiv umkreiste, während der Hundsköpfige weiter die Leber des

Gefesselten aß und ihn mit seinem Kot ernährte, so daß der Gestank zunahm in dem gleichen Maß wie der Befreier sich an ihn gewöhnte. Endlich, von einem Regen begünstigt, der fünfhundert Jahre anhielt, konnte Herakles sich auf Schußweite nähern. Dabei hielt er mit einer Hand die Nase zu. Dreimal verfehlte er den Adler, weil er, von der Welle des Gestanks betäubt, die auf ihn einschlug, als er die Hand von der Nase nahm, um den Bogen zu spannen, unwillkürlich die Augen geschlossen hatte. Der dritte Pfeil verletzte den Gefesselten leicht am linken Fuß, der vierte tötete den Adler. Prometheus, wird erzählt, weinte laut um den Vogel, seinen einzigen Gefährten in dreitausend Jahren und Ernährer in zweimal dreitausend. Soll ich deine Pfeile essen, schrie er und, vergessend, daß er andere Nahrung gekannt hatte: Kannst du fliegen, Bauer, mit deinen Füßen aus Mist. Und erbrach sich vor dem Stallgeruch, der dem Herakles anhing, seit er die Ställe des Augias gesäubert hatte, weil der Mist zum Himmel stank. Iß den Adler, sagte Herakles. Aber Prometheus konnte den Sinn seiner Worte nicht begreifen. Auch wußte er wohl, daß der Adler seine letzte Verbindung zu den Göttern gewesen war, seine täglichen Schnabelhiebe ihr Gedächtnis an ihn. Beweglicher als je in seinen Ketten beschimpfte er seinen Befreier als Mörder und versuchte ihm ins Gesicht zu spein. Herakles, der sich vor Ekel krümmte, suchte währenddem die Fesseln, mit denen der Tobende an seinem Gefängnis befestigt war. Zeit, Wetter und Kot hatten Fleisch und Metall voneinander ununterscheidbar gemacht, beides vom Stein. Gelockert durch die heftigeren Bewegungen des Gefesselten wurden sie kenntlich. Es stellte sich heraus, daß sie von Rost zerfressen waren. Nur am Geschlecht war die Kette mit dem Fleisch verwachsen, weil Prometheus, wenigstens in seinen ersten zweitausend Jahren am Stein, gelegentlich masturbiert hatte. Später hatte er dann wohl auch sein Geschlecht vergessen. Von der Befreiung blieb eine Narbe. Leicht hätte sich Prometheus selbst befreien können, wenn er den Adler nicht gefürchtet hätte, waffenlos und erschöpft von den Jahrtausenden wie er war. Daß er die Freiheit mehr gefürchtet hat als den Vogel, zeigt sein Verhalten bei der Befreiung. Brüllend und geifernd, mit Zähnen und Klauen, verteidigte er seine Ketten gegen den Zugriff des Befreiers. Befreit, auf Händen und Knien, heulend in der Qual der Fortbewegung mit den tauben Gliedmaßen, schrie er nach seinem ruhigen Platz am Stein, unter den Fittichen des Adlers, mit keinem andern Ortswechsel als dem von den Göttern durch gelegentliche Erdbeben verfügten. Noch als er schon wieder aufrecht gehen konnte, sperrte er sich gegen den Abstieg wie ein Schauspieler, der seine Bühne nicht verlassen will. Herakles mußte ihn auf den Schultern vom Gebirge schleppen. Weitere dreitausend Jahre dauerte der Abstieg zu den Menschen. Während die Götter das Gebirge aus dem Grund rissen, so daß der Abstieg durch den Wirbel der Gesteinsbrocken eher einem Absturz glich, trug Herakles seine kostbare Beute, damit sie nicht zu Schaden kam, wie ein Kind an seine Brust gebettet. An den Hals des Befreiers geklammert, gab Prometheus ihm mit leiser Stimme die Richtung der Geschosse an, so daß sie den meisten ausweichen konnten. Dazwischen beteuerte er, laut gegen den Himmel schreiend, der vom Wirbel der Steine verdunkelt war, seine Unschuld an der Befreiung. Es folgte der Selbstmord der Götter. Einer nach dem andern warfen sie sich aus ihrem Himmel auf den Rücken des Herakles und zerschellten im Geröll. Prometheus arbeitete sich an den Platz auf der Schulter seines Befreiers zurück und nahm die Haltung des Siegers ein, der auf schweißnassem Gaul dem Jubel der Bevölkerung entgegenreitet.

[1972]

Herakles 2 oder die Hydra

Lange glaubte er noch den Wald zu durchschreiten, in dem betäubend warmen Wind, der von allen Seiten zu wehen schien und die Bäume wie Schlangen bewegte, in der immer gleichen Dämmerung der kaum sichtbaren Blutspur auf dem gleichmäßig schwankenden Boden nach, allein in die Schlacht mit dem Tier. In den ersten Tagen und Nächten, oder waren es nur Stunden, wie konnte er die Zeit messen ohne Himmel, fragte er sich noch manchmal, was unter dem Boden sein mochte, der unter seinen Schritten Wellen schlug, so daß er zu atmen schien, wie dünn die Haut über dem unbekannten Unten und wie lange sie ihn heraushalten würde aus den Eingeweiden der Welt. Wenn er vorsichtiger auftrat, schien es ihm, als ob der Boden, von dem er geglaubt hatte, daß er seinem Gewicht nachgäbe, seinem Fuß entgegenkam, ihn sogar, mit einer saugenden Bewegung, anzog. Auch hatte er das deutliche Gefühl, daß seine Füße schwerer wurden. Er zählte die Möglichkeiten. 1) Seine Füße wurden schwerer und der Boden saugte seine Füße an. 2) Er fühlte seine Füße schwerer werden, weil der Boden sie ansaugte. 3) Er hatte den Eindruck, daß der Boden seine Füße ansaugte, weil sie schwerer wurden. Die Fragen beschäftigten ihn eine Zeit (Jahre Stunden Minuten) lang. Er fand die Antwort in dem zunehmenden Schwindelgefühl, das der konzentrisch wehende Wind ihm verursachte: Seine Füße wurden nicht schwerer, der Boden saugte seine Füße nicht an. Das eine wie das andere war eine Sinnestäuschung, durch seinen fallenden Blutdruck bedingt. Das beruhigte ihn und er ging schneller. Oder glaubte er nur schneller zu gehn. Als der Wind zunahm, wurde er häufiger an Gesicht Hals Händen von Bäumen und Ästen gestreift. Die Berührung war zunächst eher angenehm, ein Streicheln oder als prüften sie, wenn auch oberflächlich und ohne besonderes Interesse, die Beschaffenheit seiner Haut. Dann schien der Wald dichter zu wachsen, die Art der Berührung änderte sich, aus dem Streicheln wurde ein Abmessen. Wie beim Schneider, dachte er, als die Äste seinen Kopf umspannten, dann den Hals, die Brust, die Taille usw., sogar an seinem Schritt schien der Wald interessiert zu sein, bis sie ihn von Kopf bis Fuß Maß genommen hatten. Das Automatische des Ablaufs irritierte ihn. Wer oder was lenkte die Bewegungen dieser Bäume, Äste oder was immer da an seiner Hutnummer Kragenweite Schuhgröße interessiert war. Konnte dieser Wald, der keinem der Wälder glich, die er gekannt, »durchschritten« hatte, überhaupt noch ein Wald genannt werden. Vielleicht war er selber schon zu lange unterwegs, eine Erdzeit zu lange, und Wälder überhaupt waren nur mehr was dieser Wald war. Vielleicht machte nur noch die Benennung einen Wald aus und alle andern Merkmale waren schon lange zufällig und auswechselbar geworden, auch das Tier, das zu schlachten er diese vorläufig noch Wald benannte Gegebenheit durchschritt, das zu tötende Monstrum, das die Zeit in ein Exkrement im Raum verwandelt hatte, war nur noch die Benennung von etwas nicht mehr Kenntlichem mit einem Namen aus einem alten Buch. Nur er, der Unbenannte, war sich selber gleichgeblieben auf seinem langen schweißtreibenden Gang in die Schlacht. Oder war auch, was auf seinen Beinen über den zunehmend schneller tanzenden Boden ging, schon ein andrer als er. Er dachte noch darüber nach, als der Wald ihn wieder in den Griff nahm. Die Gegebenheit studierte sein Skelett, Zahl, Stärke, Anordnung, Funktion der Knochen, die Verbindung der Gelenke. Die Operation war schmerzhaft. Er hatte Mühe, nicht zu schreien. Er warf sich nach vorn in einen schnellen Spurt aus der Umklammerung. Er wußte, nie war er schneller gelaufen. Er kam keinen Schritt weit, der Wald hielt das Tempo, er blieb in der Klammer, die sich jetzt um ihn zusammenzog und seine Eingeweide aufeinanderpreßte, seine Knochen aneinanderrieb, wie lange konnte er den Druck aushalten, und begriff, in der aufsteigenden Panik: Der Wald war das Tier, lange schon war der Wald, den zu durchschreiten er geglaubt hatte, das Tier gewesen, das ihn trug im Tempo seiner Schritte, die Bodenwellen seine Atemzüge und der Wind sein Atem, die Spur, der er gefolgt war, sein eigenes Blut, von dem der Wald, der das Tier war, seit wann, wieviel Blut hat ein Mensch, seine Proben nahm; und daß er es immer gewußt hatte, nur nicht mit Namen. Etwas wie ein Blitz ohne Anfang und Ende beschrieb mit seinen Blutbahnen und Nervensträngen einen weißglühenden Stromkreis. Er hörte sich lachen, als der Schmerz die Kontrolle seiner Körperfunktionen übernahm. Es klang wie Erleichterung: kein Gedanke mehr, das war die Schlacht. Sich den Bewegungen des Feindes anpassen. Ihnen ausweichen. Ihnen zuvorkommen. Ihnen begegnen. Sich anpassen und nicht anpassen. Sich durch Nichtanpassen anpassen. Angreifend ausweichen. Ausweichend angreifen. Dem ersten Schlag Griff Stoß Stich zuvorkommen und dem zweiten ausweichen. Umgekehrt. Die Reihenfolge ändern und nicht ändern. Dem Angriff begegnen mit gleicher und (oder) andrer Bewegung. Geduld des Messers und Gewalt der Beile. Er hatte seine Hände nie gezählt. Er brauchte sie auch jetzt nicht zu zählen. Überall wo immer wenn er sie brauchte, verrichteten sie seine Arbeit, Fäuste bei Bedarf, die Finger einzeln verwendbar, die Nägel gesondert, die Kanten aus dem Ellbogen. Seine Füße hielten den im Aufstand gegen die Gravitation zunehmend schneller rotierenden Boden fest, die Personalunion von Feind und Schlachtfeld, den Schoß, der ihn behalten wollte. Die alte Gleichung. Jeder Schoß, in den er irgendwie geraten war, wollte irgendwann sein Grab sein. Und das alte Lied. ACH BLEIB BEI MIR UND GEH NICHT FORT AN MEINEM HERZEN IST DER SCHÖNSTE ORT. Skandiert vom Knacken seiner Halswirbel im mütterlichen Würgegriff. TOD DEN MÜTTERN. Seine Zähne erinnerten sich an die Zeit vor dem Messer. Im Gewirr der Fangarme, die von rotierenden Messern und Beilen nicht, der rotierenden Messer und Beile, die von Fangarmen nicht, der Messer Beile Fangarme, die von explodierenden Minengürteln Bombenteppichen Leuchtreklamen Bakterienkulturen nicht, der Messer Beile Fangarme Minengürtel Bombenteppiche Leuchtreklamen Bakterienkulturen, die von seinen eigenen Händen Füßen Zähnen nicht zu unterscheiden waren in dem vorläufig Schlacht benannten Zeitraum aus Blut Gallert Fleisch, so daß für Schläge gegen die Eigensubstanz, die ihm gelegentlich unterliefen, der Schmerz beziehungsweise die plötzliche Steigerung der pausenlosen

Schmerzen in das nicht mehr Wahrnehmbare sein einziges Barometer war, in dauernder Vernichtung immer neu auf seine kleinsten Bauteile zurückgeführt, sich immer neu zusammensetzend aus seinen Trümmern in dauerndem Wiederaufbau, manchmal setzte er sich falsch zusammen, linke Hand an rechten Arm, Hüftknochen an Oberarmknochen, in der Eile oder aus Zerstreutheit oder verwirrt von den Stimmen, die ihm ins Ohr sangen, Chöre von Stimmen BLEIB IM RAHMEN LASS DAMPF AB GIB AUF oder weil es ihm langweilig war, immer die gleiche Hand am gleichen Arm immerwachsende Fangarme Schrumpfköpfe Stehkragen zu kappen, die Stümpfe zum Stehen bringen, Säulen aus Blut; manchmal verzögerte er seinen Wiederaufbau, gierig wartend auf die gänzliche Vernichtung mit Hoffnung auf das Nichts, die unendliche Pause, oder aus Angst vor dem Sieg, der nur durch die gänzliche Vernichtung des Tieres erkämpft werden konnte, das sein Aufenthalt war, außer dem vielleicht das Nichts schon auf ihn wartete oder auf niemand; in dem weißen Schweigen, das den Beginn der Endrunde ankündigte, lernte er den immer andern Bauplan der Maschine lesen, die er war aufhörte zu sein anders wieder war mit jedem Blick Griff Schritt, und daß er ihn dachte änderte schrieb mit der Handschrift seiner Arbeiten und Tode.

[1972]

MEDEASPIEL

Ein Bett wird vom Schnürboden heruntergelassen und hochkant aufgestellt. Zwei weibliche Figuren mit Totenmasken bringen ein Mädchen auf die Bühne und stellen es mit dem Rücken zum Bett auf. Einkleidung der Braut. Mit dem Gürtel des Brautkleids wird sie an das Bett gebunden. Zwei männliche Figuren mit Totenmasken bringen den Bräutigam und placieren ihn mit dem Gesicht zur Braut. Er steht kopf, geht auf den Händen, schlägt Rad vor ihr usw.; sie lacht lautlos. Er zerreißt das Brautkleid und nimmt seinen Platz an der Braut ein. Projektion: Geschlechtsakt. Mit den Fetzen des Brautkleids fesseln die männlichen Totenmasken die Hände und die weiblichen Totenmasken die Füße der Braut an das Bett. Der Rest dient als Knebel. Während der Mann vor den (weiblichen) Zuschauern kopfsteht, auf den Händen geht, Rad schlägt usw., schwillt der Bauch der Frau an, bis er platzt. Projektion: Geburtsakt. Die weiblichen Totenmasken holen der Frau ein Kind aus dem Bauch, lösen ihre Handfesseln, legen ihr das Kind auf die Arme. Gleichzeitig haben die männlichen Totenmasken den Mann so mit Waffen behängt, daß er sich nur noch auf allen vieren fortbewegen kann. Projektion: Tötungsakt. Die Frau nimmt ihr Gesicht ab, zerreißt das Kind und wirft die Teile in die Richtung des Mannes. Aus dem Schnürboden fallen Trümmer Gliedmaßen Eingeweide auf den Mann.

[vermutlich 1974]

Traktor. Fragment

DER SCHREI

TRAKTORIST Wo bin ich. Schwarz ist alles was ich seh.
Hab ich sehn gesagt. Und woher weißt du, Alter
Ob du noch Augen hast für Schwarz oder Weiß.
Ist Nacht oder bin ich schon unter mir
Kein Unterschied mehr zwischen Tag und Nacht
Und zwischen mir und mir kein Unterschied.
Das ist ein Bett. Das ist aus Eisen. Wär ichs
Läg ich nicht drauf. Und das bin ich. Oder
Der Rest von dem was vor der Mine ich war
Alt einunddreißig, Traktorist aus Gatow
Zum Minenpflüger gestern avanciert
Freiwillig, Kränzefresser morgen, Dung.
Ich war einssiebzig. Wie lang bin ich jetzt.
Red ich mit meinem Mund oder aus keinem.
Warum klingt meine Stimme wie von gestern.
Der schreit. Als ob ein ganzes Minenlager
Ein Sprengschlag nach dem andern, in ihm hochgeht.
He, Kumpel, hörst du auch die Engel singen.
Gib auf. Dagegen kannst du lange anschrein.
Sei froh, daß du noch schrein kannst. Ich kanns nicht mehr.

Der hört nicht auf. Der brüllt wie tausend Mann
Und seine Stimme dröhnt in meinem Schädel.
Und jetzt sag ich dir noch was: was da brüllt liegt
Nicht neben über hinter unter dir
Mit deinen Augen wirst du das nicht sehn

Und wenn du dir den Kopf aus dem Gelenk drehst
Ganz ohne Augen weißt du sein Gesicht
Wenn was da brüllt noch ein Gesicht hat und
Wenns kein Gesicht mehr hat siehst du das auch
Sein Name steht in deinem Ausweis, aus dir
Kommt seine Stimme, du bist was da brüllt
In der Ruine die dein Blut und Fleisch war
Eh dich die Mine aus der Welt gesprengt hat
Und alles was du bist sind meine Schmerzen
Und was mich noch zusammenhält dein Schrei.

Der Kommunismus beginnt dort, wo einfache Arbeiter in selbstloser Weise, harte Arbeit bewältigend, sich Sorgen machen um die Erhöhung der Arbeitsproduktivität, um den Schutz eines jeden Puds Getreide, Kohle, Eisen und anderer Produkte, die nicht dem Arbeiter persönlich und nicht ihm »Nahestehenden« zugute kommen, sondern »Fernstehenden«, d. h. der ganzen Gesellschaft in ihrer Gesamtheit.*

Der Textilarbeiter muß den Maschinenbauer sehen, wenn er die Maschine für ihn herstellt. Der Arbeiter der Maschinenfabrik muß den Kohlenhäuer sehen, wenn der das Brennmaterial für seinen Betrieb abbaut. Der Kumpel muß den Bauern sehen, der für ihn Getreide anbaut.

Alle Werktätigen müssen einander sehen, um zu einer engen, unverbrüchlichen Verbindung miteinander zu kommen …**

[1955/61/74]

* Lenin
** Dsiga Vertov

Leben Gundlings Friedrich von Preußen Lessings Schlaf Traum Schrei

Ein Greuelmärchen

LESSINGS SCHLAF TRAUM SCHREI

1

PROJEKTION (SPRECHER)
LESSING HATTE IN SEINEM GANZEN LEBEN EINEN UNGEMEIN FOLGSAMEN SCHLAF DER SOGLEICH KAM WENN ES IHM NUR EINFIEL DIE AUGEN ZU SCHLIESSEN ER HAT MICH OFT VERSICHERT DASS ER NIE GETRÄUMT HÄTTE DIESES GLÜCK BEHIELT ER BIS AN SEIN ENDE UND SAGTE NOCH KURZ VORHER WENN ER DEN GANZEN TAG GESCHLAFEN HATTE FREUE ER SICH DOCH AUF DIE NACHT (Leisewitz)

Schauspieler wird geschminkt (Lessingmaske) und kostümiert. Bühnenarbeiter stellen langen Tisch und Stühle auf.

SCHAUSPIELER *liest:*
Mein Name ist Gotthold Ephraim Lessing. Ich bin 47 Jahre alt. Ich habe ein / zwei Dutzend Puppen mit Sägemehl gestopft das mein Blut war, einen Traum vom Theater in Deutschland geträumt und öffentlich über Dinge nachgedacht, die mich nicht interessierten. Das ist nun vorbei. Gestern habe ich auf meiner Haut einen toten Fleck gesehen, ein Stück Wüste: das Sterben beginnt. Beziehungsweise: es wird schneller. Übrigens bin ich damit einverstanden. Ein Leben ist genug. Ich habe ein neues Zeitalter nach dem andern heraufkommen sehn, aus allen Poren Blut Kot Schweiß triefend je-

des. Die Geschichte reitet auf toten Gäulen ins Ziel. Ich habe die Hölle der Frauen von unten gesehn: Die Frau am Strick Die Frau mit den aufgeschnittenen Pulsadern Die Frau mit der Überdosis AUF DEN LIPPEN SCHNEE Die Frau mit dem Kopf im Gasherd. 30 Jahre lang habe ich versucht, mit Worten mich aus dem Abgrund zu halten, brustkrank vom Staub der Archive und von der Asche, die aus den Büchern weht, gewürgt von meinem wachsenden Ekel an der Literatur, verbrannt von meiner immer heftigeren Sehnsucht nach Schweigen. Ich habe die Taubstummen um ihre Stille beneidet im Geschwätz der Akademien. Und in den Betten der vielen Frauen, die ich nicht geliebt habe, um ihren lautlosen Beischlaf. Ich fange an, meinen Text zu vergessen. Ich bin ein Sieb. Immer mehr Worte fallen hindurch. Bald werde ich keine andere Stimme mehr hören als meine Stimme, die nach vergessenen Worten fragt. *Freunde treten auf, debattieren lautlos, besetzen die Stühle.* Das sind meine Freunde. *Freunde verbeugen sich.* Seit einiger Zeit fange ich an ihre Namen zu vergessen. *Freunde ziehen Strumpfmasken über Gesichter.* Vergessen ist Weisheit. Am schnellsten vergessen die Götter. Schlafen ist gut. Der Tod ist eine Frau. *Schauspieler erstarrt in Lessingmaske, Freunde in Debattierposen.*

[1976]

Verkommenes Ufer Medeamaterial Landschaft mit Argonauten

See bei Straußberg Verkommenes Ufer Spur
Flachstirniger Argonauten

Schilfborsten Totes Geäst
DIESER BAUM WIRD MICH NICHT
ÜBERWACHSEN Fischleichen
Glänzen im Schlamm Keksschachteln Kothaufen
FROMMS ACT CASINO
Die zerrissenen Monatsbinden Das Blut
Der Weiber von Kolchis
ABER DU MUSST AUFPASSEN JA
JA JA JA JA
SCHLAMMFOTZE SAG ICH ZU IHR DAS IST
MEIN MANN
STOSS MICH KOMM SÜSSER
Bis ihm die Argo den Schädel zertrümmert das nicht
mehr gebrauchte
Schiff
Das im Baum hängt Hangar und Kotplatz der
Geier im Wartestand

Sie hocken in den Zügen Gesichter aus Tagblatt und
Speichel
Starrn jeder in der Hose ein nacktes Glied auf gelacktes
Fleisch Rinnstein der drei Wochenlöhne kostet Bis
der Lack
Aufplatzt Ihre Weiber stellen das Essen warm hängen die
Betten in die Fenster bürsten
Das Erbrochene aus dem Sonntagsanzug Abflußrohre

Kinder ausstoßend in Schüben gegen den Anmarsch der Würmer
Schnaps ist billig
Die Kinder pissen in die leeren Flaschen
Traum von einem ungeheuren
Beischlaf in Chikago
Blutbeschmierte Weiber
In den Leichenhallen

Die Toten starren nicht ins Fenster
Sie trommeln nicht auf dem Abort
Das sind sie Erde von den Überlebenden beschissen
EINIGE HINGEN AN LICHTMASTEN ZUNGE HERAUS
VOR DEM BAUCH DAS SCHILD ICH BIN EIN FEIGLING

Auf dem Grund aber Medea den zerstückten
Bruder im Arm Die Kennerin
Der Gifte [1981/82]

Anatomie Titus Fall of Rome. Ein Shakespeare-Kommentar

Der Menschheit
Die Adern aufgeschlagen wie ein Buch
Im Blutstrom blättern

1

EIN NEUER SIEG VERWÜSTET ROM DIE HAUPTSTADT

DER WELT ZWEI SÖHNE EINES TOTEN KAISERS
JEDER GEFOLGT VON SEINEM SCHLÄGERTRUPP
ERHEBEN ANSPRUCH AUF DEN LEEREN THRON
DER EINE MIT DEM RECHT DER ERSTGEBURT
DER ANDRE POCHT AUF SEIN VERDIENST
DAZWISCHEN
STEHT IN DER SCHWACHEN HAND DIE
KAISERKRONE
DER ÄLTESTE TRIBUN BRUDER DES FELDHERRN
TITUS ANDRONIKUS DER SEIT ZEHN JAHREN
GEGEN DIE GOTEN KRIEG FÜHRT DIE AUS
WALD
UND STEPPE AN DEN TROG DER STÄDTE
DRÄNGEN
VON WÖLFEN DEZIMIERT MISSERNTEN
STÜRMEN
DER BOTE DER DEN SIEG GEMELDET HAT
LIEGT MIT ZERRISSNER LUNGE AUF DEN
STUFEN
ZUM KAPITOL DIE KANDIDATEN FUCHTELN
MIT IHREN SCHWERTERN HETZEN IHR
GEFOLGE
DEN MACHTKAMPF ZU BEENDEN EH DAS VOLK
DEN SIEGER IN FÜNF KRIEGEN AUF DEN
THRON STEMMT
TITUS ANDRONIKUS ROMS ERSTES SCHWERT
BESITZER JEDER TUGEND DIE ROM BRAUCHT
Ich Saturnin Ich Bassian bin Kaiser
DAS WELLBLECH DER VORSTÄDTE ZITTERT
SCHON
VON MARSCHTRITT UND DIE WÄCHTER AUF
DEN TÜRMEN

SEHN DIE STAUBSÄULE DER ARMEE IM ANMARSCH
ROM WARTET AUF DIE BEUTE SKLAVEN FÜR
DEN ARBEITSMARKT FÜR DIE BORDELLE FRISCHFLEISCH
GOLD FÜR DIE BANKEN WAFFEN FÜR DAS ZEUGHAUS
DAS VOLK AN WÜRSTCHENBUDEN UND IM BIERZELT
AUF SEINE LEBENDEN UND TOTEN HELDEN
UND IN DEN LEEREN FUSSBALLSTADIEN WARTEN
UMSUMMT VON FLIEGENSCHWÄRMEN BEIM WÜRFELSPIEL
MANCHMAL SCHLÄGT EINER ZWEI DREI FLIEGEN TOT
MIT BEIL UND RUTENBÜNDEL DIE LIKTOREN
AUF NACHSCHUB FÜR DIE KELLER DER TOTENWELT
IM HEIL DER KINDERCHÖRE DIE PARADE
SÄRGE VORAN DER INHALT TOTE SÖHNE
DES FELDHERRN JEDER SIEG HAT SEINEN PREIS
EINLADUNG AN DIE JUGEND NACHZUEIFERN
DEN TOTEN IN DEN TOD UND IN DEN RUHM
VIER SÖHNE LEBEN NOCH VIER FAHNENTRÄGER
SIE ZÄHLTEN ZWANZIG NACH DEM ERSTEN SIEG
DER TOTE PLEBS FAULT IN DEN MASSENGRÄBERN
DIE MÄDCHEN KNÖPFEN IHRE BLUSEN AUF

UND WERFEN BLUMEN VOR DIE
PANZERKETTEN
DAS GROSSE ROM DIE HURE DER KONZERNE
NIMMT SEINE WÖLFE WIEDER AN DIE BRUST
IM STAUB DER SIEGER KRIECHEN DIE
BESIEGTEN
DIE GOTEN DIESMAL EINE KÖNIGIN
MIT SCHWEREN BRÜSTEN IHR NEGER AN DER
KETTE
DER SCHWARZE UND DIE PRINZEN HINTER IHR
NOCH SIND ES DREI DIE SIEGER MIT MUSIK
STOPFEN DIE TOTEN INS FAMILIENGRAB
DIE TRAUER FRAGT NACH RACHE BLUT SÄUFT
BLUT
DEN FELDHERRN MAHNT DER ERSTGEBORNE
SOHN
Die Toten sind nicht gern allein Das Opfer
Die Königin der Goten hat drei Söhne
Einen zuviel Gib uns die Erstgeburt
ZWAR VOR DEN SCHWERTERN WIRFT SICH AUF
DIE KNIE
DIE KÖNIGIN DER GOTEN IHRE BRÜSTE
FEGEN DEN STAUB DOCH WAS GESCHIEHT
GESCHIEHT
[...]

EXKURS ÜBER DEN SCHLAF DER METROPOLEN

GRAS SPRENGT DEN STEIN DIE WÄNDE TREIBEN
BLÜTEN
DIE FUNDAMENTE SCHWITZEN SKLAVENBLUT
RAUBKATZENATEM WEHT IM PARLAMENT

MIT HEISSER WOLKE MIT GESTANK VON AAS
HYÄNENSCHATTEN STREICHT UND
GEIERFLUG
DURCH DIE ALLEEN UND FLECKT DIE
SIEGESSÄULEN
DIE PANTHER SPRINGEN LAUTLOS DURCH DIE
BANKEN
ALLES WIRD UFER WARTET AUF DAS MEER
IM SCHLAMM DER KANALISATION TROMPETEN
DIE TOTEN ELEFANTEN HANNIBALS
DIE SPÄHER ATTILAS GEHN ALS TOURISTEN
DURCH DIE MUSEEN UND BEISSEN IN DEN
MARMOR
MESSEN DIE KIRCHEN AUS FÜR PFERDESTÄLLE
UND SCHWEIFEN GIERIG DURCH DEN
SUPERMARKT
DEN RAUB DER KOLONIEN DEN ÜBERS JAHR
DIE HUFE IHRER PFERDE KÜSSEN WERDEN
HEIMHOLEND IN DAS NICHTS DIE ERSTE WELT

[1983/84]

Stirb schneller, Europa

MÜLLER Sich auf ein geistiges Europa zu beziehen, wie man das noch vor zehn, fünfzehn Jahren konnte, ist wohl unmöglich geworden. 1975 habe ich mir in New York wochenlang amerikanische Filme angesehen, bis ich einen wahren Ekel vor dieser Mentalität von action und plot bekam. Und dann gab es eine Godard-Retrospektive – das war wie ein Aufatmen. Plötzlich sah ich wieder Filme, die etwas mit Denken zu tun hatten, die einen Überschuß an Ideen produzierten. In den USA wird nur das gedacht, was man braucht, um einen Film zu verkaufen. Das ist die pure Barbarei, und im Vergleich dazu hat Europa natürlich seinen Wert. Aber das ist zugleich ein Kompliment an den Imperialismus in der Technik. Die Vergewaltigung der Natur hat ihre Entsprechung in der Verselbständigung des Denkens, das über seine Funktionale hinausgetrieben worden ist.

RADDATZ Nur, läßt sich dieses aus den Fugen geratene Denken besänftigen, ohne in geistige Regression zu verfallen?

MÜLLER Zunächst einmal glaube ich nicht, dass Batailles Modell der »zwei Zivilisationen« – einer Zivilisation der Verschwendung, wie sie im alten Ägypten oder in den indianischen Hochkulturen entstanden sei, und einer Zivilisation der Ökonomie in Europa – stimmt. Wenn man vom Überbau ausgeht, von der Geschichte des Denkens und der Kunst, ist Europas Kultur eine Zivilisation der Verschwendung. Man muß aber wohl damit leben, daß der geistige Mensch in unserem Zeitalter ausstirbt. In den McDonald's-Läden sitzt doch schon eine ganz neue Menschenrasse, die begeistert Scheiße schlürft. Das ist zwar im Einzelfall rätselhaft, aber im Grunde genommen ist es die Ankündigung der Machtübernahme durch die Computer. Da sitzen doch nur noch Zombies, und die an diese neue Welt gewöhnten Kinder brauchen weder Kunst noch Literatur oder Theater und werden nie im Leben auf die Idee kommen, daß das für sie interessant sein könnte. Oder daß irgendein Gedanke interessant ist, der sich nicht unmittelbar in Hamburger umsetzen läßt. [1989]

HERZ DER FINSTERNIS NACH JOSEPH CONRAD

Für Gregor Gysi

Schaurige Welt kapitalistische Welt

(Gottfried Benn in einem Radiogespräch mit Johannes R. Becher 1930)

In der Valuta-Bar des Hotels METROPOL
Berlin Hauptstadt der DDR bemüht sich
Eine polnische Hure Gastarbeiterin
Um einen Greis mit Schnupfen
Zwischen den Kapiteln seines Vortrags
Über die Freiheit in den USA
Rotzt er ins Taschentuch und schreit nach dem Abfalleimer
Noch im Griff des Mitleids mit ihrem schweren Beruf
Höre ich zwei Geschäftsreisende
Bayern dem Geräusch nach
Asien verteilen: ALSO MALAYSIA TÄT MIR GFALLN
THAILAND AUCH KOREA GHÖRT DAZU
ALSO DAS KREUZSCHIENENSYSTEM FÜR DEN JEMEN
TÄT ICH NOCH PLANEN DANN
HAT SICH DIE SACHE
CHINA GHÖRT AUCH DAZU
CHINA IST ALS EINZIGES PROJEKT VERKAUFT WORDN
In der S-Bahn ZOOLOGISCHER GARTEN FRIEDRICHSTRASSE
Habe ich zwei DDR-Bürger kennengelernt
Einer erzählt Mein Sohn drei Wochen alt

Wurde geboren mit einem Schild vor der Brust
ICH WAR AM NEUNTEN NOVEMBER IM WESTEN
Meine Tochter gleichaltrig Ich habe Zwillinge
Trägt die Aufschrift ICH AUCH
THE HORROR THE HORROR THE HORROR

[vermutlich Dezember 1989]

SELBSTKRITIK 2 ZERBROCHNER SCHLÜSSEL

Der Aufstand brach am 23. Oktober 1956 aus, doch er begann schon am 6. Oktober mit der feierlichen Beisetzung von Rajk und seinen Genossen, wo 200 000 Menschen den Ermordeten die letzte Ehre erwiesen, aber vor allem für den Sturz eines mörderischen Regimes demonstrierten. Nur Vereinzelte erinnerten sich noch an den Stalinisten Rajk, wie das einer der Demonstranten tat, der vor sich hin flüsterte: Hätte er das erlebt, er würde in die Menge schießen lassen …

(Hodos: Schauprozesse S. 250)

Blaubarts verbotne Tür Verbotner Traum
Die toten Frauen im zertanzten Raum
Das Blut vom Schlüssel wäscht kein Regen ab
Den Tod auf deiner Netzhaut deckt kein Grab
Kein Engel sprengt mit Flügeln deinen Raum
Die toten Frauen essen deinen Traum
Der letzte Beischlaf ist das Standgericht
Im Jahr der Wolfsmilch siehst du dein Gesicht

[vermutlich 1989/90]

BESUCH BEIM ÄLTEREN STAATSMANN

Seine Gesundheit
Ist angegriffen der Wodka nur für die Gäste
Beim Tee seine Hände Der zögernde Griff
Nach dem Teeglas Es könnte voll Blut sein Er kennt
Die Verbrechen des Jahrhunderts Hin und her
Zwischen den geheimen Mächten
30 000 haben die Briten in Griechenland …
Die Amerikaner wollten de Gaulle …
Churchill bezog ein Salair von …
Der Folterer Barbie war der Erfinder der Barbypuppe
Die Helden des 20. Juli
Sind Märtyrer geworden weil der …
Seine Hand aus der Operation zog Und sein Geld
Als Stauffenberg Linkshänder wurde Die Balten
Haben den Deutschen viel Arbeit erspart mit den …
Ich habe Angst vor meinem eignen Schatten
Sagte Stalin zu Shukow als der noch in der Gnade war
Als Hitler der Treibstoff ausging begann der Golfkrieg
Und welches Volk in Europa wäre nicht glücklich
Heute mit fröhlicher Mehrheit unter dem Hakenkreuz
Wie das deutsche Volk glücklich war erstmalig
In seiner grauen Geschichte voll geografischen Unheils
In der Freiheit von Juden Zigeunern Perversen
Kommunisten Asylantenpack
Die Wälder intakt und die Wiesen bis die Rechnung
kam
Was wußte Hegel der Stümper von Politik
Aus der Geschichte lernen heißt das Nichts lernen
Politik ist DAS MACHBARE Ein Männertraum
Aus dem kein Kind schreit In allen Sprachen

Heißt die Zukunft Tod Die Hände des älteren
Staatsmanns
Manchmal sieht er sie an und bewegt sie im Schweigen
Wie beim Gespräch Sein Monolog ist stumm
Mit dem Blick auf seine Hand zögernd am Teeglas
Das Vergessen macht den erfolgreichen Staatsmann
Ihre Gefühle Hatten Sie Gefühle Welche wenn ja
Bei der Vertreibung aus Ihrem letzten Büro
Gefühle Nichts fühlte ich nichts nichts nichts nur die
bittere Leere
Beim Zuhören hinter Gerüchten Mythen Legenden
Tauchen die Nachrichten auf wird mein Blick
Auf seine Hände zum Spiegelblick Seine Trauer gerinnt
Zu meinem kälteren Text Was geht mich die Welt an Ich
Esse ihre Bilder Die Wahrheit WAHRHEIT
Ist kein Gegenstand Die Farben der Lüge sind
Mein Bier Ich verlasse den älteren Staatsmann
Seine Gestalt in der Tür gebeugt von
HERRSCHAFTSWISSEN
Seinen doppelten Händedruck Mit dem erhabnen Gefühl
Daß die Welt an uns vorbeigeht und es macht nichts
[21. Dezember 1992]

AHNENBRÜHE

Tödlich der Menschheit ihre zu rasche Vermehrung
Jede zweite Geburt ein Tod zu wenig Mord ein Geschenk
Jeder Vulkan eine Hoffnung Lob den Taifunen
Nicht Jesus Herodes kannte die Wege der Welt
Die Massaker sind Investitionen in die Zukunft
Gott ist kein Mann keine Frau ist ein Virus

Krankheit die dich gewöhnt an die Demut
Des Fleisches unter dem Boden
Im Keuchen der Bronchien
Die Stimme des Jüngsten Gerichts
Im SPIEGEL Berichte
Über die weltweit wachsende Schwierigkeit
Bei der Entsorgung unsrer versickernden Reste
BLUMENDÜNGER genannt im Gedicht der
Romantik
Die Toten stillten die Enkel bei Mondschein
Und von der Sonne ging keine Gefahr aus
AHNENBRÜHE von heutigen Totengräbern
Verseucht mit Medikamenten verpestet von Fortschritt
Verwüsten wir tot UNSERE Umwelt UMWELT
Was für ein Wort WIR SIND DIE STRAHLENDE
MITTE
Wie anders lebt man wissend daß man ein Gift ist
Lebt man anders Braucht der Mensch den Menschen
TOD DEN ENKELN Besser wir kehrten die Zeit um
Unser Besitzstand der Tod und keine Geburt mehr

[1992]

MOMMSENS BLOCK

für Félix Guattari

What authorities are there
beyond Court tittle tattle
(Mommsen zu James Bryce 1898)

Die Frage warum der große Geschichtsschreiber
Den vierten Band seiner RÖMISCHEN GESCHICHTE

Den lang erwarteten über die Kaiserzeit
Nicht geschrieben hat beschäftigt
Die Geschichtsschreiber nach ihm
Gute Gründe sind im Angebot
Überliefert in Briefen Gerüchten Vermutungen
Der Mangel an Inschriften Wer mit dem Meißel schreibt
Hat keine Handschrift Die Steine lügen nicht
Kein Verlaß auf die Literatur INTRIGEN UND
HOFKLATSCH Selbst die silbernen Fragmente
Des lakonischen Tacitus nur Lektüre für Dichter
Denen die Geschichte eine Last ist
Unerträglich ohne den Tanz der Vokale
Auf den Gräbern gegen die Schwerkraft der Toten
Und ihre Angst vor der ewigen Wiederkehr
Er mochte sie nicht die Cäsaren der Spätzeit
Nicht ihre Müdigkeit nicht ihre Laster
Er hatte genug an dem einzigen Julius
Der ihm wert war wie der eigne Grabstein
Schon CÄSARS TOD ZU SCHILDERN hatte er
Wenn er gefragt wurde nach dem ausstehenden
Vierten Band NICHT MEHR DIE LEIDENSCHAFT
Und DIE FAULENDEN JAHRHUNDERTE nach ihm
GRAU IN GRAU SCHWARZ AUF SCHWARZ
Für wen
Die Grabschrift Daß der Geburtshelfer Bismarck
Zugleich der Totengräber des Reiches war
Der Nachgeburt einer falschen Depesche
Konnte geschlossen werden aus dem dritten Band
Mürbe geworden war in Charlottenburg
Zweimal täglich die Fahrt mit der Pferdebahn
Im Staub der Bücher und Handschriften vierzig
Tausend im Haus Mommsen Machstraße acht

Zwölf Kinder im Souterrain DER MUT ZUM IRRTUM
Der ZUM HISTORIKER QUALIFIZIERT ICH WEISS
JETZT
LEIDER WAS ICH NICHT WEISS Zum Beispiel
Warum
Zerbricht ein Weltreich Die Trümmer antworten nicht
Das Schweigen der Statuen vergoldet den Untergang
WAS WIR VERSTEHN SIND DIE INSTITUTIONEN
ABER ER IST MÜDE UND RECHT STAUBIG
Schrieb der fromme Dilthey an den Grafen York
VOM WEG AUF DEN LANDSTRASSEN DER
PHILOLOGIE
INSKRIPTIONEN UND PARTEIPOLITIK
OHNE HEIMWEH DES GEISTES NACH DEM UN-
SICHTBAREN REICH Sein Reich war das Greifbare
Im Brief an eine Tochter Frau Wilamowitz
Träumt er von einer Villa bei Neapel
Nicht um sterben zu lernen Kommt Zeit kommt Tod
Und keine Gnade EIN KÖHLERGLAUBE
FÜR GRAFEN UND BARONE das Christentum
Eine Baumkrankheit von der Wurzel her
Ein Krebs unterwandert von Nachrichtendiensten
Die zwölf Apostel zwölf Geheimagenten
Der Verräter liefert den Gottesbeweis
Und das Firmenzeichen Saulus ein kolonisierter
Bluthund spielt den Part des Sozialdemokraten
Paulus geworden durch einen Sturz vom Pferd
Und Leithammel des Unbekannten Gottes
Dem er die Schafe ins Gehege lockt
Zur Selektion Heil oder Verdammnis
Nur vor den Würmern sind die Toten gleich
Ein Polizeispitzel der erste Papst

Nur Johannes auf Patmos im Drogenqualm
Der Ketzer der Totenführer der Terrorist
Hat das Neue Tier gesehn das heraufkommt
Der Traum von Italien ist ein Traum vom Schreiben
Das Stimulans des Mondscheins auf Ruinen
Mit dem göttlichen Hochmut MEINER JUNGEN JAHRE
DER JÜNGEREN ZUMINDEST JUNG WAR ICH NIE
Was bleibt ist die GÖTTLICHE GROBHEIT A POOR
SUBSTITUTE Im Sumpf die Adler Warum das
Aufschreiben nur weil die Menge es lesen will
Daß in den Sümpfen mehr Leben ist als
In der Höhe weiß die Biologie
Wie soll man den Leuten begreiflich machen
Und wozu daß das erste Jahrzehnt unter Nero
Dem verhinderten Künstler dem blutigen
Musik wird hoch gehandelt im Niedergang
Wenn alles gesagt ist werden die Stimmen süß
Eine glückliche Zeit war für das Volk von Rom
Die glücklichste vielleicht seiner langen Geschichte
Es hatte sein Brot seine Spiele Die Massaker
Fanden in den oberen Rängen statt
Und hatten eine hohe Einschaltquote
Ein Wohnungsbrand im Haus Mommsen verursacht
Nicht durch christlichen Eifer gegen Bibliotheken
Wie vor zweitausend Jahren in Alexandria
Sondern durch eine Gasexplosion MACHSTRASSE ACHT
Ließ die schreckliche Hoffnung aufkommen
Der große Gelehrte habe den vierten Band
Den lang erwarteten über die Kaiserzeit

Doch geschrieben und der Text sei verbrannt
Mit dem Übrigen der Bibliothek zum Beispiel
Vierzigtausend Bände plus Handschriften
Gerettet wurde DAS AKADEMIEFRAGMENT
Sieben Seiten Entwurf gerahmt von Feuer
IN SPITZEN KLAMMERN DIE VERBRANNTEN WÖRTER
MOMMSENS wie die Herausgeber schreiben
Einhundertzwölf Jahre nach dem Brand
Über den Brand berichten die Zeitungen
Der Zeitungsleser Nietzsche schreibt an Peter Gast:
»Haben Sie von dem Brande in Mommsens Hause gelesen? Und daß seine Excerpten vernichtet sind, die mächtigsten Vorarbeiten, die vielleicht ein jetzt lebender Gelehrter gemacht hat? Er soll immer wieder in die Flammen hineingestürzt sein, und man mußte endlich gegen ihn, den mit Brandwunden bedeckten, Gewalt anwenden. Solche Unternehmungen wie die Mommsens müssen sehr selten sein, weil ein ungeheures Gedächtnis und ein entsprechender Scharfsinn in der Kritik und Ordnung eines solchen Materials selten zusammen kommen, vielmehr gegen einander zu arbeiten pflegen. – Als ich die Geschichte hörte, drehte sich mir das Herz im Leibe um, und noch jetzt leide ich physisch, wenn ich dran denke. Ist das Mitleid? Aber was geht mich Mommsen an? Ich bin ihm gar nicht gewogen.«
Ein Dokument aus dem Jahrhundert der Briefschreiber
Die Furcht vor der Einsamkeit versteckt im Fragezeichen
Wer ins Leere schreibt braucht keine Interpunktion
Gestatten Sie daß ich von mir rede Mommsen Professor
Größter Historiker nach Gibbon laut Toynbee
(Oder sagte er neben Die ewig nagende Furcht

Der Gepriesnen daß die Meßlatte lügt)
Im Leben wohnhaft Charlottenburg Machstraße acht
Zwei drei Seiten lang Für wen sonst schreiben wir
Als für die Toten allwissend im Staub Ein Gedanke
Der Ihnen vielleicht nicht zusagt dem Lehrer der Jugend
Das Vergessen ist ein Privileg der Toten
Immerhin haben Sie selbst die Publikation
Ihrer Kollegs per Testament verboten
Weil der Leichtsinn auf dem Katheder Verrat übt
An den Mühen des Schreibtischs Selbst die AENEIS
Wollten Sie verbrannt sehn nach dem Willen
Des gescheiterten Vergil Dem Augustus
Baumeister Roms selber zögernd vor der Vollendung
Weil sie den Abgrund verschweigt die Unsterblichkeit aufzwang
Die GÖTTLICHE KOMÖDIE wäre nicht
Geschrieben worden oder weniger dauerhaft
Ohne sein Verdikt gegen das Feuer
Und ich wollte Sie könnten Kafka lesen Professor
In Ihrer Marmorgruft auf Ihrem Sockel
Die Bomben des Zweiten Weltkriegs Sie wissen es
Haben die Machstraße nicht verschont Verschont
Wurde nicht Ihre Akademie der Wissenschaften
Vom Sturz der asiatischen Despotie Produkt
Einer falschen Lektüre und fälschlich genannt
Sozialismus nach dem großen Historiker
Des Kapitals Den Sie nicht wahrgenommen haben
Arbeiter in einem andern Steinbruch
Bevor sein Denkmal auf Ihrem Sockel stand
Einen Staat lang Der Sockel ist wieder Ihr Standort
Vor der Universität benannt nach Humboldt
Von den Machthabern einer Illusion

(Sie hatten Ihre Römische Geschichte nicht
Gelesen und Marx nicht der die Lektüre verschwiegen hat
Hätte er länger gelebt hätte man sagen können
Aus Geldneid vielleicht auf Ihren Nobelpreis der Jude)
Gefangen im Strickmuster der roten Cäsaren
Die SEINEN Text skandierten mit Soldatenstiefeln
Wie räumt man ein Minenfeld fragte Eisenhower
Sieger des Zweiten Weltkriegs einen andern
Sieger Mit den Stiefeln
Eines marschierenden Bataillons antwortete Shukow
Der GROSSE OKTOBER DER ARBEITERKLASSE
besungen
Freiwillig Mit Hoffnung Oder im doppelten Würgegriff
Von zu vielen Und noch mit durchschnittener Kehle
War ein Sommergewitter im Schatten der Weltbank
Ein Mückentanz über Tatarengräbern
WHERE THE DEAD ONES WAIT
FOR THE EARTHQUAKES TO COME
Wie Ezra Pound vielleicht sagen würde der andre Vergil
Der auf den falschen Cäsar gesetzt hat gescheitert
auch er
Nämlich die Gespenster schlafen nicht
Ihre bevorzugte Nahrung sind unsere Träume
Entschuldigen Sie Professor den bitteren Tonfall
Die Universität benannt nach Humboldt
Vor der Sie wieder auf Ihrem Sockel stehn
Lange nach Ihrem Tod wird freigeschaufelt
Gerade jetzt vom vermuteten Unrat des neuen
Köhlerglaubens nicht für Grafen und Barone
Gestern beim Essen in einem Nobelrestaurant
In der wiedervereinigten Hauptstadt Berlin
Blätterte ich in den Mitschriften Ihres Kollegs

Über die Römische Kaiserzeit frisch vom Buchmarkt
Zwei Helden der Neuzeit speisten am Nebentisch
Lemuren des Kapitals Wechsler und Händler
Und als ich ihrem Dialog zuhörte gierig
Nach Futter für meinen Ekel am Heute und Hier:
»Diese vier Millionen / Müssen sofort zu uns // Aber das geht nicht // Aber das fällt garnicht auf // Wenn du diese Klaviatur nicht beherrschst / Bist du verloren Das hast du an X gesehn / Er hat sie nicht beherrscht // Die mußt du ihm / Einhämmern sonst geht er baden Schade // Also ich habe die Befürchtung / Daß sie ihn an die Wand haun Wie eine Qualle // Hängt er dann da Und zappelt und zappelt // Ich halte ihn für einen guten Akquisiteur Im Vorfeld / Aber wenns an die Knochenarbeit geht ... // Dann muß ers in andre Hände geben // Aber dann ist die Frage Sind unsre Hände so gut / Daß sie den Spieß umdrehn können // Man muß ihn auf Vordermann bringen // Wir müssen ihn kaufen für die Deutsche Bank // Den holen wir uns selber rein / Wenn ich nur die Kneifzange habe / Das bring ich ihm bei Dann verdient er / Wirklich Geld.«
Fünf Straßen weiter wie die Sirenen andeuten
Schlagen die Armen auf die Ärmsten ein
Und als die Herren privat werden Zigarren und Cognak
Strikt nach dem Lehrbuch der Politischen Ökonomie
Des Kapitalismus: »Mich wollten sie / Auf die Hilfsschule schicken // Meine Mutter war knochenhart / Gegen alle Du machst das Abitur / Das Kollegium war immer gespalten /

Es gab Lehrer die hielten mich für dumm.«
Tierlaute Wer wollte das aufschreiben
Mit Leidenschaft Haß lohnt nicht Verachtung läuft leer
Verstand ich zum erstenmal Ihre Schreibhemmung
Genosse Professor vor der römischen Kaiserzeit
Der bekanntlich glücklichen unter Nero
Wissend der ungeschriebne Text ist eine Wunde
Aus der das Blut geht das kein Nachruhm stillt
Und die klaffende Lücke in Ihrem Geschichtswerk
War ein Schmerz in meinem wie lange noch atmenden
Körper
Und ich gedachte des Staubs in Ihrer Marmorgruft
Und des kalten Kaffees am Morgen früh sechs
In Charlottenburg im Haus Mommsen Machstraße acht
An Ihrem Arbeitsplatz umstellt von Büchern

[Ende 1992]

Ich hab zur Nacht gegessen mit Gespenstern

ICH HAB ZUR NACHT GEGESSEN MIT
GESPENSTERN
Jetzt holt Journaille meinen Schatten heim
ER HAT MIT DEM TEUFEL GEFRÜHSTÜCKT SEIN
LÖFFEL WAR
ZU KURZ BESPEIT IHN Im Erbrochnen schwimmt
Ein schwarzer Himmel Blau schreibt Leonardo
Mit seiner linken Hand in Spiegelschrift
Ist keine Farbe Ist ein Zufall aus
Luftströmungen und Hintergründen Nichts
Ist blau der Himmel eine schwarze Heimat

[Januar 1993]

Es fehlt ein wahnsinniger Monarch ...

KLUNKER In dem Text MOMMSENS BLOCK sprechen Sie von Ihrem Ekel »am Heute und Hier«. Was meinen Sie damit?

MÜLLER »Ekel« ist eine sehr poetische Vokabel. Ich würde es nicht so dramatisch nehmen, wie es geschrieben steht. Aber das Hauptproblem ist eigentlich für meine Generation, für Leute mit meiner oder ähnlicher Herkunft, daß das, was jetzt passiert, einfach als Wiederholung erscheint, als Wiederkehr von etwas Altem, was man kennt, und das erzeugt ein bißchen Langeweile. Als Stoff oder Material könnte mich nichts interessieren, was jetzt passiert, weil ich das Gefühl habe, das kenne ich alles schon.

KLUNKER Das ist eine andere Art Überdruß, als sie beispielsweise Oscar Wilde empfand vor dem Ersten Weltkrieg. Aber ist das also auch so eine Art *fin de siècle*-Gefühl?

MÜLLER Das ist es schon. Bloß es ist gar nicht mehr so viel da, was zu Ende gehen kann. Die Substanz ist sehr viel dünner als damals, deswegen, glaube ich auch, wird es nicht zu solchen Katastrophen kommen, das wird eher im Sinn von T.S. Eliot passieren. Es geht nicht unter mit einem Knall, auf den würde ich überhaupt nicht rechnen, der ist weder zu erhoffen noch zu befürchten, eher wird's ein Untergang mit einem Gewinsel.

[1993]

Das Liebesleben der Hyänen

Meine Unlust, mich zu diesem Buch zu äußern, ist enorm. Die Gründe sind vielfältig. Ekel an der Heuchelei der Sieger des kalten Krieges. Ein Kadaver kann dem Obduktionsbefund nicht widersprechen. Der historische Blick auf die DDR ist von einer moralischen Sichtblende verstellt, die gebraucht wird, um Lücken der eignen »moralischen Totalität« zu schließen. Die Funktion der Medien in diesem Verdrängungsprozeß bestimmt sich aus dem Systemzwang, die Probleme der Zentren an die Peripherie zu delegieren: der Rand wird ZONE, das Problem wird eine NACHRICHT. Wenn ich lese, daß der DDR-Sozialismus ein Nationalsozialismus mit menschlichem Antlitz war, ist mein erster Gedanke, daß der (jüdische) Autor mir an Zynismus einiges voraus hat. Beim zweiten Lesen stellt sich die Frage, ob nicht alle Gesellschaftsentwürfe der Neuzeit mehr oder weniger gelungene Versuche sind, die Schrecken der Ausbeutung im Interesse einer Minderheit an eine Mehrheit zu delegieren oder im Namen einer Mehrheit an diverse Minderheiten, der Faschismus ein Laborversuch, der Stalinismus ein Vorauskommando auf dem Weg in die kapitalistische Zukunft: ohne Hunger kein Brot. Brecht konnte noch von der Hälfte der Menschheit reden, die vom löchrigen Gedächtnis der anderen Hälfte lebt. Die Ein-Drittel-Menschheit ist der Fortschritt. Die Denunziation der DDR hat Alibifunktion. Zum ersten Mal ist ein Staat, einer der kurzlebigsten der europäischen Geschichte, letztlich das Geschenk eines Imperiums an seine doppelt besiegten Vasallen (Tacitus: Die Mauren hatte König Nuba vom römischen Volke zum Geschenk erhalten), nach vierzigjähriger Zersetzungsarbeit einfach von der Bildfläche verschwunden. Das ergibt eine Chance, vielleicht die letzte. Auf den toten Gegner kann man jedes Feindbild projizieren, das vom Blick in den Spiegel abhält. Das Niveau der Debatte um DDR-Vergangenheit ist so niedrig, daß man sie als in die DDR »Verstrickter« nur auf allen vieren führen kann. (Ich gebe zu, daß der aufrechte Gang, er ist nicht umweltfreundlich, die Menschheit viel gekostet hat und vielleicht, wenn keine Revolution ihn aufhält, nur noch ein Ziel kennt, das Nichts.) Das Niveau wird wesentlich bestimmt von ost- und westdeutschen Spätheimkehrern in den Schoß des Kapitals, die beim Run auf die Märkte, auf der Flucht vor den eigenen Schamteilen, den roten Flecken ihrer Biographien, das Vokabular des politischen Analphabetismus, die Sprache der Idioten im griechischen Wortsinn, sich besonders schnell angeeignet haben, gerade weil sie Idioten, im griechischen Wortsinn, nicht sind. Interessant ist die Renaissance des Tiervergleichs in der Debatte um die DDR, bekannt aus den Moskauer Prozessen und aus der antisemitischen Propaganda des Nationalsozialismus: Von der STASIKRAKE (im russischen Bürgerkrieg hieß die Krake Kapitalismus, in der Gegenwerbung war der Bolschewik kein Mensch, außer daß er ein Messer zwischen den Zähnen hatte, was den Läusen schwerfällt) zum Schweinekoben im Feuilleton der ZEIT. (»Ich wünsche jenen, denen das Unrecht in der DDR auf der Zunge zergeht, eine Nacht mit Günter Schabowski. Das Liebesleben der Hyänen.«) Der Tiervergleich verweist den Gegner in die Zone der Vernichtung. Aus dem dumpfen Schweigen der befreiten Besiegten wächst die blinde Gewalt. Dieses Buch kann ein Anstoß zum Dialog sein. Ich wollte, es würde gelesen. Auch die Geschichte der DDR definiert sich unter anderem durch Biographien in einem historischen Kontext, für den die Protagonisten allein nicht haftbar gemacht werden können. Die Gnade der späten Geburt ist im Osten Deutschlands erst der dritten Generation zuteil geworden. Zum Titel: Menschen, denen das Träumen verwehrt wird, haben keine andere Heimat als den Wahnsinn. Die Schreckensfrage des nächsten Jahrhunderts lautet: Was spricht gegen ihn? Von der zu findenden Antwort auf diese Frage hängt das Überleben der Menschheit ab. Ich bin nicht mehr sicher, daß der Kommunismus, wie mein Vater mir Achtjährigem aus dem Buch eines indischen Philosophen vorlas, das Schicksal der Menschheit ist, aber er bleibt ein Menschheitstraum, an dessen Erfüllung eine Generation nach der anderen arbeiten wird bis zum Untergang unserer Welt.

[1993]

UNO
Konfliktfähigkeit
Gesellschaft
Als Chance
Integrationsfähigkeit
Situation DDR
other society
kann Konflikte
integrieren
alle Konflikte
Produktivität
als von einer Lebensfrage
(communism)
Peripherie

Baudrillard — Sinnzusammenhang (Krieg oder Frieden) + Friedensbew… Z Konst…

nicht vergessen daß der Friede in Europa nur ein Friede im Krieg war nur Krieg ist, denn kaum genannt war der (Kalte) Rüstung war eine Nebengleichsame Episode in dem Siebzigjährigen kapitalist. Weltkrieg (war)

~~wir~~ nicht vergessen sollten wir —

in dem unvermerklich (auf verschiedene Weise) repressiven Alltag unserer beiden Staaten (Gesellschaften) —

nicht vergessen daß ~~die totale~~ daß die totale Ordnung das Chaos — die totale Sicherheit der Tod,

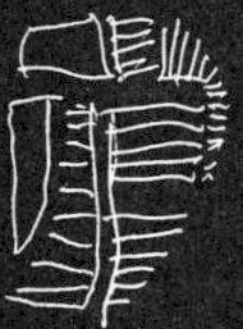

4

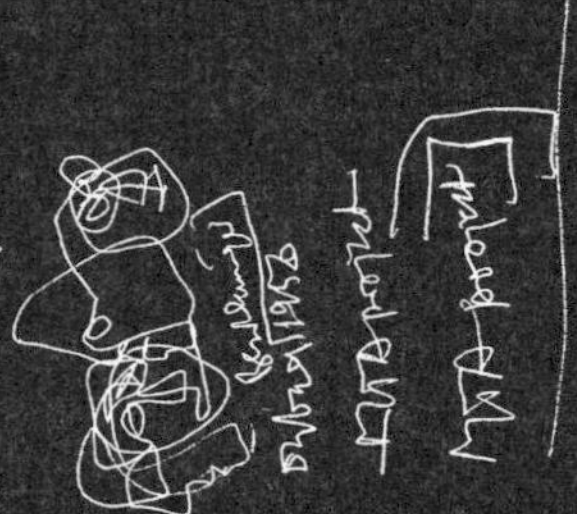

4358/10

III
Sprache

Die Wahrheit ist konkret, ich atme Steine

Heiner Müllers poetische Arbeit steht in einer an Brecht geschulten kapitalismuskritischen Tradition. Sie verlangt erstens, dass Dichter die Wahrheit schreiben sollen, und zweitens, dass man – allen postmodernen Behauptungen von der Intransitivität des Schreibens zum Trotz – die Wahrheit »durchaus jemandem schreiben« muss und dass man sie »dem schreiben muss, der damit etwas anfangen kann«.[1] Denn »die Erkenntnis der Wahrheit«, so Brecht, »ist ein den Schreibern und Lesern gemeinsamer Prozess«.[2] Es gibt deswegen keine Kapitalismuskritik, die nicht zugleich auch, und zwar um den gemeinsamen Erkenntnisprozess in Gang zu setzen, Kritik an den herrschenden, ideologischen Sprachgewohnheiten wäre, in denen soziale Verhältnisse sowohl zum Ausdruck gebracht als auch perspektivisch verzerrt werden – sei es durch Euphemismen (Wertschöpfung, innovativer Schub, Zukunftsperspektive, Leistungssteigerung, validierte Projektplanung etwa), semantische Verschiebungen (Arbeitsmarktreform statt Arbeitsrechtsreform, Standort statt Gemeinwesen, nachhaltige Produktion statt Rohstoffabbau), eingeschliffene Syntagmen (gemeinsame Anstrengung, Flexibilisierung des Arbeitsmarkts, Einhaltung der Verträge) oder auch durch politische Zensur (Kapital, Eigentumsverhältnisse, Proletariat, Ausbeutung, Profitrate, Lohnsklaverei).

Sprache, das haben nicht zuletzt Foucaults Analyse der »Ordnung des Diskurses« und Bourdieus soziologische Analysen zur symbolischen Gewalt von Sprache noch einmal in Erinnerung gerufen,[3] ist kein neutrales Instrument der Wahrheitsfindung: Sprache an sich gibt es nicht unabhängig von Machtstrukturen und sozialen (Re-)Produktionsprozessen. Linguistisch lassen sie sich sowohl auf der Makroebene von Diskursen als auch auf der Ebene grammatischer Mikrostrukturen erkennen: in syntaktischen Konstruktionen, in der Wortwahl, in der spezifischen Situierung des Subjekts der Äußerung zum Subjekt der Aussage, in der Wahl der Stilebenen, des Umgangs mit Sozio- und Dialekten, ja selbst in prosodischen Mustern. Sprech- und Schreibweisen werden in all ihren Dimensionen von und in Machtstrukturen und ihren entsprechenden Dispositiven generiert, reguliert und kontrolliert, die damit unmittelbar auf die Körper der Subjekte zugreifen, die sich wiederum sprechend in die gegebenen Strukturen einordnen: als Unternehmer, Spekulanten, Angestellte, Arbeiter, Eltern, Akademiker, Arbeitslose, Kinder usw.

Ein zentrales, die Sprech- und Wahrnehmungsweisen maßgeblich steuerndes Machtdispositiv stellt in den kapitalistischen Gesellschaften seit Beginn des 20. Jahrhunderts, das heißt seit den Anfängen der industriellen Massenproduktion, die Werbeindustrie dar. Sie begleitet jene Veränderung, die – gemäß der Maxime: *pay them more, sell them more, prosper more*[4] – aus ehemals produzierenden und ihrer Produkte entfremdeten Arbeitern konsumierende Arbeiter gemacht hat.[5]

Es ist deswegen alles andere als ein Zufall, dass Pier Paolo Pasolini 1973 die »linguistische Analyse eines Werbeslogans«[6] zum Ausgangspunkt von sprachkritischen Überlegungen genommen hat, die auf die verdinglichende Instrumentalisierung von Sprache im Zeitalter des sich weltweit ausbreitenden Konsumkapitalismus aufmerksam zu machen suchten. In seinem im *Corriere della Sera* erschienen Artikel setzt er analytisch zunächst zwei unterschiedliche Sprachen voneinander ab: die »ausschließlich kommunikative«, technisch-instrumentelle, eindimensionale Sprache des »kapitalistischen Unternehmens« von der wesentlich expressiven Sprache als »etwas ewig Schillerndes, das unendlich viele Deutungen zulässt«.[7] Im Zwischenraum zwischen der neuen technischen und der alten menschlichen zugleich poetischen Sprache situiert er die »Scheinexpressivität des Slogans«:[8]

Sie ist das Symbol künftiger Sprachentwicklung und einer ausdruckslosen Welt, die nichts kulturell Besonderes und Verschiedenes mehr kennt und total gleichgeschaltet und einem einzigen kulturellen Modell unterworfen ist. Eine Welt, die uns letzten Gralshütern einer vielgestaltigen, magmatischen, religiösen und rationalen Lebensanschauung wie eine Welt des Todes erscheint.[9]

Konkret analysiert Pasolini einen Werbeslogan, der für alte religiöse Ohren frech und blasphemisch klang: »Du sollst keine anderen Jeans neben mir haben«. Er betrachtet ihn nun dahingehend, dass dieser »etwas Neues, eine Ausnahme im festen Kanon des Slogans« geschaffen habe, weil er – die Scheidung von eindimensionaler Propaganda-Sprache und expressiv menschlicher Sprache unterlaufend – »unvermutete expressive Möglichkeiten [habe] zutage«[10] treten lassen. In scharfer Kritik am Vatikan, der das Verbot der Kampagne in Italien forderte, kommt er schließlich zu folgendem Schluss:

Der Zynismus des Slogans drückt in seiner geballten Dichte und seiner Unschuld etwas absolut Neues aus, auch wenn das vielleicht schon seit zehn Jahren herausreifte. Mit lakonischer Selbstverständlichkeit beschreibt er ein Phänomen, das ganz plötzlich in unser Bewusstsein dringt und dabei schon so abgeschlossen, so endgültig ist: Er sagt nichts anderes, als dass die neuen Industriellen und die neuen Techniker mittlerweile eine völlig weltliche Einstellung haben, eine Einstellung, die so weltlich ist, dass sie sich schon gar nicht mehr an der Religion misst. [...] Dieser Slogan vermittelt jedoch nicht nur etwas Negatives [...]; es steckt auch etwas Positives in ihm, und zwar die unverhoffte Möglichkeit, die Sprache des Slogans und damit vielleicht die Sprache der gesamten technologischen Welt zu ideologisieren und damit expressiv werden zu lassen. [...] Was bedeuten könnte, dass auch die Zukunft, die uns religiösen Humanisten als Stillstand und Tod erscheint, auf neue Art Geschichte sein wird; dass sich das Bedürfnis der Produktion nach einer rein kommunikativen Sprache nicht völlig reibungslos durchsetzen wird.[11]

Pasolini also erkennt mit dialektisch geschultem Blick in diesem Werbeslogan, genauer: in seiner Rekuperation theologisch-metaphysischer Sprechakte die Möglichkeit der Wiedereinholung der Transzendenz und damit einer schillernden poetischen Sprache durch die »Scheinexpressivität« des Slogans.

In einem anderen politischen Zusammenhang taucht vier Jahre später, 1977, in der *Hamletmaschine* von Heiner Müller ein in Versalien gesetztes COCA COLA auf, und zwar im *Ekel-Monolog* von Hamlet:

Fernsehn Der tägliche Ekel Ekel
[...]
Unsern Täglichen Mord gib uns heute
Denn Dein ist das Nichts Ekel
[...]

Gelächter aus toten Bäuchen
Heil COCA COLA

Hier ist es nicht die Sprache der Werbung, die im Mittelpunkt des Monologs steht, der formal Elemente des *Vaterunser* zitiert: »Unsern Täglichen Mord gib uns heute«, »Denn Dein ist das Nichts Ekel« und das *Amen* durch das mehrfach wiederholte »Ekel« ersetzt. Vielmehr handelt es sich um eine dichterisch-poetische Sprachkritik, welche die vom Kapital gesteuerten Redeordnungen und deren zerstörerischen Zugriffe auf die Körper noch präziser zeigt als jede linguistische Sprachanalyse:

An den Lügen die geglaubt werden
Von den Lügnern und niemandem sonst *Ekel*
An den Lügen die geglaubt werden *Ekel*
An den *Visagen* der Macher *gekerbt*
Vom Kampf um die Posten Stimmen Bankkonten
[...]
Mit den *Narben* der Konsumschlacht Armut
[...]
Gelächter aus *toten Bäuchen*[12]

Verkürzt lässt sich sagen, dass im Monolog genau jene Neuheit ausgearbeitet wird, die Pasolini in seiner Analyse darin entdeckt hat, dass die sich in ihrem Sprachgebrauch offenbarende »mittlerweile [...] völlig weltliche Einstellung« der »neuen Industriellen und [...] neuen Techniker« längst in die Sprache *aller* eingegangen ist: durch das »präparierte Geschwätz« des »Fernsehns«,[13] die politischen »Lügen die geglaubt werden« und die blitzenden »Pointen« der »Konsumschlacht«.[14] Was letztlich in dieser Sprach-Bedeutungs-Verwertungs-Maschine des Kapitals zurückbleibt, ist das bedeutungslose, die *Hamletmaschine* eröffnende »BLABLA«[15] Hamlets und das »Heil COCA COLA«, das den Ekel-Monolog beschließt. Kein Wort greift mehr in die Welt, auch nicht dasjenige des Dichters:

Die Lügen der Dichter sind aufgebraucht
Vom Grauen des Jahrhunderts An den Schaltern der Weltbank
Riecht das getrocknete Blut wie kalte Schminke
Der Schrecken der Gewalt ist ihre Blindheit
Der schlafende Penner vor ESSO SNACK&SHOP
Widerlegt die Lyrik der Revolution
[...]
In der Nacht im Hotel ist meine Bühne
Nicht mehr aufgeschlagen Ungereimt
Kommen die Texte die Sprache verweigert den Blankvers[16]

Es greift deswegen nicht, weil angesichts der kapitalistisch-konsumistischen, »ausdruckslosen Welt« des »ESSO SNACK&SHOP« die Poesie der revolutionär-dramatischen Dichtung – als jene der konkreten Wirklichkeit verpflichtete Sprache, von der Brecht die Erkenntnis der Wahrheit forderte – unbrauchbar, ja mehr noch: zur Lüge geworden ist. So ist die Lyrik ebenso belanglos geworden wie die Prosa der Welt und nur mehr für den Privatgebrauch des Dichters geeignet: »der Rest ist Lyrik«.[17] Und tatsächlich zieht sich Heiner Müller, nachdem seine Texte über Jahrzehnte das gesamte Spektrum poetischen Sprechens, von der Lyrik über das Drama bis hin zur Prosa durchschritten haben, in die Lyrik zurück.

Zurück bleiben mit seinen Texten jedoch jene eigenartig in sie eingelassenen Phrasen, die zumeist in Versalien gesetzt sind und über die zitierten Logos wie »COCA COLA«, »Mercedesstern«, »ESSO SNACK&SHOP«, »Deutsche Bank«, »Ajax« etc. hinaus auch in Form von Fremd-

und Eigenzitaten, historischen Orten, Namen und politischen Slogans: »ES GILT ALLE VERHÄLTNISSE UMZUWERFEN, IN DENEN DER MENSCH ...« auftauchen. Das zeigt, dass die Sprachkritik Müllers – und darin führt er die Analyse Pasolinis aus einer anderen historisch-politischen Perspektive weiter – auf die Phrase zielt. Sie beherrscht das eine der sich im Kalten Krieg unversöhnlich einander gegenüberstehenden politischen Systeme ebenso gut wie das andere: »COCA COLA« auf der einen,» ES GILT ALLE ...« auf der anderen Seite. Dementsprechend unterscheidet er zwischen Phrase und Phrase.

Selbst wenn man es als eine Phrase betrachtet, daß die Arbeiterklasse die herrschende Klasse ist, hat das doch Auswirkungen: Die Phrase ist eine Realität. Ein Arbeiter bei uns ist unersetzbar, hier ist er ersetzbar, vom Angebot her.[18]

Während er noch in den 1970er Jahren der Phrase, »[d]aß die Arbeiterklasse die herrschende Klasse« ist, »Realität« zuspricht, weil sie ein konkretes, das heißt reales – deswegen noch nicht gutes – Verhältnis bezeichnet, gilt das für die Phrase des westlichen Teils des später gesamtdeutschen Landes nicht:

Gefährlich kann es nur werden, wenn der Standard der D-Mark gefährdet ist. Weil das die deutsche Identität ist, die einzige: der Standard der D-Mark. Alles andere ist Bier und sind Phrasen. Auch wenn es diesen Bierrausch gibt mit »Deutschland, Deutschland«. Das spielt im Grunde keine Rolle, außer bei Fußballspielen und beim Kampf um Arbeitsplätze.[19]

Hier steht sie im Dienst eines kapitalistischen Verblendungszusammenhangs – »Alles andere sind Bier und Phrasen«:

»Sprechblase[n]« und journalistische »Beschreibung von Details ohne Bezugsystem«[20] –, der das eigentliche Machtverhältnis, den »Standard der D-Mark«, jeglichem sprachlichen Zugriff und damit auch jeglicher Kritik als Gegenstand entzieht:

Puppen mit Wörtern gestopft statt mit Sägemehl. Herzfleisch. Das Bedürfnis nach einer Sprache, die niemand lesen kann, nimmt zu. Wer ist niemand. Eine Sprache ohne Wörter. Oder das Verschwinden der Welt in den Wörtern. Stattdessen der lebenslange Sehzwang, das Bombardement der Bilder (Baum, Haus, Frau), die Augenlider weggesprengt. Das Gegenüber aus Zähneknirschen, Bränden und Gesang. Die Schutthalde der Literatur im Rücken.
Das Verlöschen der Welt in den Bildern.[21]

Angesichts des zunehmenden Verschwindens der Welt in den zu leeren Worthülsen erstarrten Wörtern halten die in Versalien gesetzten Zitate Einzug in die Texte Heiner Müllers, nimmt die Lakonie zu, werden die Schriften mehr und mehr zu In- bzw. *Steinschriften*.[22]

Dieser gleichsam monolithischen Erstarrung eignet eine doppelte Dimension. Einerseits scheinen sich die lyrisch-dramatischen Texte Müllers vor dem Zugriff der Phrase nicht wehren zu können, weil sie selbst dialektisch auf die Wirklichkeit der Verhältnisse kritisch zugreifen und diese notwendig in sich aufnehmen und aufbewahren müssen, in ihrer ganzen Widersprüchlichkeit zwischen »COCA COLA« und »REAL EXISTIERENDER SOZIALISMUS«.[23] Andererseits konfrontiert diese Stein gewordene Dichtung die im Kapitalismus auf Dauer gestellte Gegenwart – ohne Erinnerung und im Angesicht einer gnadenlos verschuldeten Zukunft – mit der ewig bestehenden

Möglichkeit einer anderen Geschichte: »Wer hat bessre Zähne / Das Blut oder der Stein«.[24] In ähnlich dialektischer Verkehrung wie Pasolini sie vollzieht, scheint hier in der syntaktischen Schließung der Phrase zu einer selbstbezüglichen Einheit zugleich die Öffnung dessen angelegt zu sein, was sie in sich eingeschlossen hält: die offenen Konfliktlinien einer widersprüchlichen Welt.

Anmerkungen

1 Bertolt Brecht, »Dichter sollen die Wahrheit schreiben«, in: *Werke. Große kommentierte Berliner und Frankfurter Ausgabe*, herausgegeben von Werner Hecht, Jan Knopf, Werner Mittenzwei und Klaus-Detlef Müller, Band 22: Schriften 2. 1933-1942. Teil 1, bearbeitet von Inge Gellert und Werner Hecht unter Mitarbeit von Marianne Conrad, Sigmar Gerund und Benno Slupianek, Berlin und Weimar / Frankfurt am Main: Aufbau / Suhrkamp 1993, S. 73.
2 Ebd.
3 Vgl. Michel Foucault, *Die Ordnung des Diskurses*, Frankfurt am Main: Suhrkamp 1991; Pierre Bourdieu: »Was Sprechen heißt«, in: ders.: *Soziologische Fragen*, Frankfurt am Main: Suhrkamp 1993; ders.: *Was heißt Sprechen? Die Ökonomie des sprachlichen Tauschs*, Wien: Braumüller 1990.
4 Christine Frederick, *Selling Mrs. Consumer*, New York: Business Bourse 1929, S. 5.
5 Vgl. Stuart Ewen, *Captains of Conscousness. Advertising and the Social Roots of the Consumer Culture*, McGraw-Hill: New York 1976, S. 31.
6 Pier Paolo Pasolini, »Der Selbstmord der katholischen Kirche. Linguistische Analyse eines Werbeslogans«, in: ders.: *Freibeuterschriften. Die Zerstörung der Kultur des Einzelnen durch die Konsumgesellschaft*, Berlin: Wagenbach 1988, S. 85.
7 Ebd.
8 Ebd.

9 Ebd.
10 Ebd.
11 Ebd., S. 88f.
12 Heiner Müller, *Die Hamletmaschine*, in: *Werke*, Band 4: *Die Stücke 2*, herausgegeben von Frank Hörnigk in Zusammenarbeit mit der Stiftung Archiv der Akademie der Künste, Berlin, redaktionelle Mitarbeit: Klaus Gehre, Barbara Schönig und Marit Gienke, Frankfurt am Main: Suhrkamp 2001, S. 551f.
13 Ebd.
14 Ebd.
15 Ebd.
16 Ders., »Müller im Hessischen Hof«, in: *Warten auf der Gegenschräge. Gesammelte Gedichte*, herausgegeben von Kristin Schulz, Berlin 2014, S. 157f.
17 Ders., *Verkommenes Ufer Medeamaterial Landschaft mit Argonauten*, in: *Werke*, Band 5: *Die Stücke 3*, herausgegeben von Frank Hörnigk in Zusammenarbeit mit der Stiftung Archiv der Akademie der Künste, Berlin, redaktionelle Mitarbeit: Klaus Gehre, Barbara Schönig und Marit Gienke, Frankfurt am Main: Suhrkamp 2002, S. 83.
18 Ders., »›Literatur muß dem Theater Widerstand leisten‹. Ein Gespräch mit Horst Laube über die Langweiligkeit stimmiger Stücke und eine neue Dramaturgie, die den Zuschauer bewußt fordert«, in: *Werke*, Band 10: *Gespräche 1. 1965-1987*, herausgegeben von Frank Hörnigk, redaktionelle Mitarbeit: Kristin Schulz, Ludwig Haugk, Christian Hippe und Ingo Way, Frankfurt am Main: Suhrkamp 2008, S. 65.
19 Ders., »Eine Tragödie der Dummheit. Ein Gespräch mit René Amman für *Freitag*, 16.11.1992«, in: *Werke*, Band 11: *Gespräche 2. 1987-1991*, herausgegeben von Frank Hörnigk, redaktionelle Mitarbeit: Kristin Schulz, Ludwig Haugk, Christian Hippe und Ingo Way, Frankfurt am Main 2008, S. 768.
20 Ders., »Ich hab zur Nacht gegessen mit Gespenstern«, in: *Werke*, Band 8: *Die Prosa*, herausgegeben von Frank Hörnigk in Zusammenarbeit mit der Stiftung Archiv der Akademie der Künste, Berlin, redaktionelle Mitarbeit: Kristin Schulz, Frankfurt am Main: Suhrkamp 1999, S. 612.
21 Ders., »Das Gefühl des Scheiterns«, in: *Werke*, Band 2: *Die Prosa*, herausgegeben von Frank Hörnigk in Zusammenarbeit mit der

Stiftung Archiv der Akademie der Künste, Berlin, redaktionelle Mitarbeit: Kristin Schulz, Frankfurt am Main: Suhrkamp 1999, S. 87.

22 Vgl. Hans-Thies Lehmann, »Leben der Steine. Kurze Phantasmagorie über Heiner Müllers Stein-Schriften«, in: *Der Text ist der Coyote. Heiner Müller. Bestandsaufnahme*, herausgegeben von Christian Schulte; Brigitte Maria Mayer, Frankfurt am Main: Suhrkamp 2004, S. 299.

23 Müller, »Ich hab zur Nacht gegessen«, in: *Werke* 8, S. 612.

24 Ders., *Verkommenes Ufer*, in: *Werke* 5, S. 83.

Texte

ALTES GEDICHT

Nachts beim Schwimmen über den See der Augenblick
Der dich in Frage stellt Es gibt keinen andern mehr
Endlich die Wahrheit Daß du nur ein Zitat bist
Aus einem Buch das du nicht geschrieben hast
Dagegen kannst du lange anschreiben auf dein
Ausbleichendes Farbband Der Text schlägt durch

[1950er Jahre]

Bilder

Bilder bedeuten alles im Anfang. Sind haltbar. Geräumig.
Aber die Träume gerinnen, werden Gestalt und Enttäuschung.
Schon den Himmel hält kein Bild mehr. Die Wolke, vom Flugzeug
Aus: ein Dampf der die Sicht nimmt. Der Kranich nur noch ein Vogel.
Der Kommunismus sogar, das Endbild, das immer erfrischte
Weil mit Blut gewaschen wieder und wieder, der Alltag
Zahlt ihn aus mit kleiner Münze, unglänzend, von Schweiß blind
Trümmer die großen Gedichte, wie Leiber, lange geliebt und
Nicht mehr gebraucht jetzt, am Weg der vielbrauchenden endlichen Gattung

Zwischen den Zeilen Gejammer

auf Knochen der Steinträger glücklich

Denn das Schöne bedeutet das mögliche Ende der
Schrecken.

[1955]

[Das Gefühl des Scheiterns ...]

Das Gefühl des Scheiterns, das Bewußtsein der Niederlage beim Wiederlesen der alten Texte ist gründlich. Versuchung, das Scheitern dem Stoff anzulasten, dem Material (ein kannibalisches Vokabular – »We are such stuff as dreams are made of«), der Geschichte des amputierten Helden: sie kann jedem passieren, sie bedeutet nichts; bei dem einen genügt eine Blutvergiftung, der andre hat mehr Glück: er braucht einen Krieg. Ausflucht: Europa ist eine Ruine, in den Ruinen werden die Toten nicht gezählt. Die Wahrheit ist konkret, ich atme Steine. Leute, die ihre Arbeit machen, damit sie ihr Brot kaufen können, haben für solche Betrachtungen keine Zeit. Aber was geht mich der Hunger an. Uneinholbarkeit des Vorgangs durch die Beschreibung; Unvereinbarkeit von Schreiben und Lesen; Austreibung des Lesers aus dem Text. Puppen, mit Wörtern gestopft statt mit Sägemehl. Herzfleisch. Das Bedürfnis nach einer Sprache, die niemand lesen kann, nimmt zu. Wer ist niemand. Eine Sprache ohne Wörter. Oder das Verschwinden der Welt in den Wörtern. Stattdessen der lebenslange Sehzwang, das Bombardement der Bilder (Baum Haus Frau), die Augenlider weggesprengt.

Das Gegenüber aus Zähneknirschen, Bränden und Gesang. Die Schutthalde der Literatur im Rücken.

Das Verlöschen der Welt in den Bildern

[1955/61]

Epigramme über Lyrik

Pegasus diente, der brave, redlich den Dichtern der Alten
Trug sie geflügelt hinweg über den irdischen Staub.
Heut – beschäftigt, die Erd' uns angenehmer zu machen –
Brauchen das Flügelroß wir irdisch und motorisiert.
Unsre Dichter aber, was tun sie? Zerren den alten
Redlichen Gaul aus dem Stall, wo er das Gnadenbrot fraß,
Vor den Gebrechlichen sieht man sie spannen den kräftigen Traktor,
Ihn, den lahmenden Gaul, hinter das schnelle Gefährt –
Und es kümmert sie nicht, ob er stolpert und bricht sich die Knochen:
Geben des Alten Gestöhn aus für den neuen Gesang.

Hunden gilt der Pfahl der Laterne soviel wie die Birke.
Nicht so dem Dichter: er hält sich an Birken allein.

Dürfen, das darf man, man muß es nur können, schrieb einer, der's konnte.
Können sie etwa nicht, weil sie nicht können, die Herrn?

[vermutlich Mitte der 1950er Jahre]

ORPHEUS GEPFLÜGT

Orpheus der Sänger war ein Mann der nicht warten konnte. Nachdem er seine Frau verloren hatte, durch zu frühen Beischlaf nach dem Kindbett oder durch verbotnen Blick beim Aufstieg aus der Unterwelt nach ihrer Befreiung aus dem Tod durch seinen Gesang, so daß sie in den Staub zurückfiel bevor sie neu im Fleisch war, erfand er die Knabenliebe, die das Kindbett spart und dem Tod näher ist als die Liebe zu Weibern. Die Verschmähten jagten ihn: mit Waffen ihrer Leiber Ästen Steinen. Aber das Lied schont den Sänger: was er besungen hatte, konnte seine Haut nicht ritzen. Bauern, durch den Jagdlärm aufgeschreckt, rannten von ihren Pflügen weg, für die kein Platz gewesen war in seinem Lied. So war sein Platz unter den Pflügen.

[vermutlich Ende der 1950er Jahre]

Brief Heiner Müllers an den Schriftstellerverband

Liebe Kollegen,
dies ist der Text einer Stellungnahme an die Kulturabteilung des Zentralkomitees. Ich glaube, Ihr solltet sie kennen. Ich habe ihr nicht viel hinzuzufügen.

Am Dienstag war ich, mit einer DEFA-Gruppe, an einer Baustelle bei Schwedt, wo ein Stück der Erdölleitung durch die Oder verlegt wurde. Diese Arbeit sollte gegen Mittag beendet sein. Sie war es, durch den Ausfall einer Maschine, einen Schienenbruch und andere Schwierigkeiten, erst am späten Abend. Eine Möglichkeit, vorher

wegzukommen, bestand nicht. Wir waren gegen ein Uhr in Berlin. Die Baustelle hatte ein Telefon, das ständig gebraucht wurde. Für meinen Ausschluß aus dem Schriftstellerverband, wenn er für nötig oder für nützlich gehalten wird, gibt es Gründe genug. Sie abzuschaffen wird meine Aufgabe sein, als Person und als Schriftsteller, ob im Verband oder außer ihm, unter welchen Bedingungen immer.
Heiner Müller

[4. Dezember 1961]

SCHALL CORIOLAN

Wenn ich ein Landgut hätte wie Vergil und andre
Oder einen Mäzen wie Horaz der mich aushält
Oder die Gabe aus Scheiße Gold zu machen
Würde ich ein langes Gedicht schreiben Schall
Über den größten Schauspieler den ich gesehen habe
Aber ich muß mein Stück schreiben
Damit ich meine Schulden bezahlen kann und ich muß
Meine Schulden bezahlen damit ich meine Stücke schreiben kann
Ein krummer Hund der sich in den Schwanz beißt
Ich habe keine Zeit auf die Proben zu kommen
Angewiesen auf das allen Erreichbare also
Mittelmäßige Fotografien in THEATER DER ZEIT
So zwischen schlecht fotografierten Hamlets
Jeder zehnmal mehr Hamlet als Hamlet
Sie hantieren mit ihren Schwertern wie mit Eßstäbchen
Kannibalen die kein Blut sehn können
Aber sie bestehn auf ihrem Schein

Sehe ich Sie, Schall, den Coriolan spielen
Schlachtend vor Antium und die Schlacht ist eine Schlacht
Roms erster Schlächter seine Arbeit verrichtend
Mit dem Eifer des Knaben der Fliegen killt
Das Schreckliche schön das heißt als unnötig gezeigt
Denn die Wirklichkeit muß sichtbar gemacht werden
Damit sie verändert werden kann
Aber die Wirklichkeit muß verändert werden
Damit sie sichtbar gemacht werden kann
UND DAS SCHÖNE BEDEUTET
DAS MÖGLICHE ENDE DER SCHRECKEN

[vermutlich 1964]

Literatur muss dem Theater Widerstand leisten

MÜLLER Ich meine, die Leute, die am Theater am meisten Schweiß vergießen, sind die Schauspieler. Also wäre es einfach asozial, ihnen das Recht auf Mitbestimmung abzusprechen. Hacks ist Monarchist.

LAUBE Was sind Sie denn?

MÜLLER Ich würde mich überhaupt in solchen Kategorien nicht definieren können, weil ich mich nicht als Klasse verstehe.

LAUBE Was ist eigentlich aus der sogenannten Neuen Klassik geworden? Was aus der Theorie, nach der das geglückte Kunstwerk in der Lage ist, die Lösung von in der Realität nicht gelösten Konflikten vorwegzunehmen in der Form? Nach dieser Theorie wurden in einer bestimmten Phase Stücke von Ihnen oder Peter Hacks betrachtet. Diese Theorie rechtfertigte ihre immense Perfektion, die man bestaunte, vor der man aber auch ein wenig scheu wurde. Und noch eine Frage: Widerspricht diese Theorie nicht Ihrer Vorliebe für das Fragment und das Fragmentarische, die Sie eben geäußert haben?

MÜLLER Die Theorie ist sicher schwachsinnig, eine besonders vornehme Art von Eskapismus. Eine klassische Literatur ist zunächst Literatur einer Klasse. Und wenn man unbedingt von Versen reden will; zum Beispiel »Landshuter Erzählungen« von Sperr: Wenn man will und sehr lässig ist, ist das ungefähr eine ähnliche Problematik hier wie bei uns DER BAU. Und es ist ziemlich unvorstellbar, daß die Leute bei Sperr in Versen miteinander reden. Bei BAU glaube ich, daß das doch relativ natürlich verläuft, daß es nicht als besonders künstlich auffällt. Das hat sicher damit zu tun, daß Arbeiter bei uns ein anderes Selbstverständnis und Selbstbewußtsein gegen Obrigkeit oder gegen Leitung haben, auch wo es sich negativ oder polemisch formuliert. Daß ein Arbeiter bei uns mit seinem Vorgesetzten, Bauleiter oder Parteisekretär viel gröber und direkter redet, als ein Arbeiter hier es sich leisten kann, mit seinem Ingenieur zu reden. Selbst wenn man es als eine Phrase betrachtet, daß die Arbeiterklasse die herrschende Klasse ist, hat das doch Auswirkungen: Die Phrase ist eine Realität. Ein Arbeiter bei uns ist unersetzbar, hier ist er ersetzbar, vom Angebot her. Das ist ein wesentlicher Punkt, und das ist eigentlich viel eher eine Voraussetzung für die Verssprache als das, was Hacks gemeint hat. Für den Hacks war und ist doch das Problem, daß er eigentlich nicht von dieser Welt ist. Die DDR war für ihn immer ein Märchen – er hat sie als eine Märchenwelt erlebt und beschrieben. Das Unglück ist, daß seine Theorien, weil sie so witzig und pointiert formuliert sind, immer nur eine halbe Wahrheit enthalten. Wenn es stimmen würde, könnte es nicht so witzig sein. Das ist das, was die Wirkung ausmacht, weil es sich dadurch so leicht zitieren läßt. So ist das hier zu einem Kompendium geworden für die Lektüre von DDR-Dramatik, was sehr bedauerlich ist.

[1975]

Allein mit diesen Leibern

ALLEIN MIT DIESEN LEIBERN
Staaten Utopien
Gras wächst
Auf den Gleisen
Die Wörter verfaulen
Auf dem Papier
Die Augen der Frauen
Werden kälter
Abschied von morgen
STATUS QUO

[vermutlich 1975/76]

[I began my plays in prose ...]

I began my plays in prose and then more and more I found that it's boring to write in prose because you have a certain principle of choice. It's easier to find out what's important and what's not important if you write in verse. There's less psychology. Minor details do not fit in verse. You get a fresco technique. I think that drama, when it deals with history, has to be written in fresco. The very broad and simple brush strokes, and not detail. It depends on the material and the material is very historical. The differences between situations in CEMENT: one scene written in prose, the other in verse. It is really a problem of the impact of history – even of the tempo of historical development. When there is stagnation you have prose. When the process has a more violent rhythm you have verse.

[10.6.1978]

Der Schrecken die erste Erscheinung des Neuen
Zu einer Diskussion über Postmodernismus in New York

1

Orpheus der Sänger war ein Mann der nicht warten konnte. Nachdem er seine Frau verloren hatte, durch zu frühen Beischlaf nach dem Kindbett oder durch verbotnen Blick beim Aufstieg aus der Unterwelt nach ihrer Befreiung aus dem Tod durch seinen Gesang, so daß sie in den Staub zurückfiel bevor sie neu im Fleisch war, erfand er die Knabenliebe, die das Kindbett spart und dem Tod näher ist als die Liebe zu Weibern. Die Verschmähten jagten ihn: mit Waffen ihrer Leiber Ästen Steinen. Aber das Lied schont den Sänger: was er besungen hatte, konnte seine Haut nicht ritzen. Bauern, durch den Jagdlärm aufgeschreckt, rannten von ihren Pflügen weg, für die kein

Platz gewesen war in seinem Lied. So war sein Platz unter den Pflügen.

2

Die Literatur ist eine Angelegenheit des Volkes. (Kafka)

3

Schreiben unter Bedingungen, in denen das Bewußtsein von der Asozialität des Schreibens nicht mehr verdrängt werden kann. Schon Talent ist ein Privileg, Privilegien müssen bezahlt werden: der Eigenbeitrag zu seiner Enteignung gehört zu den Kriterien des Talents. Mit dem freien Markt fällt die Illusion von der Autonomie der Kunst, eine Voraussetzung des Modernismus. Die Planwirtschaft läßt die Kunst nicht aus, sie wird zurückgenommen in die soziale Funktion. Bevor sie aufhört Kunst zu sein (eine im Sinn von Marx bornierte Tätigkeit), kann sie daraus nicht entlassen werden.

Inzwischen wird diese Tätigkeit auch in dem Land, aus dem ich komme, von Spezialisten ausgeübt, die dafür mehr oder weniger qualifiziert sind. Das Kulturniveau kann nicht erhöht werden, wenn es nicht verbreitert wird. Im Smog der Medien, der auch in dem Land, aus dem ich komme, den Massen die Sicht auf die wirkliche Lage nimmt, ihr Gedächtnis auslöscht, ihre Fantasie steril macht, geht die Verbreiterung auf Kosten des Niveaus. Im *Reich der Notwendigkeit* sind Realismus und Volkstümlichkeit zwei Dinge. Der Riß geht durch den Autor.

Ich stehe, was die Bedingungen meiner Arbeit angeht, zu Ihrer Fragestellung zunächst einmal quer. Polonius, der erste Komparatist in der dramatischen Literatur, ist nicht meine Rolle, am wenigsten in seinem Dialog mit Hamlet über das Aussehen einer gewissen Wolke, der am Elend des Vergleichens das wirkliche Elend von Machtstrukturen demonstriert. Der Zigeuner in dem Einakter von Lorca ist es leider auch nicht, der einen Vernehmungsoffizier der Guardia Civil mit sinnlos surrealistischen Antworten auf Polizeifragen nach Geburtsdatum, -ort, Namen, Familiennamen usw. in ein schreiendes Nervenbündel verwandelt.

Ich kann die Frage des Postmodernismus aus der Politik nicht heraushalten. Periodisierung ist Kolonialpolitik, solange Geschichte nicht Universalgeschichte, was Chancengleichheit zur Voraussetzung hat, sondern Herrschaft von Eliten durch Geld oder Macht ist. Vielleicht kommt in anderen Kulturen anders wieder, bereichert diesmal durch die technischen Errungenschaften der Moderne, was in den von Europa geprägten dem Modernismus voraufging: ein sozialer Realismus, der die Kluft zwischen Kunst und Wirklichkeit schließen hilft, die *Kunst ohne Anstrengung, mit der Menschheit auf Du*, von der Leverkühn träumt, bevor ihn der Teufel holt, eine neue Magie, heilend den Riß zwischen Mensch und Natur. Die Literatur Lateinamerikas könnte für diese Hoffnung stehn. Die Hoffnung garantiert für nichts: die Literatur der Arlt, Cortázar, Márquez, Neruda, Onetti ist kein Plädoyer für die Zustände auf ihrem Kontinent. Die guten Texte wachsen immer noch aus finsterm Grund, die bessre Welt wird ohne Blutvergießen nicht zu haben sein, das Duell zwischen Industrie und Zukunft wird nicht mit Gesängen ausgetragen, bei denen man sich niederlassen kann. Seine Musik ist der Schrei des Marsyas, der seinem göttlichen Schinder die Saiten von der Leier sprengt.

4

Die sieben Hauptzüge des Modernismus bzw. ihre postmodernistische Variation in dem von Ihab Hassan formulierten Steckbrief beschreiben New York so gut wie den Orpheus-Mythos in der Version Ovids oder Becketts Prosa. Eine Stadt, die sich aus ihrem Zerfall konstituiert. Ein Gebilde, das aus seiner eignen Explosion besteht. Die Metropole des Dilettantismus: Kunst ist was man will, nicht was man kann. Eine elisabethanische Stadt: der Anschein von Wahl ist ein Vorschein von Freiheit.

Warhol in Basel, Rauschenberg in Köln sind Ereignisse, im Kontext von New York schrumpfen sie zu Symptomen. Das Theater Robert Wilsons, so naiv wie elitär, infantiler Spitzentanz und mathematisches Kinderspiel, macht zwischen Laien und Schauspielern keinen Unterschied. Ausblick auf ein episches Theater, wie Brecht es konzipiert und nicht verwirklicht hat, mit einem Minimum an dramaturgischer Anstrengung und jenseits der Perversität, aus einem Luxus einen Beruf zu machen. Die Wandbilder der Minderheiten und die proletarische Kunst der Subway, anonym und mit gestohlener Farbe, besetzen ein Feld jenseits des Marktes. Vorgriff aus dem Elend der Unterprivilegierten in das *Reich der Freiheit*, das jenseits der Privilegien liegt. Parodie der Marxschen Projektion von der Aufhebung der Kunst in einer Gesellschaft, deren Mitglieder unter anderem auch Künstler sind.

5

Solange Freiheit auf Gewalt gegründet ist, die Ausübung von Kunst auf Privilegien, werden die Kunstwerke die Tendenz haben, Gefängnisse zu sein, die Meisterwerke

Komplicen der Macht. Die großen Texte des Jahrhunderts arbeiten an der Liquidation ihrer Autonomie, Produkt ihrer Unzucht mit dem Privateigentum, an der Enteignung, zuletzt am Verschwinden des Autors. Das Bleibende ist das Flüchtige. Was auf der Flucht ist, bleibt. Rimbaud und sein Ausbruch nach Afrika, aus der Literatur in die Wüste. Lautréamont, die anonyme Katastrophe. Kafka, der fürs Feuer schrieb, weil er seine Seele nicht behalten wollte wie Marlowes Faust: die Asche wurde ihm verweigert. Joyce, eine Stimme jenseits der Literatur. Majakowski und sein Sturzflug *aus den Himmeln der Dichtung* in die Arena der Klassenkämpfe, sein Poem *150 Millionen* trägt den Namen des Autors: *150 Millionen.* Der Selbstmord war seine Antwort auf das Ausbleiben der Signatur. Artaud, die Sprache der Qual unter der Sonne der Folter, der einzigen, die alle Kontinente dieses Planeten gleichzeitig bescheint. Brecht, der das Neue Tier gesehn hat, das den Menschen ablösen wird. Beckett, ein lebenslanger Versuch, die eigene Stimme zum Schweigen zu bringen. Zwei Figuren der Dichtung, in der Stunde der Weißglut verschmelzend zu einer Figur: Orpheus der unter den Pflügen singt, Dädalos im Flug durch die labyrinthischen Därme des Minotauros.

6

Literatur nimmt an der Geschichte teil, indem sie an der Bewegung der Sprache teilnimmt; die sich zuerst in den Jargons vollzieht und nicht auf dem Papier. In diesem Sinn ist sie *eine Angelegenheit des Volkes*, sind die Analphabeten die Hoffnung der Literatur. Arbeit am Verschwinden des Autors ist Widerstand gegen das Verschwinden des Menschen. Die Bewegung der Sprache ist alternativ:

das Schweigen der Entropie oder der universale Diskurs, der nichts ausläßt und niemanden ausschließt. *Die erste Gestalt der Hoffnung ist die Furcht, die erste Erscheinung des Neuen der Schrecken.*

[1979]

Kunst ist die Krankheit, mit der wir leben

LAUBE Dieses Interesse am Diffusen erzeugt doch auch eine größere Konzentration. Es geht dir nicht mehr um die großen Watschenmänner der Geschichte.

MÜLLER Im Moment interessiere ich mich eigentlich nur für mich. Das finde ich ein ganz legitimes Interesse, denn ich habe mich so lange nicht um mich gekümmert. Und ich fühle mich auch ganz wohl mit mir. Weil ich da zum ersten Mal einen wirklichen Feind habe und auch einen Freund. Das hat natürlich einen Trend zur Prosa.

[1980]

Ein Grund zum Schreiben ist Schadenfreude

FRAGE Ich habe den Eindruck, daß auch Ihre Sprache bei uns keinen rechten Adressaten findet, es sei denn eine kleine Schicht von Theaterliebhabern, die aber eher den ästhetischen Kitzel eines ungewohnt kraftvollen Stils genießen. Ist nicht auch Ihre Sprache für ein anderes Land spezifisch?

MÜLLER Ich glaube, das liegt an den Regisseuren. Meine Sprache gilt aus seltsamen Gründen als schwierig, aber nur deshalb, weil sie ganz einfach, direkt und präzis ist. Man ist es nicht mehr gewohnt, präzise Texte zu hören: Sobald etwas präzis formuliert ist, wird es nicht mehr verstanden, weil keiner glaubt, daß das gemeint ist: So einfach kann es ja nicht sein, es muß was dahinterstekken! Daraus entsteht die Legende von der Schwierigkeit. Durch die Suche nach der Bedeutung wird die Sprache schwierig gemacht. Ich bin ganz sicher, daß das immer ein Hauptfehler bei den hiesigen Inszenierungen gewesen ist, während ich fest überzeugt bin von der Primitivität meiner Sprache. Allerdings ist das bei uns auch nicht viel anders. Meine Texte gelten dort genauso als schwierig oder als elitär. Außer bei einem Glücksfall von Inszenierung meinen die Zuschauer auch bei uns, sie verstehen das Stück nicht. Da unterscheidet sich das Publikum der beiden Staaten nicht so sehr. Was anders ist: Hier werden die meisten Stücke viel weitergehend für Regisseure geschrieben, viel mehr aufs Theater zu geschrieben. Und da die Kolonisierung des Theaters durch das Fernsehen hier viel weiter fortgeschritten ist als in der DDR, kann man die meisten Stücke, die hier geschrieben werden, auch ohne Gewichtsverlust sofort im Fernsehen machen oder sogar verfilmen ... Zum anderen glaube ich, daß diese Stücke zum großen Teil eine Selbstdarstellung des Publikums sind, d. h. nur auf einen Wiedererkennungseffekt aus sind. Und das finde ich so langweilig. Da gibt Theater sich wirklich auf. Wenn im Theater nicht wenigstens andeutungsweise eine andere Wirklichkeit entworfen wird als die, aus der die Zuschauer kommen und in die sie gehen, dann interessiert mich Theater überhaupt nicht.

Das ist vielleicht der grundlegende Riß: Denn solche Entwürfe sind nur machbar mit einer präzisen Sprache, auch wenn man nicht immer genau weiß, was sie bezeichnet. Von Lyotard, glaube ich, stammt eine einleuchtende Arbeitsformel: »Wir machen Dinge, von denen wir nicht wissen, was sie sind.« Das ist es, was interessant ist, alles andere ist langweilig und parasitär. So viel Geld auszugeben, nur um Dinge abzubilden, die man so auf der Straße wiedersieht, ist reines Parasitentum.

[1982]

Richard Wagners Formel für Shakespeare

DIETMAR FRITZSCHE Sie erlebten während eines Festivals in Köln mehrere Produktionen von Pina Bausch, und Sie äußerten sich über ihre Arbeiten. Was interessiert Sie, den Dramatiker Heiner Müller, an Ballett, an Tanztheater?

HEINER MÜLLER Das sind zwei Fragen. Am Ballett die Geometrie, am Tanztheater der Aufstand gegen die Geometrie. Bei Pina Bausch hatte ich das Gefühl, das ist das einzige Theater in der Bundesrepublik, das mich nicht langweilt. Ein Theater ohne Text, vor oder neben oder jenseits der Literatur. Mimische Improvisation in einem vorgezeichneten szenischen Grundriß – Richard Wagners Formel für Shakespeare.

Der abstrakte Grundriß fehlt dem Schauspiel. Man ist als Dramatiker heute weniger frei, weil eine fixe und fixierende Theaterkonvention fehlt und man sich die Zwänge selber schaffen muß, um schreiben zu können.

Wo alles möglich ist, bleibt vieles unter seinen Möglichkeiten.

Im Tanz gibt es zunächst nur Raum und Körper. Mit dem Körper kann man sehr viel machen, aber der Rahmen des Möglichen ist deutlich begrenzt. Ein Tänzer kann sehr hoch springen, aber nicht fliegen. Da man im Tanztheater nur den Körper des Tänzers hat und eventuell, als Sprungbrett, die Musik, fällt viel Zufall weg. Das Verhältnis Tanz – Schauspiel ist wie das von Vers zu Prosa. Der Vers ist eine Art Kläranlage. Nebensächliches fällt durch Selektion weg, durch den Formzwang. In Versen schreibt man schneller, die Form setzt Phantasie frei, der Zwang schafft Freiräume.

[1986]

Ein Gespräch zwischen Wolfgang Heise und Heiner Müller

Die Spirale der Geschichte ruiniert die Zentren, indem sie sich durch die Randzonen mahlt. In dieser Gangart, die sich aus dem Blickpunkt einer Generation der Sinngebung entzieht, liegt der Zweifel am Fortschritt begründet. Er ist existentiell, solange die Menschheit Gattungsbewußtsein, dessen Voraussetzung die Möglichkeit von Universalgeschichte, nicht neu entwickelt hat. Sein Verlust war der Preis, der für den Auszug aus der Tierwelt gezahlt werden mußte. Der Weg zurück ist Indianerromantik, der moderne Versuch, den Gang der Spirale in eine Kreisbewegung abzubiegen, zielt auf die Zerstörung des Planeten.
Heiner Müller

MÜLLER [...] Ein Punkt, der überhaupt wichtig ist, wenn man über Brecht redet: daß die politischen Impulse, die der Motor seiner ästhetischen Innovationen sind, auch als Bremse funktionieren.

HEISE Das hat Brecht selbst gesagt, 1941 notierte er im Arbeitsjournal: »wann wird die zeit kommen, wo ein realismus möglich ist, wie die dialektik ihn ermöglichen könnte? schon die darstellung von zuständen als latente, balancen sich zusammenbrauender konflikte stößt heute auf enorme schwierigkeiten, die zielstrebigkeit des schreibers eliminiert allzu viele tendenzen des zu beschreibenden zustandes. unaufhörlich müssen wir idealisieren, da wir eben unaufhörlich partei nehmen und damit propagandieren müssen.« (31.1.1941) Mir scheint das objektiv historisch bedingt zu sein. Welche Wahl hatte er? Darin liegt zugleich ein moralisch-politisches Verantwortungsbewußtsein, das den Haß auf die Tuis ebenso durchdringt wie sein Verarbeiten der Erfahrung des 17. Juni – so in den »Buckower Elegien«, besonders: »Böser Morgen«. Da kommt das Verhältnis von »Erfahrung« und »Urteil« unter andrem Aspekt wieder hoch, mit allem, was darin liegt: der selbstgesetzte Auftrag, seine gewählte Identität und Rolle in den Klassenkämpfen der Zeit, die seine Möglichkeiten nicht schlechthin erschöpfte, Unterschiede und Widersprüche zwischen dem Philosophen, dem Moralisten und dem Poeten, zwischen Gewolltem und Erreichtem, Erwartetem und Gefundenem ... Von diesem Drama (»viele Männer sind in einem Mann«) kennen wir ja nur einige Bruchstücke.

MÜLLER Es ist dennoch an den Texten ablesbar. »Der Druck der Erfahrung treibt die Sprache in die Dichtung« (T. S. Eliot), »Die Metapher ist klüger als der Autor« (Lichtenberg).

Noch einmal zu »Fatzer komm«, das ein vorläufiger, vielleicht gewaltsamer Versuch ist, zu einem praktikablen Fazit zu kommen. Benjamin hat ja darauf hingewiesen, du erinnerst dich sicher, in dem Kommentar zu diesem »Fatzer«-Gedicht, daß das sich bezieht auf einen Aspekt von Lenins Konzept der Kulturrevolution, als einen Versuch, die Einheit von Funktion und Funktionär, also Personenkult, zu verhindern. Auch die Stelle, die du zitiert hast: »Der Geschlagene entrinnt nicht / Der Weisheit.« Da fällt einem heute natürlich sofort ein, man muß nur lange genug schlagen, dann kommt der Geschlagene gar nicht mehr zum Denken. Aber das ist das Problem der Poesie, wie du eben gesagt hast. Manchmal auch des Poeten.

[1986]

Rede während des internationalen Schriftstellergesprächs »Berlin – ein Ort für den Frieden«

Was jetzt in der Sowjetunion versucht wird, ist eine ungeheure Korrektur, die Renaissance einer Hoffnung, die mit den Namen Lenin und Trotzki verbunden war und von Stalin auf Eis gelegt wurde. Ich weiß, wie gefährlich es ist, Geschichte an Namen zu binden, ihre Nennung erschwert Analyse, aber ich muß mich kurz fassen. Die Hoffnung des Oktober war die Einheit von Freiheit und

Gleichheit, ihre Bedingung war und ist der Frieden. Der siebzigjährige heiße und kalte Krieg gegen die Sowjetunion hat die Welt in zwei Teile gespalten: Freiheit ohne Gleichheit auf der einen Seite, konkret die Freiheit der Ausbeutung, oder, mit Sartre, die Auspowerung von Kontinenten im Namen der Akropolis, die Menschenrechte eine Phrase; Gleichheit auf Kosten der Freiheit auf unserer Seite, die Menschenrechte eine Arbeit mit Blut Schweiß und Tränen. Eine Konsequenz dieser Teilung ist die Mauer zwischen Berlin und Berlin. Sie ist auch ein Denkmal für Rosa Luxemburg und Karl Liebknecht. Die westliche Umarmung für das Gorbatschow-Programm, was seinen innenpolitischen Teil angeht (in der Abrüstungsfrage fällt die Umarmung eher gehemmt aus), sollte uns nicht blind machen für die Tatsache, daß es dabei nicht um eine Annäherung an den Westen geht, sondern im Gegenteil um die Herausbildung des anderen, um die wirkliche Alternative zum Kapitalismus, nicht um das Aufgeben von Positionen, sondern um die Eroberung der einzigen Position, die Zukunft möglich macht. Wir haben keinen anderen Weg nach vorn als zurück zu Marx und Lenin, die Analyse und Berücksichtigung der veränderten neuen Bedingungen vorausgesetzt. Wir können das Unrecht in unserer Gesellschaft nicht ewig auf Hitler zurückführen. Die DDR trägt auch die Hypothek des Stalinismus. Der bürokratische Umgang mit Kunst Literatur Theater kommt aus diesem Erbe. Vieles, was in der DDR geleistet und erreicht worden ist, mußte durchgesetzt werden nicht nur gegen feindliche Obstruktion, sondern auch gegen manchmal mehr und manchmal weniger freundlichen Widerstand. Noch die anachronistische Frage des Zöllners an der Staatsgrenze nach Druckerzeugnissen ist ein stalinistisches Relikt und keine friedensfördernde Maßnahme. Der Frieden ist das A und O, aber wenn wir das Leben in unsrer Gesellschaft nicht attraktiv machen, werden unsre Worte wie Asche im Mund sein.

[1987]

[So abgründig ist das gar nicht …]

A. MÜLLER Schreiben Sie Tagebuch?

MÜLLER Auf die Idee bin ich noch nie gekommen. Jemand, der heute Tagebuch schreibt, lügt sich doch selbst in die Tasche.

A. MÜLLER Handke hat es sogar herausgegeben.

MÜLLER Das braucht man ja nicht zu lesen. Können Sie sich Hölderlin als Tagebuchschreiber vorstellen? Undenkbar! Das ist eine Frage des Verhältnisses, das man zur Sprache hat. Ich kann Sprache, wenn ich schreibe, nicht als Instrument der Mitteilung benutzen. Das geht nur, wenn ich spreche.

[1987]

[Nach dem Gespräch mit Wallraff …]

Nach dem Gespräch mit Wallraff und der Lektüre von Gremlizas Karl Kraus-Preisrede gegen ihn wünschte ich, sowohl die Wallraffs als auch die Gremlizas kämen im Dutzend vor. Feuer und Wasser auf der einen Seite, Feuer und Wasser auf der andern und hinter ihnen gegen sie der gemeinsame Feind. Natürlich schlägt der Kapitalismus aus allem Kapital, dient der Widerstand auch als Medienfutter, ist der Unwert bloß moralischer Empörung unbestreitbar, kann ich Gremlizas Plädoyer für die Kunst (Literatur) als Mittel, die Wirklichkeit unmöglich zu machen, nur unterschreiben. »Daß einer sich der Sprache bedient, um zu sagen, daß ein Minister untauglich sei, macht ihn nicht zum Schriftsteller.« (Gremliza) Aber daß einem die Sprache zu schade ist, um einen untauglichen Minister untauglich zu nennen, macht den Schriftsteller nicht aus. Die Konsequenz aus Gremlizas Analyse kann nicht die Analphabetisierung der Arbeiter sein, nur damit sie nicht Konsalik lesen. Es gibt Lagen, in denen Wahrheit entsteht, wenn die Kamera wackelt, das beweist auch dieser traurige Stellvertreterkrieg. [1987]

Nicht Einheit, sondern Differenz

LANDOLT In Deutschland fand bis heute keine erfolgreiche Revolution statt. Sehen Sie Chancen für einen erfolgreichen Ausgang?

MÜLLER Wir erleben jetzt in der DDR eine bürgerliche Revolution. Auf jeden Fall ist es die erste Revolution in Deutschland. In der BRD wurde die Demokratie von den Amerikanern importiert. Demokratie ist da ein Importgut wie andere Konsumwaren, und ich glaube, sie ist auch nicht tiefer ins Bewußtsein gegangen. Wenn es in der BRD irgendwelche Krisen gibt, etwa wenn die Bevölkerung meint, daß die Türken überhand nähmen oder Terroristen zu böse würden, dann treten die alten Klischees ans Licht, die alles andere als demokratisch sind. Die Demokratie hat in der BRD keine Wurzeln. Was jetzt in der DDR passiert, ist eine Chance. Die Demütigung von großen Teilen der Bevölkerung war so stark, daß in der DDR ein wirkliches Bedürfnis nach Demokratie herrscht. Die andere Seite ist, daß die Diskrepanz zwischen der Phrase und der Realität einfach zu groß wurde. Jetzt fordert die Bevölkerung die Realität der Phrase ein. Man hat gesagt, wir sind eine Volksdemokratie. Jetzt will das Volk Demokratie! In Leipzig haben Sprechchöre gerufen: Wir sind das Volk! Es wäre undenkbar, daß in der BRD 500 000 Menschen rufen, wir sind das Volk.

[24. November 1989]

SENECAS TOD

Was dachte Seneca (und sagte es nicht)
Als der Hauptmann von Neros Leibwache stumm
Das Todesurteil aus dem Brustpanzer zog
Gesiegelt von dem Schüler für den Lehrer
(Schreiben und Siegeln hatte er gelernt
Und die Verachtung aller Tode statt
Des eignen goldne Regel aller Staatskunst)
Was dachte Seneca (und sagte es nicht)
Als er den Gästen und Sklaven das Weinen verbot
Die seine letzte Mahlzeit mit ihm geteilt hatten
Die Sklaven am Tischende TRÄNEN SIND
UNPHILOSOPHISCH
DAS VERHÄNGTE MUSS ANGENOMMEN
WERDEN

UND WAS DIESEN NERO BETRIFFT DER SEINE
MUTTER
UND SEINE GESCHWISTER GETÖTET HAT
WARUM SOLLTE ER
MIT SEINEM LEHRER EINE AUSNAHME
MACHEN WARUM
VERZICHTEN AUF DAS BLUT DES PHILOSOPHEN
DER IHN DAS BLUTVERGIESSEN NICHT
GELEHRT HAT
Und als er sich die Adern öffnen ließ
An den Armen zunächst und seiner Frau
Die seinen Tod nicht überleben wollte
Mit einem Schnitt Von einem Sklaven wahrscheinlich
Auch das Schwert auf das Brutus sich fallen ließ
Aus dem Himmel seiner republikanischen Hoffnung
Mußte von einem Sklaven gehalten werden
Was dachte Seneca (und sagte es nicht)
Während das Blut zu langsam seinen zu alten
Körper verließ und der Sklave gehorsam dem Herrn
Auch noch die Beinadern und Kniekehlen aufschlug
Gewisper mit ausgetrockneten Stimmbändern
MEINE SCHMERZEN SIND MEIN EIGENTUM
DIE FRAU INS NEBENZIMMER SCHREIBER
ZU MIR
Die Hand konnte den Schreibgriffel nicht mehr halten
Aber das Gehirn arbeitete noch die Maschine
Stellte Wörter und Sätze her notierte die Schmerzen
Was dachte Seneca (und sagte es nicht)
Zwischen den Buchstaben seines letzten Diktats
Gelagert auf die Couch des Philosophen
Und als er den Becher leertrank das Gift aus Athen
Weil sein Tod auf sich warten ließ immer noch

Und das Gift das vielen geholfen hatte vor ihm
Konnte nur eine Fußnote schreiben in seinen
Schon beinahe blutleeren Leib keinen Klartext
Was dachte Seneca (sprachlos endlich)
Als er dem Tod entgegenging im Dampfbad
Während die Luft vor seinen Augen tanzte
Die Terrasse verdunkelt von wirrem Flügelschlag
Nicht von Engeln wahrscheinlich auch der Tod
Ist kein Engel im Säulengeflimmer beim Wiedersehn
Mit dem ersten Grashalm den er gesehen hatte
Auf einer Wiese bei Cordoba hoch wie kein Baum

[vermutlich August/September 1992]

MÜLLER IM HESSISCHEN HOF

Im Hotelrestaurant die Unschuld der Reichen
Der gelassene Blick auf den Hunger der Welt
Mein Platz ist zwischen den Stühlen Mein Traum
Die faltige Kehle der Witwe vom Nebentisch
Aufzuschneiden mit dem Messer des Kellners
Der ihr den Lammrücken vorschneidet Ich
Werde auch diese Kehle nicht aufschneiden
Mein Leben lang werd ich nichts dergleichen tun
Ich bin nicht Jesus Der das Schwert bringt Ich
Träume von Schwertern Wissend länger als ich
Wird die Ausbeutung dauern an der ich teilhabe
Länger als ich der Hunger der mich ernährt
Der Schrecken der Gewalt ist ihre Blindheit
Und die Dichter ich weiß es lügen zu viel
Villon konnte das Maul noch aufreißen
Gegen Adel und Klerus er hatte kein Bett keinen Stuhl

Und kannte die Gefängnisse von innen
Brecht schickte Ruth Berlau nach Spanien und schrieb
In Dänemark DIE GEWEHRE DER FRAU CARRAR
Gorki während er zweispännig durch Moskau fuhr
Haßte die Armut WEIL SIE ERNIEDRIGT Warum
Nur die Armen Majakowski hatte sich schon
Mit dem Revolver zum Schweigen gebracht
Die Lügen der Dichter sind aufgebraucht
Vom Grauen des Jahrhunderts An den Schaltern der Weltbank
Riecht das getrocknete Blut wie kalte Schminke
Der schlafende Penner vor ESSO SNACK&SHOP
Widerlegt die Lyrik der Revolution
Ich fahre im Taxi vorbei Ich kann es mir
Leisten Benn hatte gut reden Er hat
Mit seinen Gedichten kein Geld verdient und wäre
Krepiert ohne Haut- und Geschlechtskrankheiten
In der Nacht im Hotel ist meine Bühne
Nicht mehr aufgeschlagen Ungereimt
Kommen die Texte die Sprache verweigert den Blankvers
Vor dem Spiegel zerbrechen die Masken Kein
Schauspieler nimmt mir den Text ab Ich bin das Drama
MÜLLER SIE SIND KEIN POETISCHER GEGENSTAND
SCHREIBEN SIE PROSA Meine Scham braucht mein Gedicht

Frankfurt, 3.10.1992

[Ich hab zur Nacht gegessen mit Gespenstern ...]

1

ICH HAB ZUR NACHT GEGESSEN MIT
GESPENSTERN
Jetzt holt Journaille meinen Schatten heim
ER HAT MIT DEM TEUFEL GEFRÜHSTÜCKT SEIN
LÖFFEL WAR
ZU KURZ BESPEIT IHN Im Erbrochnen schwimmt
Ein schwarzer Himmel Blau schreibt Leonardo
Mit seiner linken Hand in Spiegelschrift
Ist keine Farbe ist ein Zufall aus
Luftströmungen und Hintergründen Nichts
Ist blau der Himmel eine schwarze Heimat

2

JAGEN 93 DAS LIEBESLEBEN DER HYÄNEN
Am 9. Januar, meinem Geburtstag, nicht nur der Osten hat Humor, erreichte mich die Nachricht, daß in SPIEGEL TV meine Enttarnung als IM der Staatssicherheit bevorstünde. Die Akte sei, so wurde Stefan Aust zitiert, brisanter als die von Hermann Kant. Aus Neugier, sie gehört zu meinen Lastern, ging ich in die SPIEGEL-Falle. Was ich kannte, waren OFFENE BRIEFE eines Dieter Schulze, den ich für eine große neodadaistische Begabung hielt und halte, an 77 Redaktionen und an mich, mit dem Vorwurf, daß ich seine Ausweisung aus der DDR betrieben hätte. Richtig ist, daß Schulze der Staatssicherheit der DDR ein Dorn im blinden Auge war, bis zur Alternative Ausweisung oder Zuchthaus. Lorca hat den Vorgang beschrieben mit einem Dialog zwischen einem (surrealisti-

schen) Dichter und einem Offizier der GUARDIA CIVIL. Ich hielt, in einem Gespräch im Ministerium für Kultur der DDR, von dem es offenbar ein Protokoll gibt, zusammen mit Franz Fühmann, der Schulze als ein zu schützendes Genie betrachtete, ein DDR-Zuchthaus nicht für eine Dichterakademie und, mit Fühmann, die Ausweisung für das kleinere Übel. Ich verstehe gut, daß im neuen Deutschland ein Zuchthausaufenthalt in der DDR ein besserer Ausweis und ein bessres Sprungbrett ist als die gewöhnliche Ausweisung, wie brutal sie auch vollzogen wurde.

(...) mit trotzkistischer Tendenz geführt, wenig Grund, Angst nicht zu haben. Mein angstfreier Raum war m[eine] Literatur. Meine Kindheit im feindlichen Deutschland, mit dem Zwang, mich außen anders zu verhalten und zu äußern als in den vier Wänden der Familie, hat mich an Konspiration, an Doppelleben (Benn) gewöhnt. Aus der Angst wächst das Bedürfnis nach Tuchfühlung mit dem Gegner, den man zu fürchten hat. Ich hatte wenig Illusionen über meine Möglichkeit, die Welt zu ändern, meine ganze höchst[ens] private Hoffnung war, daß ich das eine oder andre »kleine Unrecht« beschränken könnte. Entscheidend war die Neugier des Schriftstellers auf das Getriebe der Macht, auf ihren inneren Mech[anismus] (...), wie funktionierte sie und wie nicht und warum, wie arbeiten diese Gehirne. Ich bekenne mich zu diesem Laster. (...)

Ich kann die Debatte nicht annehmen auf dem Niveau, auf dem sie angeboten wird, dem Niveau der Denunziation und der Verleumdung, es ist nicht mein Niveau.

VIELES ABER / WIE EINE LAST VON SCHEITERN IST / ZU BEHALTEN

Wer von Schuld reden will, soll es tun, ich rede nicht von Unschuld, Unsch[uld] ist Glücksfall und ein Privileg nicht nur in diesem Jahrhundert nicht nur in Deutschland, das ich für mich nicht beanspruchen kann, nicht privat [und] nicht politisch. Man wird, mit meiner Biografie, hier und heute nicht 64 Jahre alt – wie früh starb Sh[akespeare], wie rechtzeitig Brecht – ohne »eine Last von Scheitern«.

Die Sprechblase REAL EXISTIERENDER SOZIALISMUS war nur noch eine Benennung der Farce. Die Tragödie war gelaufen.

Die Geschichtsschreibung der Sieger, die DDR-Geschichte ([und] Geschichte der SU) aus dem Weltzusammenhang reißt, in dem gesehen sie Erfahrung werden könnte, erzeugt den Schwefeldampf, ohne den der Christ nicht bereuen, seine Büßer-Rolle auf dem Theater der Aufklärung nicht spielen kann, wie es von der Gauckbehörde betrieben wird.

Das kommunistische Experiment im Osten Europas war die Unterbrechung eines Ablaufs, der, wenn aus der Geschichte und dem Scheitern dieser Unterbrechung nicht gelernt wird, unvermeidlich in die Katastrophe führt.

Die Sprache der Politik beschreibt Oberflächen, Horizonte. Die Zukunft steht zum Fortschritt quer.

Die Prosa der Akten erinnert an das Verfahren von Kafka: Beschreibung von Details ohne Bezugssystem. Die deutsche Presse hat, in der Berichterstattung über Angelegenheiten der Staatssicherheit, dieses Verfahren übernommen. Man begreift, daß Kafkas Arbeit für die Versicherung ihn zum bolschewistischen Schriftsteller qualifiziert hat, die Verwandtschaft der Strukturen. Die FBI-Agenten, die in Kalifornien an Brecht gearbeitet haben, wußten alles über ihn, nur nicht, wer er war. Sie hielten ihn für einen Nazi-Agenten.

Die moralische Attitüde meiner Ankläger, vom Kannibalismus der Medien abgesehn, verrät die Angst um den Stellenwert, der sein Marktwert ist, des schon lange nur noch sogenannten repräsentativen Intellektuellen. Mit welchem Anspruch tritt eine Figur wie Raddatz auf. Die Arroganz der Unschuld, auf die Genet, befragt nach seiner Meinung über Flugzeugentführungen, die Antwort hatte: Unschuldige sitzen nicht in einem Flugzeug. Den Geifer der Spätkonvertierten kann ich verstehn. Über die Reinheit der Reinen ist bei Nietzsche [und] Freud nachzulesen. Meine Hände sind schmutzig, und ich hasse Seifengeruch. Formulieren kann ich ihn im Gedicht:
SEIFE IN BAYREUTH für Daniel Barenboim
Als Kind hörte ich die Erwachsenen sagen:
In den Konzentrationslagern wird aus den Juden
Seife gemacht. Seitdem konnte ich mich mit Seife
Nicht mehr anfreunden und verabscheue Seifengeruch.
Jetzt wohne ich, weil ich den TRISTAN inszeniere
In einer Neubauwohnung in der Stadt Bayreuth.
Die Wohnung ist sauber wie ich noch keine gesehen habe.
Alles ist am Platz: Die Messer Die Löffel Die Gabeln
Die Töpfe Die Pfannen Die Teller Die Tassen Das
Doppelbett.

Die Dusche, MADE IN GERMANY, kann Tote
aufwecken.
An den Wänden Blumen- und Alpenkitsch.
Hier ist Ordnung. Auch das Grün hinter dem Haus
In Ordnung, die Straße still, gegenüber die HYPOBANK.
Als ich das Fenster aufreiße zum erstenmal: Seifengeruch.
Das Haus der Garten die Stadt Bayreuth riechen nach
Seife.

Jetzt weiß ich, sage ich gegen die Stille
Was es heißt in der Hölle zu wohnen und
Nicht tot zu sein oder ein Mörder. Hier
Wurde Auschwitz geboren im Seifengeruch.

Ich hatte nie die Illusion einer heilen Welt, ich lebte in Tuchfühlung mit dem Unheil. Das Leben in der DDR war, nach dem Mauerbau, dem letzten Mittel, den status quo zu erhalten, auf den die Großmächte sich, im Schatten des von beiden Seiten möglichen Atomschlags, als auf das kleinere Übel geeinigt hatten (Chruschtschow hat es formuliert: Lieber 16 Millionen gefangene Deutsche als ein dritter Weltkrieg), ein Leben in der wirklichen Situation statt in der simulierten Freiheit der Bundesrepublik.

Herwegh: Die Freiheit der Welt ist unteilbar.

Stalins Sozialismus in einem Land (…) bedeutete von Anfang an die Kolonisierung der eignen Bevölkerung. Die Sprechblase vom real existierenden Sozialismus [reife Kabarettsprache] war die Formel für die Farce nach der Tragödie.

(…) basierend auf Lenins geografischem Irrtum (der Rußland für Europa nahm), dessen Replik Hitlers Genozid war, in den Kolonien auf drei Kontin[enten] normal, in Europa ja z[um] [ersten] Mal in d[er] Geschichte ein Verbrechen, ein Verstoß gegen Spielregeln (...)

Hinter der moralischen Attitüde (Beispiel Raddatz) die Angst vor dem Verlust der Position (des Marktwerts) des schon lange nur noch sogenannten Intellektuellen. Zolas »J'accuse«, im neunzehnten Jahrhundert eine Haltung, ist nur noch eine Pose. Der Rückzug aus dem Reden über Politik in das Schweigen der Kunst ist wahrsch[einlich] keine Hoffnung für die Menschheit, aber vielleicht der Beginn des Dialogs (...)

Die russ[ische] Variante des Sozialismus war eine Frühgeburt ohne Zukunft, sein Terror spätestens seit Stalin nicht mehr revolutionär, sondern bürokratisch, auf Statistik orientiert, nicht auf Geschichte, Programm ohne Realität in der kapitalistisch dominierten Welt, unheilige Schrift, mit Tränen Schweiß Blut auf Körper geschrieben: Literatur.

Geheimdienste arbeiten an der Verwandlung von Biografien in Vorgänge, von Menschen in Akten, von Realität in Papier. Kafka hat ihre Tätigkeit als eine Art Buchführung für den Jüngsten Tag beschrieben, in Erwartung des Messias, der entweder als Erlöser oder als Vernichter kommt. Akten leben länger als Menschen, insofern sind sie Aktien auf die Ewigkeit. Das gegen Marx behauptete Primat der Politik vor der Ökonomie, erzwungen durch das (ökon[omische]) Scheitern einer Alternative zum Kapitalismus, trieb die östlichen Geheimdienste in ihren rasenden Selbstlauf in der Falle eines Wahnsystems, zw[ischen] Farce und Tragödie. Immerhin war in der DDR, aus geografischen und historischen Gründen, die Hemmschwelle des Terrors höher, standen zw[ischen] Oder

[und] Elbe mehr Feinde auf dem Papier, als in den Gefängnissen saßen.

[1993]

SCHWARZFILM

Das Sichtbare
Kann fotografiert werden
O PARADIES
DER BLINDHEIT
Was noch gehört wird
Ist Konserve
VERSTOPF DEINE OHREN SOHN
Die Gefühle
Sind von gestern Gedacht wird
Nichts Neues Die Welt
Entzieht sich der Beschreibung
Alles Menschliche
Wird fremd

[vermutlich 1993]

Vampir

VAMPIR
Die Masken sind verbraucht fin de partie
Prolet und Mörder Bauer und Soldat
Aus den geborgten Mündern dringt kein Laut
Zerstoben ist die Macht an der mein Vers
Sich brach wie Brandung regenbogenfarb
Im Zaun der Zähne starb der letzte Schrei

WILLKOMMEN IN WORKUTA KOMISSAR
Statt Mauern stehen Spiegel um mich her
Mein Blick sucht mein Gesicht Das Glas bleibt leer

[vermutlich Anfang 1995]

Wir werden uns daran gewöhnen müssen, daß wir ein sinkendes S

bevölkern, in seiner Existenz bedroht von den Überlebenden al

Schiffbrüche, die wir mehr oder weniger verursacht haben und

mit zu wenig Rettungsbooten und Schwimmwesten ausgestattet is

Der Verteilungskampf letzlich ein Kampf um Schwimmwesten und

in den Booten Zufall einzig humane Form der Selektion

Erbarmen mit den Poltikern ein Gebot der Menschlichkeit ~~aber~~

gekündigt wenn sie auf Privileg auf Schwimmwesten oder Plätze

Booten bestehn

IV
Religion

Gott ist die Wüste

In seiner Studie zur »Idee des Sozialismus« aus dem Jahr 2015 beschreibt Axel Honneth das Verhältnis zwischen sozialistischer Utopie und Religion als historischen Machtkampf, der sich nach dem Sturz des real existierenden Sozialismus zugunsten der Religion gewendet habe. »Wie über Nacht – Max Weber würde sich erstaunt die Augen reiben – haben sich die Rollen zweier großer Widersacher des 19. Jahrhunderts vertauscht: Der Religion scheint als ethische Kraft die Zukunft zu gehören, der Sozialismus hingegen wird als geistiges Geschöpf der Vergangenheit wahrgenommen.«[1] Deswegen gelte es, das »ursprüngliche Anliegen« des Sozialismus »noch einmal so zu reformulieren, dass es erneut zur Quelle politisch-ethischer Orientierungen werden könnte«.[2]

Weil Honneth (unter Berufung auf Max Weber) das Verhältnis zwischen Sozialismus und Religion von vornherein als ein Verhältnis von feindlichen Widersachern begreift, wird die Frage der Religion in seinen Überlegungen nicht mehr weiter thematisiert. Man könnte vermuten, dass er sich an den für die deutsche sozialistische Tradition maßgeblichen Satz des jungen Marx hält: »Für Deutschland ist die *Kritik der Religion* im wesentlichen beendigt«.[3] Unbeantwortet bleiben damit genau zwei Fragen. Erstens die Frage, warum und in welcher Angelegenheit genau Sozialismus und Religion Widersacher (Konkurrenten, Gegner, Feinde) gewesen sind, worin sie sich ähnlich sind und worin sie sich unterscheiden. Zweitens bleibt die Frage unbeantwortet, weswegen ausgerechnet die Religion es ist, die nach dem Zusammenbruch des realsozialistischen Experiments den Sieg als ethische Kraft davongetragen hat – wie zweifelhaft und vorläufig auch immer dieser Sieg sich ausnimmt. In der Statistik zum kontinuierlichen Rückgang der Kirchgänger ist das Jahr 1990 jedenfalls vollkommen insignifikant.

Honneths thematische Ausblendung der Religion bei dem Versuch, die Idee des Sozialismus neu zu formulieren und sie aus der Umklammerung des Ökonomismus und Industrialismus zu lösen, ist zwar von der politisch-rechtlichen Orientierung seiner Fragestellung her gerechtfertigt, historisch gesehen ist sie aber keineswegs selbstverständlich. In Honneths Rekonstruktion der »ursprünglichen Idee des Sozialismus«[4] fehlen die Namen und die Gedanken von Klassikern wie Wilhelm Weitling, Étienne Cabet, Georg Büchner, Alexander Herzen, Michail Bakunin, Jean Jaurès, Gustav Landauer, Rosa Luxemburg, Simone Weil, Walter Benjamin, aber auch von Moses Hess, Félicité de Lamennais, Paul Tillich, Ernesto Cardenal oder Leonardo Boff. Ihr auf den ersten Blick erstaunlich erscheinender Ausschluss ist gleichwohl folgerichtig. Die genannten Klassiker haben das Verhältnis von sozialistischer Utopie und Religion nämlich nicht einfach, im Gegensatz zur Traditionslinie des *wissenschaftlichen* Sozialismus, als Kampf zweier sich fremd gegenüberstehender Mächte begriffen. Sie haben – von Weitling und Herzen bis zu Luxemburg und Weil – das Verhältnis zwischen Sozialismus und Religion vielmehr dialektisch begriffen, als ein wechselseitiges Verhältnis der Aufhebung, die bekanntlich nicht abstrakte Negation oder historische Liquidation meint, sondern Verwandlung und Bewahrung.[5] Sozialismus impliziert nicht von sich aus die Abschaffung aller Religionen und Kirchen, schon gar nicht deren Substitution durch eine Einheitspartei. Keiner der genannten sozialistischen Klassiker glaubte, die politisch-ethischen Orientierungen des Sozialismus – Chancengleichheit, soziale Freiheit, Gerechtigkeit, Solidarität – in einem ausschließenden oder gar vernichtenden Verhältnis zur Religion ansiedeln zu können. Sie alle waren sich der historischen Tatsache bewusst, dass »die Wurzeln des deutschen Sozialismus«, nicht anders als die des französischen, russischen und angelsächsischen, »in einer religiösen Reformbewegung« liegen.[6]

Kurzum, das Verhältnis von sozialistischer Utopie und Religion ist enger und komplexer, als manche sozialistischen Religionsverächter und – auf der Gegenseite – manche antisozialistischen Kirchenanhänger meinen. Beide schließen einander nicht aus, sondern auf konfliktträchtige Weise ein. Die Idee des Sozialismus durchquert von Anfang an die Religion ebenso polemisch, wie umgekehrt religiöse Ideen den Sozialismus polemisch durchqueren. Deswegen gibt es religiöse und nichtreligiöse Sozialisten (und Konflikte zwischen ihnen), so wie es umgekehrt sozialistische und nichtsozialistische Gläubige gibt (und Konflikte zwischen ihnen). Es gibt Sozialisten, die den Sozialismus als Realisierung genuin religiöser Ideen begreifen, und Sozialisten, die ihn als Überwindung jeder Form von Religion betrachten, und es gibt religiöse Gottgläubige, die den Sozialismus verdammen, und Gläubige, die ihn als solidarische Gesellschaftsform feiern. Die Annahme, dass Religion und Sozialismus einander völlig fremde Widersacher (gewesen) wären, ist weder historisch noch systematisch haltbar. Rosa Luxemburg wusste es besser, als sie schrieb:

Wir aber, die wir den Armen, den Ausgebeuteten und Unterdrückten das Evangelium der Brüderlichkeit und Gleichheit bringen, wir erobern heute die Welt wie jener, der gesagt hat: ›Wahrlich, wahrlich ich sage euch, es ist leichter, dass ein Kamel durch ein Nadelöhr gehe, denn dass ein Reicher ins Reich Gottes komme.‹[7]

Man muss die skizzierten historischen Zusammenhänge im Gedächtnis haben, um Heiner Müllers Auseinandersetzung mit der Frage der Religion einschätzen zu können. Wenn Müller 1990 etwa langfristig die Option einer Allianz von Kommunismus und Katholizismus ins Auge fasst, dann nicht weil er fromm und klerikal wäre, sondern weil er die Geschichte des Sozialismus kennt.

[W]er gegen den Kommunismus ist, ist gegen die Bergpredigt, ist gegen Jesus. Das hat man in Lateinamerika begriffen. Diese Konfrontation zwischen Katholizismus und Kommunismus in Europa war eigentlich völlig überflüssig, denn nirgendwo steht geschrieben, dass Christentum an die Struktur des Privateigentums gebunden ist. Im nächsten Jahrtausend muss es zur Allianz von Kommunismus und Katholizismus kommen. Die Realität gibt nur nach, wenn man sich gegen sie verbündet. Che Guevara ist ein Heiliger, ein neuer Apostel. Das setzt die Fusion von Rom und Byzanz voraus. Dagegen ist der Kapitalismus eine Fußnote. Alles andere ist ephemer, Tagespolitik.[8]

Müller gehört weder *vor* noch *nach* 1990 zu denen, die das dialektische Verhältnis des Sozialismus zur Religion vergessen haben, und noch weniger zu denen, die ans friedliche Verenden der Religion im Lauf der sich fortwährend modernisierenden, kapitalistischen Zeiten glauben. Dass mit dem historischen Scheitern des Sozialismus als tatsächlich realisierter Aufhebung (nicht Unterdrückung) der Religion die Religion in ihrer alten »Unmittelbarkeit«

(wie Hegel gesagt hätte) wieder sichtbar auf den Plan treten würde, war absehbar. Deswegen konnte Müller in seiner Rede anlässlich der Entgegennahme des Kleist-Preises im Jahr 1990 auch einen Gedanken formulieren, der den Anhängern einer undialektisch, stur fortschrittsgeschichtlich konzipierten Moderne bis heute fremd geblieben ist.

Das Preußen des Heinrich von Kleist ist eine Erdbebenzone, von Verwerfungen bedroht, angesiedelt auf dem Riss zwischen West- und Ostrom, Rom und Byzanz, der in unregelmäßigen Kurven durch Europa geht, blitzhaft sichtbar, wenn nach dem Verlust einer bindenden Religion oder Ideologie die alten Stammesfeuer neu gezündet werden. Einem Riss, in dem zum Beispiel Polen immer wieder verschwunden ist.[9]

Das heißt, wenn das kapitalistische Elend – zu dem wesentlich auch der auf den Knochen von Sklaven errichtete Luxus gehört[10] – keine politische Adresse mehr findet, dann bleiben ihm (vorerst) nur noch die alten religiösen Adressen.

Dass die Befreiungskriege der Ausgebeuteten gegen die Fürsten dieser Welt im Namen einer anderen Welt geführt werden, dass sie immer auch eine politisch-theologische Dimension haben, ist keine Neuigkeit. Es war für Büchner, Heine und Brecht keine, und es ist auch keine für Heiner Müller. Sein Blick auf die religiösen Dinge sieht in den Religionen, in ihren Bildern und Erlösungshoffnungen deswegen nicht allein die mit Ressentiment geladene Vertröstung aufs Jenseits, sondern er hört darin auch den Protestschrei der geknechteten Kreatur gegen die unvollendete Geschichte. Zugleich sieht er, dass die vulgäratheistische Abtrennung des Sozialismus von seinen politisch-theologischen Quellen zu dessen sklerotischer Reduktion auf eine trostlose Mangelökonomie und zu dessen historischer Agonie geführt hat. Zuletzt blieben nur noch jene Karikaturen übrig, welche die wüsten Aphorismen Nicolás Gómez Dávilas verspottet haben: »Der dickbäuchige Bürger ist der Schatten, den der magere Revolutionär auf die Geschichte wirft.«[11]

Wer den Sozialismus nur als ökonomischen Konkurrenzbetrieb des schnelleren Kapitalismus definiert und auf das »Reich Gottes ohne Gott«,[12] das heißt auf die Möglichkeit einer *anderen* Geschichte verzichtet, der hat ihn schon verloren. Oder mit den Worten Müllers: »Es wurden [in der DDR] immer materielle Ziele angeboten – in fünf Jahren überholen wir Westdeutschland, oder so ähnlich –, die dann nie erreicht worden sind. Dagegen kann die Kirche eine wirkliche Utopie anbieten.«[13]

Müller hat fürs selige »Eiapopeia vom Himmel«, wie Heine im *Wintermärchen* spottete, keinen Sinn, höchstens den des schwarzen Humors. Sinn hat er umso mehr für Widersprüche und Konflikte, für scheiternde Lebenspläne, Verstrickungen in Schuld, für Gewalt, Elend, Verrat, Süchte und Passionen, fürs Tragische und fürs Komische. Und für die Toten, deren Zeit mitsamt ihren unabgegoltenen Hoffnungen eine *andere* ist als die der Lebenden. Deswegen weiß Müller auch, dass die Religionen nicht nur noch nie verschwunden waren, auch in Sowjetrussland nicht, sondern dass sie ein zentraler Hebel in den politischen Kämpfen sowohl der Vergangenheit als auch der Gegenwart sind – und es bis auf weiteres auch bleiben werden. Sie formulieren und mobilisieren genau das, was die vergesslichen Bilder der kapitalistischen Gegenwart, als würde die Welt in jedem Augenblick unschuldig neu geboren, flieht wie der Teufel das Weihwasser: das Negative. Sie rühren an das, was schiefgegangen und gescheitert ist, aber auch an das, was (noch) nicht da ist, was erhofft, versprochen, erwartet wird. Was *nicht* da ist, ob verloren oder versprochen – und die Dichter sind Spezialisten dessen, was nicht oder noch nicht ist –, ist aber weitaus mehr, größer und stärker als das, was gerade da ist und schnell wieder verschwindet. Es besitzt die Macht, das flüchtig Gegebene zu transzendieren und zu vernichten. Auch die Welt des Kapitals in seiner Warenpracht.

Auszuhebeln ist letztere jedenfalls nicht allein mit funktionalen ökonomischen Argumenten, als ob die großen Krisen, Megafinanzlöcher und apokalyptischen Drohbilder nicht der Motor des Systems selbst wären, das, was die Leute panisch bei der Stange hält. Es selbst ist als ein parasitäres religiöses System zu begreifen,[14] das die Wünsche und Sinne seiner Gläubigen (und Gläubiger) infiziert und sie begehren lehrt, ihnen Sinn, Glück und Erlösung verspricht. Den Subjekten des Kapitals umgekehrt zu zeigen, dass nichts bleiben wird von den Eitelkeiten der maßlosen Produktion, des Warenkults und des Konsums, nichts als Müllhalden, Exkremente, Staub, Gift, Mikroben, dass der frenetische Kreislauf aus Produktion – Distribution – Konsumption im Dienst eines ebenso unsichtbaren wie grausamen, unmenschlichen Gottes steht, ist die andere Aufgabe der Religionskritik.

Anmerkungen

1 Axel Honneth, *Die Idee des Sozialismus*, Berlin: Suhrkamp 2015, S. 11.

2 Ebd., S. 21.

3 Karl Marx, *Zur Kritik der Hegelschen Rechtsphilosophie*, in: ders., Friedrich Engels, in: *Werke*, Band 1, herausgegeben vom Institut für Marxismus-Leninismus beim ZK der SED, Berlin [Ost]: Dietz 1976, S. 378.

4 Axel Honneth, *Sozialismus*, S. 20.

5 »So ist das Aufgehobene ein zugleich Aufbewahrtes, das nur seine Unmittelbarkeit verloren hat, aber darum nicht vernichtet ist.« (Georg Wilhelm Friedrich Hegel, *Wissenschaft der Logik. Erstes Buch*, in: *Werke in 20 Bänden mit Registerband*, Band 5, Auf der Grundlage der Werke von 1832-1845 neu edierte Ausgabe [Redaktion: Eva Moldenhauer und Karl Markus Michel], Frankfurt am Main: Suhrkamp 1986, S. 114.)

6 Vgl. Gareth Stedman Jones, *Das Kommunistische Manifest. Einführung, Text, Kommentar*, München: C.H. Beck 2012, S. 17f.

7 Rosa Luxemburg, »Kirche und Sozialismus«, in: dies., *Internationalismus und Klassenkampf. Die polnischen Schriften*, herausgegeben und eingeleitet von Jürgen Hentze, Neuwied und Berlin: Luchterhand 1971, zitiert nach *rls standpunkte* 4/2005, S. 12, online verfügbar unter {http://edoc.vifapol.de/opus/volltexte/2009/957/pdf/Standpunkte_0504} (15. Januar 2017).

8 Heiner Müller, »Nekrophilie ist Liebe zur Zukunft«, in: *Werke*, Band 11: *Gespräche 2. 1987-1991*, herausgegeben von Frank Hörnigk, redaktionelle Mitarbeit: Kristin Schulz, Ludwig Haugk, Christian Hippe und Ingo Way, Frankfurt am Main: Suhrkamp 2008, S. 615.

9 Ders., »Deutschland ortlos. Anmerkung zu Kleist. Rede anläßlich der Entgegennahme des Kleist-Preises«, in: *Werke*, Band 8: *Schriften*, herausgegeben von Frank Hörnigk in Zusammenarbeit mit der Stiftung Archiv der Akademie der Künste, Berlin, redaktionelle Mitarbeit: Kristin Schulz, Frankfurt am Main: Suhrkamp 2005, S. 383.

10 Vgl. Gottfried Benn, »Können Dichter die Welt verändern?«, in: *Essays und Reden. In der Fassung der Erstdrucke*, herausgegeben von Bruno Hillebrand, Frankfurt am Main: Fischer 1989, S. 148f.

11 Nicolás Gómez Dávila, *Es genügt, dass die Schönheit unseren Überdruss streift … Aphorismen*, ausgewählt und herausgegeben von Michael Klonovsky, Stuttgart: Reclam 2007, S. 143.

12 Vgl. Ernst Bloch, *Das Prinzip Hoffnung*, 2. Teilband, in: *Gesamtausgabe*, Band 5/2, Frankfurt am Main: Suhrkamp 1952, S. 1413f.

13 Heiner Müller, »Dem Terrorismus die Utopie entreißen. Alternative DDR«, in: *Werke* 11, S. 460.

14 Vgl. Walter Benjamin, »Kapitalismus als Religion«, in: *Gesammelte Schriften*, herausgegeben von Rolf Tiedemann und Hermann Schweppenhäuser, Band VI, Frankfurt am Main: Suhrkamp 1985, S. 100-103.

BRUCHSTEDT

Klage
der Bauern.

Wind und Wasser nahmen
unsre Häuser fort.
Trümmer ohne Namen.
Bruchstedt hieß der Ort.

Als die Wasser stiegen
starb im Stall das Vieh.
Mußt' es bleiben liegen
sterbend vor der Früh.

Gestern Gottesgabe –
heute Menschennot!
Ach, für unsre Habe
haben wir kein Boot!

Bauer, sieh den blassen
Mond am Giebel stehn!
Mußt ihn stehen lassen
mußt ins Elend gehn.

Hat uns Gott geschlagen –
Gott schlägt den und den –
Herr, so hilf auch tragen
daß wirs überstehn!

Wasser groß und brausend
überm Acker ach!
Wasser groß und brausend!
Und der Mensch ist schwach.

[vermutlich 1950]

Brennendes Tal

Irgendwo im Osten der Vereinigten Staaten, zwischen dem »Hungerberg« und der Schlackenhalde eines Stahlwerks, im »Polackental«, liegt die Arbeitersiedlung, in der Benedikt, der ein Heiliger sein will, aufwächst. Das Stahlwerk dehnt sich aus, der Schlackenberg wächst ins Tal, die Hütten der Arbeiter stehen dem Ausbau des Unternehmens im Weg. Die Bank, liiert mit der Company, erbietet sich, die Siedlung, die mit Kredit gebaut ist, von den Arbeitern zurückzukaufen, damit das Tal aufgefüllt werden kann. Als die Arbeiter – Einwanderer aus Polen und Litauen – sich weigern, werden sie von Polizeitruppen exmittiert. Dobrik, ein Kommunist, und Clifford, der Gewerkschaftsfunktionär, ein Neger, organisieren den Streik. Vor den Gewehrläufen der Unternehmerpolizei festigt sich bei den Arbeitern die Klassensolidarität, Voraussetzung künftiger Siege, formiert sich die Masse der Lohnsklaven zur proletarischen Kampfgemeinschaft.

Verständlich, daß Benedikt, Sohn eines litauischen Arbeiters und der Katholischen Kirche, aufwachsend in dieser Welt der Klassenkämpfe, zwischen Armut und Alkohol, das Heil über den Sternen sucht. Aber auch er, von der Kirche schon als zukünftiger Pfarrer angesehn, findet es schwer, ein Heiliger zu werden, dort, wo es so unheilig zugeht, daß die Polizei im Gotteshaus Jagd auf streikende Arbeiter macht. Benedikt findet aus dem Zwiespalt. Das Buch schließt damit, daß er dem Kommunisten Dobrik Apfelsinen ins Gefängnis bringt.

Ein Ausschnitt aus dem Kampf amerikanischer Arbeiter gegen Ausbeutung, zugleich ein klares Bild von der Situation der Kirche im Kapitalismus, die vor der Entscheidung steht, entweder den irdischen Kampf der »Mühseligen und Beladenen« für ihre Menschenrechte zu unterstützen oder sie im Dienst der Unterdrückung nur auf ein Jenseits zu verweisen.

Hervorzuheben ist die saubere und einfühlsame Übersetzung von Eduard Klein. Man vermißt Auskunft über den uns nicht bekannten Autor.

[1956]

MOTIV BEI A. S.

Debuisson auf Jamaika
Zwischen schwarzen Brüsten
In Paris Robespierre
Mit zerbrochenem Kinn.
Oder Jeanne d'Arc als der Engel ausblieb
Immer bleiben die Engel aus am Ende
FLEISCHBERG DANTON KANN DER STRASSE
KEIN FLEISCH GEBEN
SEHT SEHT DOCH DAS FLEISCH AUF DER
STRASSE
JAGD AUF DAS ROTWILD IN DEN GELBEN
SCHUHN.
Christus. Der Teufel zeigt ihm die Reiche der Welt

WIRF DAS KREUZ AB UND ALLES IST DEIN.
In der Zeit des Verrats
Sind die Landschaften schön.

[1958]

Die Umsiedlerin oder das Leben auf dem Lande

BEUTLER Der Kommunismus ist das Paradies.
Aber ich sag euch: eher kommt ihr mit
Zehn Ferkeln unterm Hemd durch die Kontrolle
Als mit fünf Hektar in den Kommunismus.
Mit einem Bein seid ihr schon drin, das andre
Klebt am Besitz. Wie lang könnt ihr Spagat stehn?
Auf einem Widerspruch ist nicht gut reiten
Wenn er antagonistisch ist: die Kluft
Verbreitert sich mit jedem Fortschritt. Aber
Wir warten nicht, bis er euch ganz halbiert hat
Der Kommunismus braucht den ganzen Menschen.
Und was der Kopf nicht faßt, begreift der Hintern.
Gott hat euch aus dem Paradies geprügelt
Wir prügeln euch ins Paradies zurück.
Ich weiß mich da mit der Regierung eins
Die der Kollege Landrat hier verkörpert.
Mit der Partei auch. Hab ich recht, Flint?

[1956/61, 1964]

Zement
Nach Gladkow

BEFREIUNG DER TOTEN

Tschumalow, Tschibis, Mechowa, Iwagin, Rückkehrer.

IWAGIN Sie kommen aus Gallipoli, Kosaken.
In Tuapse hat man sie nicht aufgenommen.
Sie sagten: Wir gehn nicht zurück. Erschießt uns.
Wir können nicht mehr atmen in der Fremde.
Wenigstens wolln wir hier begraben sein.
TSCHUMALOW *finster:*
So, wolln sie das. Das Meer hat Raum genug, wie.
POLJA Die Wölfe haben keine Zähne mehr.
IWAGIN Sie sind zurückgekommen.
POLJA Auf den Knien.
IWAGIN Sie sind verzweifelt und sie haben Kraft.
Wir müssen ihnen eine Hoffnung geben
Und ihre Kraft umschmelzen für den Aufbau.
TSCHUMALOW Wir haben sie gekostet, ihre Kraft.
IWAGIN Sie sind geschlagen. Der geschlagene Feind
Ist kein Feind mehr, und den Menschen kann man ändern.
Sind wir nicht selber andre Menschen jetzt
In Qual und Tod zum zweitenmal geboren.
Lacht.
Sogar die Helden sind nicht was sie waren.
Tschumalow, unser Held der Roten Fahne
Was hat die Revolution aus ihm gemacht
Ein Held der Arbeit ist aus ihm geworden.

TSCHUMALOW Das Schwatzen hast du nicht verlernt
bei deiner Zweiten Geburt, Iwagin.

TSCHIBIS Offiziere
Vortreten.

POLJA Wie Erhängte sehn sie aus.
Kannst du dir vorstelln, Gleb, das hat einmal
Den Damen die Händchen geküßt. Aaskäfer.

TSCHIBIS Ihr
Seid unsre Feinde. Ihr habt uns vertilgt
Zu Tausenden, uns Arbeiter und Bauern.
Das Blut, das ihr vergossen habt, ist kaum
Getrocknet, unsre Narben brennen noch.
Ihr haßt uns und wir hassen euch. Was wollt ihr
In Sowjetrußland.

ALTER OFFIZIER Eine Heimat, Bruder.
Und wenn es eine Sowjetheimat ist.
Wir sind geschlagen, wir sind müde, Schlaf
Haben wir nicht gefunden in der Fremde.
Wir fürchten keine Antwort, Bolschewik
Ergeben uns in alles.
Pause.
Auch der Tod
Ist eine Heimat, Bruder Bolschewik.
Ihr könnt sie geben, aber nehmen nicht mehr.
Pause.

JUNGER OFFIZIER *schreit:*
Ich bin betrogen worden. Ich war blind.
Ich bin ein Mörder.
Pause.
Ich will keine Gnade.
Pause.
Laßt mich mit meinen Händen meine Schuld

Pause.

TSCHIBIS Sehr gut. Aber wie werden Sie beweisen
Daß Sie nicht lügen.

JUNGER OFFIZIER Erschießen Sie mich.

TSCHIBIS Gehn Sie.
An Ihren Platz. Sie werden nicht an Land gehn.

JUNGER OFFIZIER *heult:*
Sie können mich nicht töten. Ich will leben.

POLJA Sie haben schwache Nerven, die Aaskäfer.
Warum ergeben sie sich uns, Sergej.
Frag du sie, mich werden sie nicht verstehn.
Warum hörn wir sie an. Genosse Tschibis.

IWAGIN Genosse Tschibis, haben Sie den Mut
Menschen verhöhnen, das ist keine Arbeit
Reden Sie mit den Feinden wie mit Menschen.

TSCHIBIS Ich lasse Sie an Land bringen, Genosse.

TSCHUMALOW Menschen. Was hätten sie mit uns gemacht
Ständen vor ihnen wir wie sie vor uns jetzt.
Ich hab es nicht vergessen, wie sie aussahn
Unsre Genossen, lebend oder tot
Oder was übrig war von den Genossen
Wenn die mit ihnen fertig waren und
Wie sie die Heimat zugerichtet haben
Nach der sie heulen jetzt hier, deine Menschen.
Warum solln wir vergeben und verzeihn.
Pause.

TSCHIBIS Im Namen der Werktätigen fordern wir euch auf, eure Kräfte der Sowjetrepublik zur Verfügung zu stellen.

[1972]

Todesanzeige

only women bleed
black widow

PROGRAMM tot wenn er nach Hause kommt in der Küche auf dem Steinboden knien LIEBERGOTT MACH MICH FROMM WEIL ICH AUS DER HÖLLE KOMM den Kopf im Gasherd wenn du die Augen zumachst siehst du das Paradies wann kommt er das Gas hört sich an wie der Schnee aussah wenn der Mond schien nichttot wenn er nach Hause kommt den Kopf im Gasherd warum kommt er nicht der erste verbrannt mit dem Flugzeug den zweiten essen die Fische wenn er kommt wird er mich aufheben ich werde mich schwermachen wenn er mich ins Schlafzimmer trägt warum kommt er nicht mein Herz eine Faust die schlägt meine Rippen etwas will aus mir heraus das Fenster ein Kreuz für Papa ein Kreuz für Mama die Tür

2

Sie war tot, als er nach Hause kam. Sie lag in der Küche auf dem Steinboden, halb auf dem Bauch halb auf der Seite, ein Bein angewinkelt wie im Schlaf, der Kopf in der Nähe der Tür

[1975/76]

Leben Gundlings Friedrich von Preußen Lessings Schlaf Traum Schrei

Ein Greuelmärchen

HERZKÖNIG SCHWARZE WITWE

Projektion Leda mit dem Schwan (Rubens).

Friedrich holt aus einem Schrank eine Preußenpuppe mit Friedrich-Wilhelm-Maske, wiegt streichelt küßt sie vor dem Spiegel.

SÄCHSIN Ach. *Fällt in Ohnmacht.*
Friedrich umkreist die Ohnmächtige in weiten Bögen.
SÄCHSIN *wacht auf, wirft die Arme hoch:*
Gnade!
FRIEDRICH *nimmt Abstand:*
Der Himmel ist leer, Madame!
Sächsin steht auf, streckt die Arme nach ihm aus.
FRIEDRICH Und ich
Bin der König.
SÄCHSIN Haben Sie ein Herz?
FRIEDRICH *staatsmännisch:* Und nicht
Für mich.
Das Zimmer abschreitend:
Ihr Gatte, zum Exempel, ist
Ein Ehrenmann, und sächsisch seine Ehre.
So, was bedeutet Preußens Ehre ihm
Die zu verwalten obliegt mir, Preußens König
Und wenn es mir das Herz bricht. Eine Wunde
Madame, ist das Herz eines Königs.
SÄCHSIN *weint:* Majestät.

FRIEDRICH *singt:*
Oh wenn Sie wüßten O Madame Meine
Einsamen Nächte.
SÄCHSIN *tritt auf ihn zu, Arme ausbreitend:*
Und meine, Majestät.
FRIEDRICH *tritt zurück, zieht seinen Degen:* Ah
Wie diese Brust nach diesem Trost verlangt! –
Gekrönte Häupter! Faulendes Europa!
Euch dieses Beispiel, wie ein König stirbt!
Will den Degen an die Brust setzen, die Arme sind zu kurz, der Degen ist zu lang, er trifft die Mitte.
SÄCHSIN *nimmt den Degen:*
Nein, Majestät. Sie dürfen nicht. Mein Mann
FRIEDRICH
Wenn ich es dürfte. Sie hat recht: Ich darf nicht.
Der Glücklichste unter den Preußen, wenn
Ein andrer Preußens König wär, wär ich.
Wie neid ich meinen Opfern ihren Tod
Sie dürfen sterben, aber ich muß töten.
SÄCHSIN Ich bin untröstlich, Majestät. Mein Mann
FRIEDRICH Wär ich an seinem Platz.
SÄCHSIN *schließt die Augen:* Ach Majestät.
FRIEDRICH Ein Ehrenmann. Er hat nur eine Ehre.
Die leider sächsisch ist, und was bedeutet
Die Ehre Sachsens meinen braven Preußen.
Sie löchern ihre Mutter an der Wand
Für Preußens Ehre ohne Wimperzucken.
Und was für mich ein Deserteur aus Ehre
Ist meinen Tapfern nur ein sächsischer Schandfleck
Der weggeputzt wird für ein saubres Preußen.
Hatten Sie schon Gelegenheit, Madame
Gleich werden Sie sie haben, beizuwohnen

Einer Exekution. Ein häßliches Schauspiel.
Sächsin heult, Friedrich tritt vor einen Spiegel.
Welch wunderbares Bildwerk ist der Mensch.
Bedeckt die Augen mit den Händen, blickt durch die Finger, dreht sich vom Spiegel weg.
Wenn die Natur ihn nicht geschaffen hätte
Ich
Kurzer Blick in den Spiegel.
Und wie sieht er aus mit zwanzig Kugeln.
Lassen wir das. Der Mensch hat einen Fehler:
Preußisch wäre die Welt, wenn meine Preußen
Nicht fressen saufen huren scheißen würden.
Lassen wir das. Gott ist ein Schwein, wie? Wenn es
Ihn gäbe. Glauben Sie, Madame?

SÄCHSIN Ich bete.

FRIEDRICH Beten Sie schnell.
Blickt aus dem Fenster / ins Publikum:
Ein Bild von einem Mann.
Und hier vor meinem Fenster muß es sein
Daß es zerstört wird.
Nimmt der Sächsin den Schleier weg und legt ihn über sein Gesicht:
War er gut im Bett
Witwe?
Sächsin heult.

FRIEDRICH *tanzt:*
Ich bin der Witwenmacher. Weiber
Zu Witwen machen, Weib, ist mein Beruf.
Ich leer die Betten aus und füll die Gräber.
Lacht, läßt den Schleier fallen.
Jetzt kann Sie mit sich selber spielen, Witwe
Schüttelt sich:

Bis sich ein neuer Bauch auf ihrem Bauch reibt.
Weint:
Daß ich es sehn muß. Hier. Mit diesen Augen.
Groß:
Darf ich die Augen schließen, wenn mein Wort
Gewalt wird? Wär ich blind. Ah
Nimmt den Schleier auf und verbindet sich damit die Augen.
SÄCHSIN Armer König.
FRIEDRICH Sagten Sie Gnade? Wolln Sie daß der König
Mir nicht mehr in die Augen sehen kann
Und meinen Preußen, die für mich in jeden
Tod gehn, Spießruten laufen usw.
Den Müttern, die ihm ihre Söhne schlachten
Und der Geschichte, die ihn keinen Blick lang
Aus den Augen läßt. Will Sie das? Kann Sie
Das wollen?
Sächsin schüttelt heftig den Kopf.
Und doch, was König Preußen was
Geschichte, alles werf ich weg auf Ihr Wort.
Auf einem Knie:
Madame, ich schenke Ihnen meinen Nachruhm
Wenn Sie es wollen, für Ihr kleines Glück.
SÄCHSIN Wie könnt ich, Majestät! Mein großer König!
Hebt Friedrich auf, nimmt ihm die Augenbinde ab, trocknet mit dem Schleier sein Gesicht, bedeckt ihr Gesicht wieder mit dem Schleier, stellt den Stuhl ans Fenster, Richtung Publikum, setzt sich, nimmt Friedrich auf den Schoß, wiegt ihn und singt:
GLÜCKLICH IST

WER VERGISST
WAS EINMAL NICHT ZU ÄNDERN IST
Trommeln. Man hört das Peloton aufmarschieren.

FRIEDRICH *springt der Sächsin vom Schoß:*
Madame, es ist soweit.
Blickt aus dem Fenster / ins Publikum, hält sich die Augen zu:
Ich kann nicht hinsehn.
Gestatten Sie.
Verkriecht sich hinter der Sächsin, den Kopf hinter ihr vorgestreckt. Die Sächsin schlägt den Schleier zurück, starrt mit weit aufgerissenen Augen durch das Fenster / ins Publikum. Salve. Gleichzeitig springt Friedrich der Frau auf den Rücken.

FRIEDRICH *auf der Frau:* Haben Sie gesehn. Das spritzt.
Würgt sie mit dem Schleier. Die Sächsin wirft die Arme hoch, fällt um mit Stuhl und Friedrich.
Mein königliches Beileid.

SÄCHSIN Meine Kinder.

FRIEDRICH *mit Adlermaske:*
Meine Kanonen brauchen Futter, Weib.
Wozu sonst hat sie ein Geschlecht im Leib.

LIEBER GOTT MACH MICH FROMM
WEIL ICH AUS DER HÖLLE KOMM

[1976]

Ich bin der Engel der Verzweiflung

Ich bin der Engel der Verzweiflung. Mit meinen Händen teile ich den Rausch aus, die Betäubung, das Vergessen, Lust und Qual der Leiber. Meine Rede ist das Schweigen, mein Gesang der Schrei. Im Schatten meiner Flügel wohnt der Schrecken. Meine Hoffnung ist der letzte Atem. Meine Hoffnung ist die erste Schlacht. Ich bin das Messer mit dem der Tote seinen Sarg aufsprengt. Ich bin der sein wird. Mein Flug ist der Aufstand, mein Himmel der Abgrund von morgen.

[vermutlich 1979]

Ich glaube nicht an die Wirklichkeit

ICH GLAUBE NICHT AN DIE WIRKLICHKEIT sagt der Bärtige Wiener, das Kastriermesser Gottes, Schwellfuß der Tyrann, EIN FUSS IST KEIN FUSS IST DER UNAUSSPRECHLICHE IST DER PAPA, bevor er absäuft in der Flut der Bilder, die ihm das Maul stopft, der Imperialist
COCKS(PL)UCKING ${}^{P}_{M}A{}^{M}_{P}A$

DER LIEBE ZAUBERHAFTESTE BELOHNUNG
IST EINE EIGNE ABGESCHLOSSENE
WOHNUNG*

aber im Hintergrund sägt der Eiserne Bischof die Kotsäulen des Tempels an

* Schlagertext weiß

A LOT OF PEOPLE WON'T GET NO SUPPER
TONIGHT
A LOT OF PEOPLE WON'T GET NO JUSTICE
TONIGHT*

TOD DER HEILIGEN FAMILIE während der Große Masturbator, von den unwissenden Eingeborenen Daddy Longhair genannt, seinen bedrohten Pimmel in ein Projektil verwandelt, frei schwebend zur letzten Ejakulation VÖLKER SCHEUT DIE KANÜLE $^{P}_{M}$A$^{M}_{P}$A WO IST DEIN SIEG. Am Ende singen sie dreistimmig KOT SCHWEISS BLUT das Veilchenlied.

Aufschub als Lebensform
(Aus zwei Gräbern in London fahren zwei haarige Zeigefinger HAST DU AUFSCHUB GESAGT KANNIBALE.)

Traum von der eckigen Ausländerin und der kopflosen Puppe, die, bevor es auf offener Straße dem Kubismus geopfert wurde, ihr (weibliches) Kind war

[1980]

Quartett

VALMONT Wie könnte ich wagen, eine solche Beleidigung Ihnen anzutun, Marquise, vor den Augen der Welt. Das Gnadenbrot könnte vergiftet sein. Übrigens ziehe ich vor, meine Jagd selbst zu bestimmen. Oder

* Schlagertext schwarz

den Baum, an dem ich das Bein hebe, wie Sie es zu nennen belieben. Auf Sie ist zu lange kein Regen gefallen, wann haben Sie zuletzt in den Spiegel gesehn, Freundin meiner Seele. Ich wollte, ich könnte Ihnen noch als Wolke dienlich sein, aber mich treibt der Wind zu neuen Himmeln. Ich zweifle nicht, daß ich den Opferstock zum Blühen bringen werde. Was die Konkurrenz angeht: Marquise, ich kenne Ihr Gedächtnis. Daß der Präsident die Tourvel Ihnen vorzog, werden Sie in der Hölle nicht vergessen. Ich bin bereit, das liebende Werkzeug Ihrer Rache zu sein. Und verspreche mir von dem Gegenstand meiner Anbetung eine bessere Jagd als von Ihrer jungfräulichen Nichte, unerfahren wie sie ist in den Künsten der Befestigung. Was soll sie gelernt haben im Kloster außer Fasten und ein wenig gottgefällige Masturbation mit dem Kruzifix. Ich wette, nach dem Frost der kindlichen Gebete brennt sie auf den Fangstoß, der ihrer Unschuld ein Ende macht. Sie wird mir ins Messer laufen, bevor ich es gezogen habe. Sie wird keinen einzigen Haken schlagen: sie kennt nicht die Schauer der Jagd. Was soll mir ein Wild ohne die Wollust der Hetze. Ohne den Angstschweiß, den erstickten Atem, den weiß verdrehten Blick. Der Rest ist Verdauung. Meine besten Finten werden mich zum Narren machen wie den Schauspieler das leere Theater. Ich werde mir selbst applaudieren müssen. Der Tiger als Komödiant. Mag der Pöbel sich bespringen zwischen Tür und Angel, seine Zeit ist teuer, sie kostet unser Geld, unser erhabner Beruf ist, die Zeit totzuschlagen. Er braucht den ganzen Menschen: es gibt zu viel davon. Wer die Uhren der Welt zum Stehen bringen könnte: Die Ewigkeit als Dauererektion. Die Zeit ist das Loch in der Schöpfung, die ganze Menschheit paßt hinein. Dem Pöbel hat es die Kirche mit Gott ausgestopft, wir wissen, es ist schwarz und ohne Boden. Wenn der Pöbel die Erfahrung macht, stopft er uns nach.

MERTEUIL Die Uhren der Welt. Haben Sie Schwierigkeiten, Valmont, Ihr besseres Selbst zum Stehen zu bringen.

[1980/81]

[Das Phänomen ist nicht der Schrecken ...]

Das Phänomen ist nicht der Schrecken, sondern sein Wegfall auf so geringe Distanz. Mit der Ordnung des Lebens unter den Konsum wird der Tod ein Kunstwerk. Die Übermalung denunziert den Blick. Gott ein Zombie, der den Messias gebiert. Die unmögliche Bewegung: Krebsgang Fleisch auf Knochen Haut an Fleisch Nerven Sehnen Adern stricken ihr Geflecht neu Blut (läuft mit und) transportiert die Salze. DIE BEFREIUNG DER TOTEN FINDET IN DER ZEITLUPE STATT.

[1982]

[Man braucht natürlich für sich irgendeine Motivation ...]

HEINER MÜLLER Man braucht natürlich für sich irgendeine Motivation, irgendeinen Grund. Den kenne ich eigentlich nicht. Ich weiß nur, es gibt so etwas wie einen Lebensplan, der schon sehr alt ist, daß ich bestimmte Dinge schreiben will, das weiß ich meist schon zwanzig

Jahre bevor ich sie schreibe – irgendwann ist es soweit. Die Hauptaufmerksamkeit liegt eigentlich im Warten auf den richtigen Zeitpunkt. Und wenn ich darüber so nachdenke, jetzt habe ich das Gefühl, daß alle Versuche zu erklären – gesellschaftliche Funktionen oder soziale Funktionen von Kunst –, am Wesentlichen vorbeigehen. Und ich glaube jetzt eher, daß es um so etwas geht wie das Ausfüllen eines Musters, das beinah genetisch vorgeprägt ist, das man ausfüllen muß, solange die Zeit reicht, und das da zugrunde liegt – vielleicht ein Bedürfnis – so was wie einem Schöpfungsplan auf die Spur zu kommen. Wobei das Merkwürdige ist, daß wahrscheinlich dadurch, daß man diese Patterns oder diese Muster oder diese Felder ausfüllt, ändert sich auch der Plan, auf dem das Muster passiert, oder durch den das Muster entstanden ist vielleicht. Und ich stell mir vor, wenn man mal davon ausgeht, daß Gott nicht einfach tot ist, sondern ein Zombie ist, also ein Wiedergänger aus einer anderen Galaxis oder so etwas, der es noch mal probiert hier, und wenn man sich vorstellt ein letztes Gespräch mit ihm – das könnte ablaufen wie das Gespräch zwischen Galilei und seinem Schüler, der, nachdem er Galilei sehr verachtet hat für den Widerruf, jetzt versucht, das zu legitimieren, die Haltung von Galilei, dadurch, daß er ihm einen Plan unterschiebt, daß er glaubt, das war ein sehr schlauer Plan von Galilei, um seine eigentliche Arbeit weiterzumachen, und dann der Schock für seinen Schüler, wenn Galilei sagt, es war kein Plan. Ich könnte mir vorstellen, daß es so ausgehen könnte.

[20. Dezember 1983]

Atlantis extra

FRAGE Zu Platons Atlantiserzählung gehört das Bewußtsein der Bedrohung. »Viele und mannigfache Vernichtungen der Menschen haben stattgefunden und werden stattfinden«, sagt der Priester von Sais zu Solon. Der Untergang von Atlantis geschah plötzlich, und was ihn veranlaßt hat, wenn es denn so war, könnte sich jederzeit wiederholen. 1936 war ein gefährliches Jahr; und zwar auch aus einem weniger bekannten Grund, als ihn die Geschichtsbücher nennen: Der Planetoid Adonis kam auf exzentrischer Bahn auf die Erde zu und flog in nur 300 000 Kilometer Entfernung an ihr vorbei. Auch mit Velikovsky muß man sich die Welten ein bißchen »im Zusammenstoß« denken. Es gibt Deutungen, nach denen ist das Trojanische Pferd das Symbol für ein Erdbeben. – Atlantis hieße auch, sich einer Bedrohtheit und einer Begrenztheit bewußt zu werden. Wie eben Erwachsenwerden heißt, die eigene Unsicherheit immer klarer zu sehen. Man kommt ja schon raus mit einer Katastrophe, auf einmal ist es furchtbar hell, es wird kalt, Mangel tritt ein, man kriegt Todesangst, weil die Brust nicht da ist, und man wird zu diesem existentiellen Schreien gezwungen. Man ist völlig ausgeliefert, man kommt in eine Lebenssituation, die man sich nicht ausgesucht hat, man lernt eine Sprache, die man sich nicht ausgesucht hat, und dann lernt man auch noch, daß man sterben wird. Das ist doch irgendwie kränkend. Die Götter sterben nicht und wissen es; die Tiere sterben und wissen es nicht; nur die Menschen haben den Tod und das Wissen. Außerdem haben sie noch Angst und Atlantis. Erwachsenwerden hieße, das zu akzeptieren.

MÜLLER Es gibt einen Psalm von Brecht: »Wir bewegen uns mit großer Geschwindigkeit auf ein Gestirn in der Milchstraße zu. Mein Herz geht zu schnell. Sonst ist alles in Ordnung.« Der Umgang mit der Angst. Wie lebt man damit, was macht man daraus? Daß man sie nicht mehr verdrängen kann, ist ein Vorteil der jetzigen Situation. Bücher wie die von Velikovsky sind Kinderliteratur. Das muß nicht an Velikovsky liegen und nicht an den Kindern. Sie greifen zu kurz. Angst ist die Bedingung von Leben. Man kann nicht leben ohne Angst. Das ist die Voraussetzung überhaupt. Und diese Art Literatur, diese technokratische Science-fiction oder Archäologie ist, glaube ich, ein Versuch, die Angst zu fixieren. Die Angst muß aber frei bleiben, wie die Intelligenz, die ihr Produkt ist. Die Angst schreit nach Sicherheiten. Dann werden Sicherheiten geschaffen und Lebensmöglichkeiten vernichtet. Was ich meine, steht in einer Szene des »Galilei«, die Brecht dann nicht verwendet hat. Galilei ist Gefangener der Inquisition und seiner frommen Tochter. Er bittet sie, halbblind, ihm vorzulesen, Inschriften aus der Bibliothek von Montaigne, Galilei kennt sie offenbar auswendig, er gibt Zahlen an, sie liest den Satz, und er kommentiert. Er sagt: »37«, und sie liest vor: »Der Mensch ist zu brüchig.« Und dann sagt er: »Nicht brüchig genug.«

Zu Atlantis eine andere Geschichte; sie ist zwanzig Jahre alt, aus der Erinnerung. – Zu einer Computerfirma in New York kommt der Abt eines tibetanischen Klosters, vor der chinesischen Okkupation also, und will für sein Kloster einen Computer kaufen. Die Computer der New Yorker Firmen können Zahlenkombinationen in ungeheurer Geschwindigkeit durchführen. Der Abt fragt nun, ob man den Computer auch auf Buchstabenkombinationen umstellen könne. Das erfordere eine kleine Korrektur, erklären die New Yorker Computerleute, koste ein bißchen extra, aber es sei machbar, kein Problem. Der Abt zahlt bar, bekommt seinen Computer, da fragt einer der Manager: Das Geschäft sei ja nun o. k., aber ganz privat würde ihn interessieren, wofür sie denn im Himalaya in ihrem Kloster so einen Computer brauchten. Der Mönch lächelt asiatisch und sagt: Sie werden es nicht verstehen, aber wenn Sie es wollen, dann werde ich es Ihnen sagen, und es kränkt mich auch gar nicht, wenn Sie es nicht verstehen. Wir arbeiten seit ungefähr vierhundert Jahren mit etwa zweihundert Mönchen daran, den Namen herauszufinden, den Gott sich selbst gegeben hat. Und wir haben ausgerechnet, wenn wir manuell so weiterarbeiten, dann brauchen wir noch mal dreihundert Jahre. Mit diesem Computer aber – wir haben uns erkundigt, Ihre Prospekte gelesen – brauchen wir wahrscheinlich nur zwei Jahre. Der Manager lächelt amerikanisch, der Abt nimmt seinen Computer, zwei amerikanische Ingenieure fahren zur Wartung mit und um die Mönche in den Gebrauch des Computers einzuweisen. Die Mönche lernen sehr schnell, und der Computer wirft nun Kombinationen aus, die Mönche kleben alles in dicke Bücher, die Räume füllen sich mit den Büchern. Im Herbst des zweiten Jahres sagt beim Frühstück der eine Amerikaner zum anderen: Paß mal auf, ich glaube, es wäre besser, wir hauen hier ab, bevor der letzte Ausstoß kommt. Da sagt der andere, aber wieso denn, ist doch ganz schön hier. – Na ja, weißt du, ich habe jetzt rausgekriegt, warum die Mönche das machen. – Ja, warum denn? – Na ja, die haben irgendwo die merkwürdige Idee, daß die Aufgabe der Menschheit darin besteht, den Namen herauszufinden, den Gott sich selbst gegeben hat; und wenn sie den raushaben, nimmt Gott die Schöpfung zurück. – Aber, sagt der andere, das ist doch Schwachsinn. – Ja, das wissen wir, aber wenn das jetzt nicht passiert und der letzte Ausstoß ist gekommen, dann denken die, der Computer ist schuld oder sogar wir, und das gibt Schwierigkeiten. – Das sieht der andere ein, und sie gehen zum Abt und sagen: Wir möchten, also, die Mönche, sie können doch jetzt selbst damit arbeiten, haben doch keine Probleme mehr. Und die beiden fragen, ob sie nicht schon einen Monat früher nach Hause dürften, Familie und so. Der Abt lächelt wieder asiatisch und sagt: Selbstverständlich. Gibt ihnen Pferde und Proviant, und sie reiten los. Und reiten eine ganze Weile den Himalaya runter und haben das Kloster immer noch im Blick, da guckt der eine auf die Uhr und sagt, jetzt gleich wird der letzte Ausstoß kommen, und dann lachen sie noch mal über die blöden Mönche und gucken noch mal zurück, und plötzlich sehen sie, wie die Sterne verlöschen.

[1986]

Ruth Berghaus und Heiner Müller im Gespräch

MÜLLER Bekannt geworden ist Wilson durch ein Gastspiel in Paris und Aragons Brief an den toten André Breton, in dem er ihm mitteilt, hier habe sich der Traum von surrealistischem Theater, dem Theater als Maschine der Freiheit, erfüllt. Das ist übrigens ein schöner Begriff: Maschine und Freiheit, und wichtig, weil die Mechanisierung der Bewegung und Abläufe die Leute frei macht vom

Detail. Das konnte Wilson nur entwickeln, weil er vom Tanz und von einer Theatertradition herkam, die die Widerstände gar nicht kennt, die wir haben.

NEEF Keine Bebilderung von Texten, hingegen verschiedene Möglichkeiten, eine eigene Kunstwirklichkeit auf dem Theater zu schaffen. Erscheint da die Oper »Moses und Aron« nicht als ein exemplarisches Beispiel, fordert sie nicht geradezu auf, eine »neue Dimension« zu erfinden, daß der zentrale Gedanke, das zentrale Bild, Gott, abwesend anwesend ist und diese Abwesenheit Bewegung hervorbringt?

BERGHAUS Dieses durch Abwesenheit mächtige Prinzip zu fassen, diese abstrakten, aber tätig wirkenden Gedanken, das könnte mit Tänzern gelingen. Sie sind immer um die Leute herum, beruhigen, berühren, beeinflussen, Tanz als eine dauernde Bewegung, die Verfestigung, Ordnung, Gleichmaß, Ruhe ständig stört und verhindert. So daß eine Sehnsucht entsteht nach diesen Wesen in Bewegung, daß sie dadurch auch dann anwesend sind, wenn sie auf der Bühne nicht präsent sind.

MÜLLER Das ist ganz wichtig. Es läßt sich keine Aufführung herstellen ohne die Kategorie der Abwesenheit. Das ist völlig in Vergessenheit geraten. Die vollständige Abdekkung der Welt mit Bildern ist eine Gewöhnung von verkommenen Fernsehsendungen und Filmen. Das Bilderverbot, ein Thema von »Moses und Aron«, ist hier ungeheuer interessant. Ein Ergebnis von Postmoderne ist: Vorwärts zum letzten Design. Die Welt wird ersetzbar durch Abbildung. Die Fotografie ist das Ende der Welt,

Fotografie wird ein Ersatz für Wirklichkeit. Man fährt nur nach Indien, um zu Hause die Dias zu zeigen.

Das klingt ganz trivial, aber es hat mit diesem Bilderverbot zu tun. Die Abwesenheit Gottes ist seine Macht.

BERGHAUS Nun ist eine solche Abwesenheit von Erfahrbarem wirklich in der Welt vorhanden.

MÜLLER Moses, Marx, Freud, Einstein – das sind vier Pioniere der Abwesenheit. Moses – die Abwesenheit Gottes durch das Bilderverbot, Marx – die Abwesenheit eines gesellschaftlichen Endzustandes durch die Utopie des Kommunismus, Freud – die Abwesenheit des Wesentlichen, des Unbewußten, des Verdrängten, und Einstein – die Relativitätstheorie, die Abwesenheit der eigentlichen Raum-Zeit-Relation. Das sind vier Formulierungen des Bilderverbots. Damit hängt es zusammen, daß es unmöglich war, die Oper zu vollenden. Sie hätte dann einen Rahmen bekommen, wäre zum Bild geworden. Auch bei Schönberg gibt es diese Hemmung vor dem Bild, dem Bild als Beerdigung von Wirklichkeit oder Prozeßhaftem. Auch bei Picasso ist dieser Widerstand gegen das Bild, vor allem gegen den Rahmen, zu beobachten.

Was man von dir erwartet, ist, daß du der Sache einen Rahmen gibst, damit jeder weiß, was er davon zu halten hat. Aber genau das geht nicht.

[1987]

[Die Hyäne ...]

Die Hyäne liebt die Panzer, die in der Wüste stehen bleiben, weil die Besatzung stirbt. Sie kann warten. Sie wartet bis der tausendunderste Sandsturm den Stahl zerfrißt. Dann kommt ihre Stunde. Die Hyäne ist das Wappentier der Mathematik, sie weiß, daß kein Rest bleiben darf. Ihr Gott ist die Null.

[1988]

Ich wünsche mir Brecht in der Peep-Show

RADDATZ Kann die Sexualität noch als Pendant zum Todestrieb wirken, wo sie doch nach unserer Schlaraffenland-Logik immer disponibler wird?

MÜLLER Da setzt der Reiz der Mechanisierung ein. Emotionen oder emotionale Arbeit werden durch Mechanisierung ersetzt. Das hat auch religiöse Züge: Die Peep-Show ist eine sakrale Einrichtung. In der Mitte steht der Altar, der sich dreht, auf dem – als Gottesersatz – die unantastbaren Göttinnen postiert sind. Das Objekt Frau wird durch diese Präsentation auch vom Objektstatus emanzipiert. Als Metapher für den Zustand einer Gesellschaft ist das eine tolle Erfindung. In Gestalt von Sperma werden diesen säkularisierten Madonnen dann Menschenopfer für den Fortbestand der Gattung gebracht. Denn es ist gleichzeitig ein Abstrich an der Überbevölkerung. Und die vollgewichsten Eimer oder Tüten werden groteskerweise von Gastarbeitern rausgetragen, den einzigen, die an der Überbevölkerung interessiert sind, weil es ihre einzige Chance ist, überhaupt einen Platz in der Geschichte zu erobern. Eines meiner Lieblingsbilder ist es, mir Brecht in der Peep-Show vorzustellen. Zu wissen, wie er sich da verhalten hätte, das wäre schon sehr interessant …

[1988]

Da trinke ich lieber Benzin zum Frühstück

FRANK M. RADDATZ Heiner Müller, Sie haben seinerzeit die islamische Revolution im Iran begrüßt, weil alle Befreiungsbewegungen der dritten Welt – wie irrational ihre Programme uns auch erscheinen mögen – grundsätzlich einen anti-imperialistischen, also revolutionären Charakter trügen. Würden Sie diesen Standpunkt nach zehn Jahren fundamentalistischen Regiments, nach dem aberwitzigen Golfkrieg und nach der Liquidation der linken Opposition im Iran, weiterhin beibehalten wollen?

HEINER MÜLLER »Links« und »rechts« sind europäische Kategorien, um die es in der dritten Welt gar nicht geht, gar nicht gehen kann. Es gibt keine Universalgeschichte. Von Europa aus macht man immer Europa zum Maßstab und unterschlägt dabei, daß es ganze Kontinente gibt, die aus der Geschichte ausgetreten sind und jetzt wieder in sie eintreten. Das läßt sich nach der europäischen Werteskala überhaupt nicht beurteilen, weil diese Werte für die dritte Welt, oder konkret: für die Perser, keinesfalls relevant sein dürfen. Die müssen ihre Geschichte machen, aus ihren historischen Wurzeln heraus, aus ihrer kulturellen Identität.

Das moralische Problem reduziert sich leider auf den sehr bösen, aber pragmatisch richtigen Satz von Frantz Fanon: »Blut ist ein gutes Schmiermittel.« Dieser Satz hat für die meisten Bewegungen Gültigkeit, die aus einem versteinerten Zustand ausbrechen wollen. Und wenn man über Imperialismus reden will, darf man nicht vergessen, daß im Augenblick alles auf eine Regionalisierung hinausläuft. Nach Carl Schmitt ging es im Zweiten Weltkrieg um die Verteilung von Großräumen – seltsamerweise ist dabei eine ungeheure Regionalisierung der Konflikte herausgekommen. Auf dem Papier sind die Großräume verteilt, aber in der Realität zerfallen sie in kleine Territorien, die ihr Recht auf Autonomie anmelden. Ich halte das für eine positive Entwicklung; selbst die Umweltprobleme, die nur global lösbar sind, brauchen regionale Energien. Erst wenn die Leute in einem Wohngebiet darauf bestehen, daß der Kinderspielplatz von Chemikalien freigehalten werden muß, entsteht der Druck, der zu globalen Lösungen zwingt.

RADDATZ Aber es läßt sich doch unterscheiden zwischen Befreiungsbewegungen, die sich auf den Marxismus beziehen, und islamischen Fundamentalisten?

MÜLLER Von »Marxismus« zu sprechen ist immer schwierig. Marx hat ja kein System entworfen, sondern er hat an der Negation, an der Kritik des Bestehenden gearbeitet, und so war er prinzipiell offen für neue Realitäten. Die Verwandlung des »Marxismus« in eine Staatsreligion hat mit Marx nichts zu tun.

Seit Stalingrad sind die Kategorien »rechts« und »links« nicht mehr so einfach trennbar, vielleicht gar überholt.

Denn bei Stalingrad hat die Rote Armee die Strategie der deutschen Wehrmacht verinnerlicht. Im Krieg ist es unvermeidlich, die Energien des Gegners in sich aufzunehmen, um sie aufzuzehren – dadurch nimmt man natürlich auch die Züge des Gegners an. In diesem Zusammenhang ist es doch sehr wichtig, daß man in Nicaragua, in Libyen oder im Iran die USA als Hauptfeind betrachtet …

[…]

MÜLLER Letztlich reduziert sich das auf ein sehr simples, elementares Problem, das Pascal auf den Punkt bringt: »Alles Unglück kommt daher, daß es die Menschen nicht aushalten, allein zu sein.« Der Drang zum Kollektiv aber gründet in der Todesangst, in der Unfähigkeit des Menschen, mit der Gewißheit seines eigenen Todes zu leben. Über die Jahrtausende war das die Grundlage aller Fundamentalismen, Religionen, Ideologien. Aus dieser Todesangst resultiert auch der Drang nach der Kombination mit dem Computer – denn der Computer ist unsterblich. Als Alternative bliebe nur Fatzers »Alles, was nach mir geschieht, ist, als geschähe es nicht« – damit sind sämtliche Fundamentalismen erledigt. Doch die meisten Menschen können ohne eine Form von Transzendenz, von Religion nicht leben.

Diese ganze Konsum- und Unterhaltungsmaschinerie hat doch den Zweck, daß niemand mehr Zeit haben soll, auch nur eine Sekunde lang an sein eigenes Ende zu denken. Alle Anstrengung der Industrie zielt darauf, ein möglichst lückenloses Netz von Unterhaltung, Zerstreuung und Ablenkung über die Menschheit zu spannen, damit niemand mehr mit sich allein ist. Aber kurz vorm Einschlafen, wenn man nicht genug Tabletten gefressen hat, gibt es dann doch noch eine Möglichkeit des Alleinseins, und schon entsteht neuer Fundamentalismus, und die ganze Scheiße geht wieder von vorn los.

[...]

MÜLLER Wir wissen doch alle, daß zwei Drittel oder drei Viertel der Menschen ihr Leben lang unter unmenschlichen Bedingungen arbeiten und existieren müssen und daß überhaupt keine Chance besteht, daß sie je zur Menschheit gehören werden. Das ist seit Jahrtausenden so, und das ist auch Thema aller Ideologien und Fundamentalismen: Wie erklärt man denen in der Tiefe, daß sie das aushalten müssen, ohne die anderen, die oben leben, in die Tiefe zu ziehen?

Als Einar Schleef »Vor Sonnenaufgang« von Hauptmann inszeniert hat, stand auf dem Eisernen Vorhang eine Zeile von Hofmannsthal: »Manche freilich müssen drunten sterben, wo die schweren Ruder der Schiffe streifen.« Das ist, in Zusammenhang mit dem Stück, ein enormer Text zu diesem Thema; das ist das Uneingelöste nicht nur der europäischen, sondern der Geschichte überhaupt. Es ist das, was Benjamin den »theologischen Glutkern« des Marxismus nennt: die Erlösung aus dem Leben in der Tiefe. Vielleicht wird es immer uneingelöst bleiben, aber daraus stammt die Energie aller gesellschaftlichen Bewegungen. In jeder Gesellschaft gibt es ein Leben in der Tiefe, wie immer das auch verdrängt oder weggemogelt wird. Daraus speisen sich die Energien für Khomeinis Krieg, für die aberwitzigsten Selbstmordaktionen, für Hitlers Eroberungsfeldzug – es ist stets Erlösung durch Vernichtung.

RADDATZ Das erinnert an Platons Höhlengleichnis: Durch die Verdrängung des Schattens, also des Todes, gelangt man zum Licht, zu den ewigen Ideen. Aber wäre dann nicht auch Wissenschaft eine Erlösung?

MÜLLER Die gesamte Geschichte ist insofern ein Tümpel, in dem einer auf den anderen tritt, um nach oben zu kommen. Es gibt dazu einen guten Witz: Ein Kommunist wird, weil er Atheist ist, nicht in den Himmel gelassen. In der Hölle sieht er den Genossen Marx, der steht bis zur Hüfte in der Scheiße. Ein Stück weiter steht Genosse Lenin, bis zum Hals in der Scheiße. Und dahinter Stalin, doch dem steht die Scheiße gerade bis an die Knöchel. Der Mann wundert sich und fragt den Genossen Stalin: »Wie hast du das gemacht?« Worauf Stalin antwortet: »Ich stehe auf den Schultern des Genossen Trotzki.«

Das ist eine sehr schlaue Moral, denn wenn es Dichotomien gibt, dann gibt es mehr Chancen, und je mehr Dichotomien es gibt, um so größer sind die Chancen, aus der Scheiße herauszukommen. Das wußten schon die Indianer, die sagen: »Das eine ist das Böse.«

RADDATZ Bei Platon ist es genau entgegengesetzt: Das eine ist das Gute und Schöne …

MÜLLER Genau das ist das europäische Verhängnis.

[1989]

MÜLLER In einem afrikanischen Befreiungskrieg hielt der Guerillaführer vor der Entscheidungsschlacht eine Rede. Die Lage sei sehr kompliziert, aber man könne nicht mehr zurück, und deshalb bitte er ausnahmsweise Gott um Hilfe. Und dann sagte er: »But this time don't send your son, come yourself.« Die europäische Zivilisation ist eine Kultur der Stellvertretung, und wir müssen lernen, uns von dieser Haltung zu lösen. Herkömmlich unterscheidet man primitive und entwickelte Gesellschaften dadurch, daß die sogenannten primitiven keine Staatenbildung kennen. Der französische Ethnologe Roger Caillois hat das bei seiner Untersuchung lateinamerikanischer Indianerstämme einmal andersherum diskutiert: daß diese Gesellschaften womöglich einen eingebauten Mechanismus gegen Staatenbildung haben.

Wenn man lernen könnte, Staaten, also Politik zu verhindern beziehungsweise überflüssig zu machen, wäre das sehr interessant. Nur würde das auf dem Niveau unserer Entwicklung noch schwieriger.

Aber ich könnte mir vorstellen, daß in dieser Hinsicht noch bedeutende Impulse aus Rußland und Spanien zu erwarten sind. An beiden Ländern ist die Aufklärung vorbeigegangen, was zunächst furchtbare Folgen hatte. Doch vielleicht setzt eine verdünnte Aufklärung – sie hat mittlerweile viel von ihrem Gift verloren – die Anti-Staatsviren in diesen Volkskörpern frei.

Für die Russen gab es nie Staat, also Politik, und plötzlich muß das nicht mehr nur negativ sein, was es im letzten und der ersten Hälfte dieses Jahrhunderts sicherlich war. Die Öffnung der sowjetischen Politik durch Gorbatschow basiert auf einer Entideologisierung und Enttheologisierung. Man reagiert auf Realitäten, weil man mit Ideen keine Politik mehr machen kann.

Europa zum Beispiel ist nur noch eine Idee. Mit welchem Recht bezeichnet man West-Berlin als eine europäische Stadt? Dort arbeiten dermaßen viele Ausländer, die Abhängigkeit von den sogenannten Minderheiten ist so groß, daß ohne sie nichts mehr funktioniert. Nur, was macht man aus dieser Idee Europa, wenn sie keine Realität mehr ist?

[1989]

travel notes

NACHTFLUG FRANKFURT TOKYO
Stewardessen trippeln
Durch den fliegenden Sarg
Die Leichen
Schlafen
MORGEN FRÜH WENN GOTT WILL
Die Geschäfte

[vermutlich Ende der 1980er Jahre]

Denken ist grundsätzlich schuldhaft

Die Kunst als Waffe gegen das Zeitdiktat der Maschinen

MÜLLER Die Frage ist, ob nicht überhaupt der Todestrieb der Industriegesellschaft zugrunde liegt, ob nicht das Bewußtsein der Sterblichkeit und die Angst, allein zu sein, das Movens der Industrie sind. Wenn man sich die historischen Katastrophen unseres Jahrhunderts anschaut, wird es doch plausibel, daß die Fetischisierung der Beschleunigung auf dem Wunsch beruht, sich schneller zum Tod befördern zu lassen. So gesehen hat Einstein nicht nur ein ungeheures Vernichtungs-, sondern auch ein Erlösungspotential geschaffen. Vorher gab es die christliche Zeit, die mit dem Jüngsten Gericht endet. Der Erlösung geht die Endzeit voraus, bis dahin muß man durchhalten; Vernichtung und Erlösung sind in der Religion aneinandergekoppelt. Das Ende des Physischen ist die Erlösung für den Geist. Nachdem diese Bindung von Erlösung und Vernichtung von der Religion nicht mehr geduldet werden konnte, wurde sie an die Wissenschaft delegiert. Einstein ist der Versuch, für die religiöse Bindung von Furcht und Hoffnung einen Ersatz zu finden. Eine Übersetzung in kosmische Dimensionen. Die Atombombe ist der naturwissenschaftliche Ersatz für das Jüngste Gericht.

[1990]

Dem Terrorismus die Utopie entreißen
Alternative DDR

RADDATZ Aber es ist doch auch völlig unsinnig, Bloch zu lesen, ohne zu analysieren, warum das *Prinzip Hoffnung* in der Realität gescheitert ist.

MÜLLER Natürlich ist die Bewegung in der DDR nicht frei von Blauäugigkeit. Mir wird auch etwas mulmig, wenn ich sehe, daß die Straßen mit Kerzen voll sind. Aber die

Kirche konnte einfach Phantasieräume besetzen, die durch eine dilettantische Praxis vakant geworden waren. Der Einfluß der Kirchen in Polen und der DDR rührt daher, daß den Leuten vom Staat immer nur Klischees aufgedrückt wurden, die ständig der Erfahrung widersprachen. Es gab nie eine marxistische Pädagogik, sondern immer nur stalinistische Theologie.

Die Parteipropaganda oder -pädagogik ist nie aus der Religiosität herausgekommen. Es wurden immer materielle Ziele angeboten – in fünf Jahren überholen wir Westdeutschland, oder so ähnlich –, die dann nie erreicht worden sind. Dagegen kann die Kirche eine wirkliche Utopie anbieten, denn die Transzendenz ist nicht widerlegbar. Man kann sie erst überprüfen, wenn man tot ist, bloß, dann kann man nicht mehr eingreifen. Was gefehlt hat, sind konkrete Analysen der Lage.

[1990]

Deutschland ortlos. Anmerkung zu Kleist

Rede anläßlich der Entgegennahme des Kleist-Preises

Ich bitte vorab um Verständnis dafür, daß ich über Kleist heute nicht viel sagen werde. Zu viel Aktuelles hält mich davon ab: Trauer um Vergangenes, Wut über Versäumtes, Affekte, die vom (herrschenden) Standpunkt der Ökonomie ein Luxus sind, aber für den Luxus leben / arbeiten wir, Neugier auf Kommendes. Und entschuldigen Sie, wenn es ein Monolog wird, ich habe mehr Fragen als Antworten und für Polemik keine Zeit. Eine Zeitmauer ist gefallen, und wir alle stehen sozusagen über Nacht in einem Raum mit unbekannten Dimensionen, etwa in der Lage eines Blinden, der auf einer verkehrsreichen Kreuzung die Entdeckung macht, daß sein Leithund nicht mehr sieht, oder, wenn Sie wollen, wie Carl Schmitts berühmt-berüchtigter Hund auf der Autobahn, jedenfalls in einer kleistischen Situation. Zur Autobahn gehört die Figur des Geisterfahrers. Ein unheimlicher Satz aus Brechts Fatzerfragment, der mir in letzter Zeit nicht aus dem Kopf geht: WIE FRÜHER GEISTER KAMEN AUS VERGANGENHEIT / SO JETZT AUS ZUKUNFT EBENSO.

Für den Rheinländer Adenauer war die Elbe ein asiatischer Grenzfluß. Die kalten Schauer beim Überqueren einer Elbbrücke in östlicher Richtung bestimmten seine Politik, die dem Sachsen Ulbricht den Hammer in die Hand gab, mit dem er Ost- und Mitteldeutschland an das Kreuz des Stalinismus schlagen konnte, oder, weniger pathetisch und näher an der Wirklichkeit, die den Gefangenen Stalins die Möglichkeit bot, die Bevölkerung der Kolonie DDR (genannt UNSRE MENSCHEN) gefangenzuhalten in der imaginierten Warteschleife des REAL EXISTIERENDEN SOZIALISMUS, ein Wort-Ungetüm, Walter Benjamins Bild vom Stalinismus, in einem seiner vergeblichen Svendborger Gespräche mit Brecht, als AUFTAUCHEN EINES GEHÖRNTEN FISCHES AUS DER TIEFSEE ist genauer. Das Resultat war die fatale Verspätung der deutschen Einheit, das Tempo des Endspurts unterstreicht die Fatalität, weil es an die Stelle der Erfahrung wieder die Verdrängung setzt und den Befreiungsschub auffängt in einer neuen ökonomisch dominierten Warteschleife. Das Preußen des Heinrich von Kleist ist eine Erdbebenzone, von Verwerfungen bedroht, angesiedelt auf dem Riß zwischen West- und Ostrom, Rom und Byzanz, der in unregelmäßigen Kurven durch Europa geht, blitzhaft sichtbar, wenn nach dem Verlust einer bindenden Religion oder Ideologie die alten Stammesfeuer neu gezündet werden. Einem Riß, in dem zum Beispiel Polen immer wieder verschwunden ist.

Die preußische Allianz mit Rußland gegen Napoleon war im Licht der späteren Geschichte eine Entscheidung gegen Europa. Der zu späte Versuch (den Deutschen geschieht Geschichte immer zur Unzeit, zu spät oder zu früh), 1848 mit Europa Tritt zu fassen, endete folgerichtig im nationalen und Klassenkompromiß der deutschen Militärmaschine nach dem HOMBURG-Modell IN STAUB MIT ALLEN FEINDEN BRANDENBURGS und zwei Weltkriegen. Der Satz des jungen Marx DIE DEUTSCHEN ERLEBEN DIE FREIHEIT IMMER NUR AM TAG IHRER BEERDIGUNG galt schon für die sogenannten Freiheitskriege gegen Napoleon, die letzte Figur einer europäischen Zentralperspektive. Kleist, gegen alle familiäre oder patriotische Hemmung, wußte es mit Guiskard, Fragment einer Tragödie und Tragödie eines Fragments. Danach begann mit Goya die absolute Malerei, die ein Reflex der Verwandlung des Globus in eine Landkarte war, der Emigration/Vertreibung aus der Zeit in den Raum, nach dem Kleist-Modell des Marionettentheaters, von Nietzsche als der Tod Gottes erfahren, von Marx beinahe zeitgleich als die Möglichkeit der Geburt des Menschen jenseits der Ökonomie, in Wahrheit der erste Schritt, der vielleicht, wenn man von der zunehmenden Unbewohnbarkeit des Planeten ausgeht, ein Fortschritt ist, zur Aufhebung des Menschen in seiner Schöpfung, der Technologie, aus seinem Zeitraum in die Raumzeit, in der Hochzeit von Mensch und Maschine.

Eine Abschweifung zu Kleist: bei der Lektüre seiner Briefe das Gefühl, nicht ohne Schrecken, einer ungeheuren Ferne, eines Abstands auch zu seinen eignen Texten, seiner eigentlichen Arbeit, die nicht an Personen adressiert ist, nicht an ein Publikum, der Vorwurf Goethes, nicht an einen Markt. Kafka, der erste bolschewistische Schriftsteller, hat den Abstand formuliert, GESCHRIEBENE KÜSSE WERDEN VON DEN GESPENSTERN GETRUNKEN. Es handelt sich nicht nur um anonyme Abhördienste oder Briefzensur. Die Zeit der Briefe und der Tagebücher als Ausdruck von Empfindungen endet mit der Elektronik, jeder sein eigener Spitzel, die Kunst ist die letzte Autonomie, vielleicht der letzte Bereich des Humanen, Kunstwerke sind Briefe höchstens an unbekannte Adressaten, notfalls aus andern Galaxien. Ein anderes Zitat aus Brechts Fatzermaterial, geschrieben in der Erwartung von Hitler und Stalin, Auschwitz und Gulag: WIR ABER / WOLLEN UNS SETZEN / AN DEN RAND DER STÄDTE / WARTEND / AUF DAS NEUE TIER / DAS GEBOREN WIRD / DEN MENSCHEN / AUSZULÖSEN. Das neue Tier schreibt keine Briefe, außer mit Telefax, das die Person auslöscht. Im Ergebnis seiner Beobachtung des gescheiterten deutschen Versuchs von 1848, die Französische Revolution nachzuholen, die in Deutschland nur in der Literatur stattgefunden hatte, als Sublimation, sah der spanische Diplomat Donoso Cortés, nicht frei von Rassismus, die Hauptgefahr für Europa in der kommenden Allianz von Slawentum und Sozialismus. Diese Allianz war, aus andrer Perspektive, aus der Einsicht in die Prägung russischer Politik durch tatarische Invasion, der Alptraum von Karl Marx. Der Alptraum hat sich im REAL EXISTIERENDEN SOZIALISMUS realisiert. Die aktuelle Wiederkehr des Gleichen: in der DDR hat die sowjetische Besetzung den Bürgerkrieg verhindert, der die Bedingung einer wirklichen Revolution gewesen wäre, bzw. durch bürokratischen Terror substituiert; hat die Bundesrepublik, aus dem natürlichen Interesse an der Erhaltung ihrer eignen fragil konservativen Struktur, mit dem sanfteren ökonomischen Würgegriff der Marktwirtschaft die zweite mögliche Revolution im Keim erstickt. Die Quittung für den gebremsten Klassenkampf ist der Umschlag in den Atavismus der Rassenkämpfe, die uns noch lange beschäftigen werden.

Nach dem Ausflug in die Geschichte aus der Gier des Dramatikers auf Katastrophen, die vielleicht, wie die Psychoanalytiker behaupten, aus einem gestörten Verhältnis zum Leben kommt, aber wer könnte ungestört leben, die täglichen Katastrophen im Blick, außer ein Idiot oder ein Heiliger, wieder zurück zu dem sehr gestörten Kleist, für den die gebrechliche Einrichtung der Welt Bedingung seiner Existenz als Autor war und zuletzt der Grund, sich als Person auszulöschen. Seine Grundmetapher, im Spannungsfeld zwischen Europa und Asien, ist die Staubsäule, Figur der totalen Beschleunigung im Stillstand, Auge des Taifuns. Eine europäische Grunderfahrung, im Osten durch die sowjetische Besetzung aufgefrischt, war der Mongolensturm, eine Erinnerung, die noch, über das Vertrauen in den senilen Hindenburg, als den großen Bremser der russischen Dampfwalze bei Tannenberg, Hitler als seinen erwählten Sohn in die Macht befördert hat. Auch die Definition des Meisters Eckhart GOTT IST DIE WÜSTE scheint inspiriert von dem Trauma des Einbruchs der berittenen Steppe in die Welt der deutschen etablierten Manufaktur: Gott ist das Andere, der Tod kommt aus Asien. Das Grab des Dschingis Khan ist unauffindbar: die Mongolen hatten die Gewohnheit, so lange über die Gräber ihrer Chefs zu reiten, bis die vom Erdboden nicht mehr unterscheidbar waren.

Aus der Sicht des Stotterers Kleist: von der allmählichen Verfertigung der Gedanken beim Reden zur allmählichen Verfertigung des Schweigens beim Reden. 1961 ist die Staubsäule Beton geworden, Korrektiv gegen den Wirbel der Kontinente. Nach ihrem Fall steht Europa im Freien, den vier Winden ausgesetzt. PENTHESILEA ist ein afrikanisches Stück, über Hölderlins orientalische Sophokles-Interpretation hinaus, die Elefanten sind kein Ornament, es sind die Elefanten, die Hannibal gegen Rom über die Alpen führte. Ein Satz von Brecht über Hannibal: IRGENDWIE INTERESSIERT ER SICH NICHT FÜR KARTHAGO. Der Umweg ist das Drama, das Orchester die Musik. Kleist, im Verhältnis zu Goethe, dem Europäer und Meister des Gleichgewichts, und Schiller, dem Deutschen, der ein versetzter Politiker war, steht zu allem zunächst einmal schief. Schief zu seinen Stoffen: Schroffenstein eine Krudität nach Shakespeare, Käthchen eine Kolportage aus dem Mittelalter, der Zerbrochne Krug ein Glücksfall, das Ergebnis einer Wette, Homburg ein Heeresbericht gegen den Strich gelesen. Das Problem, das bei dem einsamen Kleist manifest wird, heißt Deutschland, die Figur seiner Sehnsucht war Napoleon/Guiskard. Shakespeare hatte die Rosenkriege, Goethe mußte Götz erfinden, Schiller Wallenstein. Vertreter partikularer Interessen zu nationalen Figuren aufgeblasen, weil es deutsche Geschichte nicht gab. Lessing, der glücklichunglückliche

Vorläufer, hatte, gegen den Widerstand der preußischen Provinz, wo der zweite Friedrich seine Kriege spielte, während Frankreich und England die Welt aufteilten, den Blick auf Europa. Leisewitz erzählt, daß Lessing ihm erzählt hat, er habe nie geträumt. So konnte er Deutschland aushalten, das immer nur ein Traum war, kein Ort, eine Flucht, keine Heimat, ein Jenseits, das sich immer wieder aus seinen Toten zu legitimieren versuchte, zuletzt ein Totenreich. Die verzweifelte Suche nach einem nationalen Stoff zieht sich durch die Geschichte der deutschen dramatischen Literatur. Beispiel HERMANNSSCHLACHT: ein relativ folgenloser Grenzzwischenfall im römischen Imperium als nationaler Mythos, bei Kleist das Drama der Guerilla. Er geht mit seinen Stoffen um wie ein Triebtäter mit einer Frau, in PENTHESILEA wechselt er die Rolle, das Geschlecht, im HOMBURG, der die Geschichte Friedrichs des Großen in einen Traum von Preußen umschreibt, kommt er zur Ruhe. Goethe mochte die Veränderungen nicht wünschen, die er zur Herausbildung einer deutschen Nationalliteratur für notwendig hielt. Kleist wäre neugierig gewesen auf das kommende Deutschland. Es wird nicht nur europäisch sein.

[1990]

Nekrophilie ist Liebe zur Zukunft

RADDATZ Augenblicklich [...] erleben wir in Ost- und Mitteleuropa die massive Wiederkehr des Nationalismus. Was bedeutet es da, wenn eine solche Bewegung, wie beispielsweise in Jugoslawien oder Litauen, maßgeblich von den kommunistischen Parteien betrieben wird?

MÜLLER Das hat mit Transzendenz zu tun. Die Oppositionsbewegungen in den osteuropäischen Ländern artikulieren sich in kirchlichen Zusammenhängen.

Wenn man die Transzendenz im Rücken hat, läßt sich viel leichter angstfrei handeln.

Deswegen ging es in Polen so massiv los, denn da waren die religiösen Strukturen noch weitgehend intakt. In der DDR stellte die protestantische Kirche Räume zur Verfügung, in denen man sich angstfrei über Politik äußern konnte. Diese transzendentale Bindung entbindet auch von sehr vielen anderen Bindungen, gegenüber dem Staat, der Klasse ... Damit bedeutet Transzendenz also eigentlich Freiheit. Aber für einen Kommunisten, der diese religiöse Bindung nicht mehr hat und der jetzt die Utopie – das Programm des Kommunismus – verschwinden sieht, entsteht daraus alles andere als Freiheit. Es sei denn, er wäre Künstler, aber das ist im kleinbürgerlichen Sozialismus selten.

Das entstandene Vakuum füllt dann der Nationalismus. Der ist im sozialistischen Machtbereich die erste Erscheinungsform des »Gott ist tot«-Traumas aus dem 19. Jahrhundert. Wenn Gott tot ist, die Utopie hinfällig, gibt es keine Werte mehr. Daraus kann Freiheit entstehen, aber auch viel schlimmere Bindungen als vorher.

RADDATZ Besteht also der große Unterschied zwischen West- und Osteuropa darin, daß Westeuropa auch ohne religiöse, nationale oder kommunistische Utopie relativ stabil existieren kann?

MÜLLER Nein. Die Utopie der kapitalistischen Staaten Westeuropas ist die Technik. Auch die der Arbeiter. Technische und politische Geschichte entwickeln sich auseinander. Das war ein Punkt, den Marx nicht sehen konnte: Die Technik nimmt den Platz der Politik ein, und sie liquidiert die Politik. Napoleons Devise »Die Politik ist das Schicksal« hat nur für das 19. Jahrhundert Gültigkeit. Jetzt ist die Technik das Schicksal.

[...]

MÜLLER [...] Die Überwältigung der Menschen durch die Instrumente zu verhindern ist jetzt die Aufgabe der Kunst. Deshalb sollten sich die Künstler auch wieder aus der Politik zurückziehen. Nicht die Korrektur der Politik, sondern der Technik ist jetzt das Wesentliche.

RADDATZ Das klingt so, als sollten ausgerechnet die Künstler ihre sozialen Utopien begraben.

MÜLLER Das Entscheidende ist der Umgang mit Zeit; Zeit des Lebens, Zeit des Sterbens, Zeit des Todes. Die bewußte Wahrnehmung des Ablaufs von Zeit hält niemand aus – also muß Zeit »totgeschlagen«, und das heißt nicht weniger als: Todesangst verdrängt werden, zum Beispiel mit Arbeit. Pascals Satz, daß die Katastrophen aus der Unfähigkeit resultieren, mit sich allein zu sein, bedeutet doch: Wenn man allein ist mit der Uhr, kann man die Tatsache der eigenen Sterblichkeit nicht verdrängen. Also macht man etwas, um die Uhr nicht zu sehen. Man bildet ein Kollektiv und sucht sich eine Utopie. Das ist der Kern der gegenwärtigen Nationalitätenkonflikte. Die Idee des Kommunismus ist in der Geschichte verschwunden, da bildet man ein nationales Kollektiv gegen die Todesangst, ein Notstandsprogramm.

Wenn man die kommunistische Utopie auf ihren religiösen Kern zurückführt, ist sie ein Unsterblichkeitsglaube. Die Kommunarden in Paris haben 1871 auf die Uhren geschossen. Das war der revolutionäre Impuls – die Zeit anzuhalten, darin steckt der Wunsch nach Unsterblichkeit.

[...]

RADDATZ Der Tod ist ein klassisches Motiv der Avantgarde, der von seiten der sogenannten engagierten Kunst wohl nicht zu Unrecht ihre politische Blindheit vorgehalten wurde. Stalin verbannte die sowjetischen Avantgardisten gänzlich aus der offiziellen Kultur.

MÜLLER Das ist nicht der Punkt. Was mich immer verblüfft, ist die Fähigkeit von Autoren, sich ganz ernst zu politischen Fragen zu äußern. Ich spüre immer das Unangemessene, wenn ich mich zu politischen Fragen äußere, denn die sind eigentlich Spielmaterial – zumindest, wenn ich mich gegenüber der eigenen Kunst ernsthaft verhalte. Beckett hat sich nie zu politischen Fragen geäußert. Ich bin unter Umständen aufgewachsen oder habe unter Bedingungen gelebt, wo es nicht möglich war, sich überhaupt nicht zu äußern.

An der These von Groys »Gesamtkunstwerk Stalin« ist durchaus etwas dran: Stalin war der oberste Künstler der Sowjetunion.

Er hat ein Gesamtkunstwerk hergestellt, die Träume der Avantgarde verwirklicht. Das Problem ist, ob es die Einheit von Kunst und Leben gibt. Gibt es diese Einheit, dann ist das das Ende der Kunst. Oder aber es geht darum, die Differenz von Kunst und Leben zu behaupten, zu artikulieren und auszubauen.

Es gibt keinen Dialog zwischen Kunst und Politik. Das ist ein Irrsinn, bei dem es nur zu wechselseitigen Beschädigungen kommen kann.

Es geht um Vereinzelung und nicht um Solidarisierung. Die Tendenz des Kapitalismus ist die Vereinheitlichung, die sich auch auf der Oberfläche der Technisierung abzeichnet. Die kann man nur auf dem kommunistischen Weg umgehen, durch Vereinzelung. Dann kann man die Technik für die Vereinzelung benutzen, im Kapitalismus führt sie zur Nivellierung. Es ist der allgemeine Grundirrtum, daß der Kapitalismus den Individualismus fördert. Das Gegenteil ist der Fall. Der Kommunismus vereinzelt, der Kapitalismus uniformiert. Kommunismus ist die einzige Religion für Individualisten.

[...]

RADDATZ Für Bloch gehörten vor allem die Träume zum Reservoir des Utopischen.

MÜLLER Darum geht es bei der Trennung der Kommunisten von der Macht – um die Emigration in den Traum. Dadurch wird eine Idee wieder eine Macht. Den Traum hat es gegeben, und Träume, die einmal entstanden sind, hören nicht auf zu existieren. Realität kann aufhören zu existieren, kann durch eine neue Realität ausgelöscht werden. Aber Träume kann man nicht auslöschen, sie existieren in einer anderen Zeit. Das ist keine Zeit, die man in Vergangenheit, Gegenwart und Zukunft einteilen kann.

Aber je mehr Technik es gibt, um so wichtiger wird die Kunst. Um so wichtiger wird die Behauptung des Traums als Realität; die größte Gefahr liegt in der beschleunigten Realisierung von Wünschen durch Technik.

In dieser Dimension wirkt die Konfrontation von Kapitalismus und Kommunismus völlig lächerlich. Der Kommunismus existiert in der Traumzeit, und die ist nicht abhängig von Sieg oder Niederlage.

Der Rest ist Politik, interessiert eigentlich nur die Macher, die davon leben. Und der Raum dieser Macher muß durch die Mobilisierung von Phantasien und Utopien immer weiter verkleinert werden. Nur dürfen solche Utopien nicht realisierbar sein, daher kommt ihre Kraft. Die Utopie des Christentums bleibt existent, weil man sie in der Realität nicht überprüfen kann.

RADDATZ Die Tradition unserer Zivilisation besteht im Gegensatz zu anderen Hochkulturen gerade darin, den Traum oder die Toten als Irrationalismen zu negieren.

MÜLLER Unsere Zivilisation hat Auschwitz hervorgebracht. Bataille unterscheidet zwischen Zivilisationen der Verschwendung – er macht das an den indianischen Hochkulturen fest – und der europäischen Zivilisation der Ökonomie, die allein auf den Nutzen ausgerichtet ist. Ich sehe den Katholizismus mehr in der Nähe einer Zivilisation der Verschwendung. In einer Zivilisation der Verschwendung wäre Auschwitz nicht möglich gewesen. Unsere Zivilisation ist eine Zivilisation der Ausgrenzung.

Daß Marx und Engels das Lumpenproletariat aus der revolutionären Bewegung ausgegrenzt haben, war die Grundlage der stalinistischen Perversion. Jetzt geht es um die Wiedergewinnung des Lumpenproletariats, um alle, die aus den herrschenden Strukturen herausfallen. Alle Energie der kapitalistischen Staaten zielt auf die Ausgrenzung und auf das Vergessenmachen der Ausgegrenzten. Und gegen dieses Vergessen muß man arbeiten. Zu den Ausgegrenzten gehören alle, die sich nicht mit der hier als Realität gehandelten Wirklichkeit zufriedengeben oder identifizieren. Das ist das Fatzer-Problem, es ist das Grundthema des Jahrhunderts, und Auschwitz ist das Modell des Jahrhunderts.

Nach Auschwitz hat das Gute geführt, nicht das Böse. Das Gute will selektieren, also Minderheiten produzieren. Die sind dann böse und müssen ausgerottet werden.

Die Unterdrückung des Bösen führt nach Auschwitz. Das Gute produziert eine Struktur, die auf Ausgrenzung und Selektion basiert, daraus entsteht das massenhaft, das institutionell Böse. Auschwitz fängt damit an, daß man einem Kind auf die Finger haut, wenn es die linke Hand benutzt, weil es Linkshänder ist, und sagt: die gute Hand.

Es gibt in den herrschenden Strukturen kein rationales Argument gegen Auschwitz. Wenn das nicht gefunden wird, geht diese Zivilisation unter. Das ist die Grundfrage, und die kann nur beantwortet werden durch die Mobilisierung der Ränder – nicht nur der sozialen, geographischen, sondern auch der intellektuellen Ränder.

Wenn die Intellektuellen ins Zentrum drängen, verlieren sie die Kraft zur Veränderung. Sie müssen am Rand bleiben, am Rand arbeiten. Vom Zentrum aus kann man nichts mehr bewegen. Ins Zentrum gehören die Beamten. Die Intellektuellen müssen raus aus der Politik. Da verlieren sie ihre Kraft. Susan Sontag kehrte neulich von einer

Konferenz über das Schicksal Osteuropas zurück und meinte: »Jedesmal, wenn man als Intellektueller an so einer Konferenz teilnimmt, verliert man ein Stück seiner Unschuld.« Unschuld ist Kraft und gehört zum Rand wie die Naivität oder der Traum.

RADDATZ In Auschwitz wurden nicht nur die Ränder, also Homosexuelle, Künstler und Kommunisten, denen als nichtintegrierbaren Minderheiten immer ein subversives Element beikommt, ausgerottet, sondern vorrangig die Juden, der kapitalistische Ersatzfeind.

MÜLLER Auschwitz als Symptom beginnt mit der Vereinheitlichung der Körper, der Verwandlung von Körpern in Material. Ein Motiv für den Antisemitismus ist der Sexualneid, wie der Sexualneid auf die Schwarzen in den USA. Die Nazipropaganda baute auf die Rassenschande. Während der täppische Deutsche noch nicht mal die Treppe hoch ist, hat der Jude die Frau schon rumgekriegt.

RADDATZ Obwohl von den Juden das Monogamiegebot stammt?

MÜLLER Im Talmud wird der Ehebruch sehr differenziert bestimmt. Wenn ein Mann von einem Dach fällt und fällt auf eine Frau und gerät dadurch in Geschlechtsverkehr mit der Frau, dann ist das kein Ehebruch, und keiner von ihnen kann bestraft werden. Das ist ein toller (Sur)Realismus, den man übersieht, wenn man nur von den Gesetzestafeln ausgeht. Aber die besondere Dynamik des deutschen Antisemitismus gründet nach Lyotard in der Missionierung der Franken. Die römischen Missionare wollten zuerst die Franken, als den Hauptstamm der Germanen, missionieren. Ihr Argument war: »Ihr müßt als erste das Kreuz nehmen, denn ihr seid das auserwählte Volk.« Das überzeugte die Franken. Und plötzlich tauchte im Mittelalter ein anderes auserwähltes Volk in Europa auf. Durch die Vernichtung der Juden wollten sich die Deutschen ihrer Auserwähltheit versichern. Deswegen ist auch die Terminologie der Nazis – tausendjähriges Reich und ähnliches – so jüdisch.

Ob die jüdische Kultur Bestandteil der abendländischen ist, ist fraglich. Es gibt keine jüdische Malerei, wegen des Bilderverbots, keine jüdische Dramatik. Durch die dauernde Emigration waren sie auf einen abstrakten Monotheismus angewiesen, denn einen abstrakten Gott konnte man überallhin mitnehmen.

Das Entscheidende in der abendländischen Struktur aber ist nicht der Monotheismus, sondern das Christentum, denn es bringt die Stellvertreterstruktur in Europa ein.

Das ist der Austritt aus der Antike. Der plastische Grieche, also Ödipus, der nimmt die Schuld an, obwohl er subjektiv keine Schuld hat. Der christliche Europäer hat dafür einen Stellvertreter, der hat die Schuld auf sich genommen. Wenn man einen Stellvertreter hat, braucht man einen Sündenbock. Wir waren es nicht, es waren Honecker, Stoph und Axen oder Himmler, Hitler, Goebbels. Das ist ein Grundmuster europäischer Geschichte. Und das Verhängnis ist, daß dieses Stellvertreterprinzip Eingang in die Struktur europäischer Politik gefunden hat.

In der Antike war das Opferprinzip unpersönlich. Jeder konnte durch Los zum Opfer bestimmt werden, oder man nahm dafür Kriegsgefangene. Aber das Opfer wurde nicht entwürdigt. Opfer zu sein war ein Job. In der

Stellvertreterstruktur muß das Opfer entwürdigt werden, denn es ist der Sündenbock. Nach Merleau-Ponty hat jeder Umsturz, der auf einer Idee beruht, das Recht, seine tatsächlichen oder vermeintlichen Feinde zu töten. Wenn die Feinde zu Verbrechern geschminkt werden, schlägt das Prinzip um. Dann hat die Idee keine Gewalt mehr. Und da sind wir schon mitten im Stalinismus.

Der Triumph des Christentums, der Sklavenaufstand in der Moral, liegt darin, sich selbst zur Unperson zu erklären und Sachverhalte in diesem Stellvertreter zu personalisieren. Ein Ergebnis der Christianisierung ist der Personenkult. Was diesen Versuch von Sozialismus ruiniert hat, ist das Verhaftetbleiben in christlichen Strukturen, die ja gerade in Rußland unheimlich stark sind. Das Scheitern des Sozialismus ist das Ergebnis der Unzucht mit dem Christentum.

RADDATZ Wobei beide ihre Identität verloren?

MÜLLER Diese Identität ist doch Fiktion, alles Lebendige verändert sich in jeder Sekunde. Die Verewigung des Augenblicks ist nach Lukács die Todsünde. »Verweile doch, du bist so schön« ist seine Formel für Dekadenz. Es ist die Herausnahme des Augenblicks aus dem Zeitablauf, der wesentlich Zerstörung bedeutet. Wer mit sich identisch ist, der kann sich einsargen lassen, der existiert nicht mehr, ist nicht mehr in Bewegung. Identisch ist ein Denkmal. Was man braucht, ist Zukunft und nicht die Ewigkeit des Augenblicks. Man muß die Toten ausgraben, wieder und wieder, denn nur aus ihnen kann man Zukunft beziehen.

Nekrophilie ist Liebe zur Zukunft. Man muß die Anwesenheit der Toten als Dialogpartner oder Dialogstörer akzeptieren – Zukunft entsteht allein aus dem Dialog mit den Toten.

Was Kunst vermag, ist, diese Illusion personaler Identität zu zerstören. Das ist der Kern von Becketts Rückzug aus der Sprache als Mitteilung, ein Impuls seit Joyce. Es geht nicht um Information, sondern um die Mitteilung einer Befindlichkeit. Über seine Art zu formulieren kann der Autor mitteilen, was mit ihm ist. Das ist reicher als eine Information, einen Fremdgegenstand über oder durch den Text zu transportieren. Denn es hilft, die eigene Befindlichkeit anders wahrzunehmen. Außerhalb syntaktischer Ordnungen wird etwas mitgeteilt, was nicht mitteilbar ist. Daran muß der Leser arbeiten, um es auf sich zu beziehen, denn er weiß nicht, was ihm da mitgeteilt wird. Dann weiß er aber auch nicht mehr, wer er ist. Wer aber nicht mehr weiß, wer, was und wo er ist, der muß sich bewegen. Das ist das revolutionäre Moment an dieser Art Texte, sie schaffen Veränderung.

RADDATZ Gehört nicht ein übermenschliches Maß an Optimismus dazu, sich dem auszusetzen, während der Kapitalismus seinen größten Triumphzug feiert?

MÜLLER In Rußland mußten die Christen Atheisten werden, um zu überleben. Das ist das, was passiert ist und was das sozialistische Programm zerstört hat – der Umbau des Sozialismus zur Theologie. Während die Kirche in Westeuropa ganz fröhlich und unschuldig tut, hat sie in Osteuropa zäh und subtil am Untergang des sozialistischen Blocks gearbeitet. Historisch waren die Christen das gewohnt – die Tradition der Katakomben. Im Osten mußte man sich einmischen, um zu verhindern, daß die Welt verändert wird. Damit die Umstände, von denen das Christentum als Ideologie lebt, erhalten bleiben. Westeuropa ist auf der Basis von Ausbeutung organisiert, da brauchte man sich nicht einzumischen.

Die Wahl des Polen Wojtyla zum Papst war politisch absolut präzis gesetzt. Das war das Fanal zum Untergang des osteuropäischen Versuchs zum Sozialismus. Er ist der Todesengel, das Tier der Apokalypse. Also der Antichrist.

Denn der Kommunismus ist der Versuch, die Bergpredigt Jesu zu verwirklichen. Dagegen hilft nur der Antichrist. Nicht das Kapital hat gesiegt, sondern der Antichrist. Das Programm des Kommunismus zielt auf die Abschaffung des Staates, wie das Programm der Bergpredigt auf die Abschaffung der Kirche zielt. Katholizismus wie Kommunismus produzieren Ketzer beziehungsweise Staatsfeinde, denn ihr Anspruch ist totalitär. Katholizismus ist die erste Erscheinungsform des Totalitarismus. In Bulgarien blieben die Schriften der Bogomilen, also der mittelalterlichen Ketzer, die sich von Zoroaster herleiten, verboten. Denn sie sind gegen den Staat. Das Verhältnis von Juden und Franken wiederholt sich im Verhältnis von Kommunismus und Katholizismus. Man will die Verwirklichung der Bergpredigt – das Kommunistische Manifest ist die säkulare Variante der Bergpredigt – verhindern, weil das das Ende der Kirche bedeutet.

Aber wer gegen den Kommunismus ist, ist gegen die Bergpredigt, ist gegen Jesus. Das hat man in Lateinamerika begriffen. Diese Konfrontation zwischen Katholizismus und Kommunismus in Europa war eigentlich völlig überflüssig, denn nirgendwo steht geschrieben, daß

Christentum an die Struktur des Privateigentums gebunden ist.

Im nächsten Jahrtausend muß es zur Allianz von Kommunismus und Katholizismus kommen. Die Realität gibt nur nach, wenn man sich gegen sie verbündet. Che Guevara ist ein Heiliger, ein neuer Apostel. Das setzt die Fusion von Rom und Byzanz voraus. Dagegen ist der Kapitalismus eine Fußnote. Alles andere ist ephemer, Tagespolitik.

[1990]

MEUBLES SCULPTURES. LÉGENDES PAR HEINER MÜLLER

SADDAM HUSSEIN

god is die woestyn • الله يكون الصحرة • ঈশ্বর মরুভূমি • господ е пустиня • 上帝是沙漠 • gud er ørken • خداوند صحرا است • gott ist die wüste • god is the desert • dieu est le désert • θεός ειναι η έρημος • dio è il deserto • 神は砂漠 • 신은 곧 사막이다 • אלוהים הוא המדבר • god is de woestijn • gud er ørkenen • خبتن تمامی صحرادی • bóg to pustynia • deus é o deserto • dumnezeu este deşertul • бог пустыня • gud är öknen • [illegible] • dios es el desierto • buch je poušť • çöl bir anlamda tandrıdır • sivatag az isten • خدا لا محدود هی

PARSIFAL

frage nicht warum / gottes mund bleibt stumm / doch lernst schweigen du / sagt dir gott wozu

ALCESTIS
der aber brach die schale seines schreckens / in stücken ab und streckte seine hände / heraus aus ihr, um mit dem gott zu handeln

[1991]

Auschwitz kein Ende

MÜLLER [...] Auschwitz ist das Modell dieses Jahrhunderts und seines Prinzips der Selektion. Alle können nicht überleben, also wird selektiert. Wenn ich versuche, mir klarzumachen, was Heroismus für mich ist, fällt mir immer eine kleine Geschichte ein. Auf einem der letzten Schiffe, das aus Deutschland ablegte und Juden in die USA bringen sollte, war an Bord ein dicker jüdischer Sportjournalist aus Berlin. Dieses Schiff wurde von deutschen U-Booten torpediert und sank. Es gab natürlich zu wenig Plätze in den Rettungsbooten. Der dicke jüdische Sportjournalist saß schon in einem der Rettungsboote, und das Boot war voll. Da stand an der Reeling plötzlich eine junge Mutter mit ihrem Kind. Aber es war kein Platz mehr in den Booten. Da ließ der kleine, dicke Jude sich nach hinten fallen, in den Atlantik, und dann war Platz für die Frau. Das ist die einzige Antwort, die es gibt.

FRAGE Ich bin mir nicht ganz sicher, ob ich das verstanden habe.

MÜLLER Das ist auch nicht zu verstehen. Das ist das Dostojewski-Problem, die Raskolnikow-Frage. Auch Dostojewski findet am Ende nur eine Antwort: Gnade.

Wenn man davon ausgeht, daß Auschwitz das Modell der Selektion ist, dann gibt es darauf keine politische Antwort. Es gibt wahrscheinlich nur eine religiöse Antwort. Das Problem dieser Zivilisation ist, daß sie keine Alternative zu Auschwitz hat.

FRAGE Jetzt habe ich verstanden.

MÜLLER Auch bei Walter Benjamin taucht das immer wieder als Thema auf. Der Sozialismus oder der Kommunismus oder auch irgendwelche anderen Utopien haben keine Chance, wenn sie nicht auch eine theologische Dimension anbieten. Das ist auch heute ein Grundproblem.

Dazu gibt es eine andere Geschichte. Ich habe mal in Bulgarien LSD genommen. In dem Haus, wo wir wohnten, gab es unten eine Art Keller, eine Waschküche, und da an der Tür saß eine große Grille. Im Radio lief türkische oder arabische Musik, Wüstenmusik, die hatte einen merkwürdigen Sog, Musik wie eine Fläche. Zu dem Haus gehörte eine Katze, und diese Katze kam plötzlich aus der Tür. Ich habe der Katze die Grille gezeigt, und ich wußte genau, was passieren würde. Nach fünf oder zehn Minuten hatte die Katze die Grille unten. Dann hat sie die Grille die Treppe weiter hoch gejagt, immer mal ein bißchen angebissen, dann wieder losgelassen, dann wieder zugebissen. Die Grille begann zu hinken, und dazu lief diese arabische Musik. Ich habe das genau beobachtet, in der Zeitdehnung durch die Droge. Ich habe das auch genossen und mich gleichzeitig verabscheut, weil ich das genieße. Das werde ich nie vergessen, auch nicht den Abscheu gegen mich und gegen meinen Genuß an dieser

Beobachtung in der Zeitlupe. Der einzige Punkt, der die Katze von den SS-Leuten unterscheidet, ist, daß die Katze ab und zu solches Futter braucht, damit die Magensäfte schießen. Das ist etwas Biologisches, eine Notwendigkeit. Was den Menschen von der Katze unterscheidet, ist, daß er das nicht notwendig braucht. Aber jede Möglichkeit der Abstraktion des Tötens senkt die Hemmschwelle. Ich kann mir nicht vorstellen, daß ich einen Menschen erstechen kann. Aber ich kann mir jederzeit vorstellen, einen Menschen zu erschießen, und so geht das weiter. Man braucht nur noch auf einen Knopf zu drücken und sieht überhaupt keine Menschen mehr, die man dadurch tötet. Die Berichterstattung über den Golfkrieg war der Gipfel, totale Abstraktion, ein völlig abstrakter Krieg.

All diese Computerspiele sind ein Training für Auschwitz. Auschwitz ist inzwischen so verinnerlicht, daß das schon gar nicht mehr auffällt.

[1992]

Herzkranzgefäß

Der Arzt zeigt mir den Film DAS IST DIE STELLE
SIE SEHEN SELBST Jetzt weißt du wo Gott wohnt
Asche der Traum von sieben Meisterwerken
Drei Treppen und die Sphinx zeigt ihre Kralle
Sei froh wenn der Infarkt dich kalt erwischt
Statt daß ein Krüppel mehr die Landschaft quert
Gewitter im Gehirn Blei in den Adern
Was du nicht wissen wolltest ZEIT IST FRIST
Die Bäume auf der Heimfahrt schamlos grün

[21. August 1992]

Wie einen Schatten hat Gott den Menschen erschaffen

WIE EINEN SCHATTEN HAT GOTT DEN
MENSCHEN ERSCHAFFEN WER SOLL
IHN RICHTEN WENN DIE SONNE
UNTERGEGANGEN IST.
der Maler wohnt in seinem Schatten, der keine
Sonne braucht.

[vermutlich 1992]

»Demokratie als Allesfresser«

KLUGE Wie kannst du als Dramatiker eigentlich mit Christus umgehen? Also einen Großinquisitor, könntest du so etwas schreiben?

MÜLLER Über einen Großinquisitor ja, das geht, glaube ich, ja.

KLUGE Also was Dostojewski damit macht, könntest du das auch theatralisch nachempfinden, einverständig?

MÜLLER Ja.

KLUGE Das ist doch ein entsetzlich besiegter Mann? Luther sagt in einer Weihnachtspredigt, die mitstenographiert wurde: Wir müssen den Gefangenen Jesus befreien. Von Wittenberg werden wir sofort nach Jerusalem aufbrechen und ihn nachträglich freiprügeln. Ist das etwas, was du verstehen könntest?

MÜLLER Ich glaube nicht. Aber Dostojewski kann ich sehr gut verstehen. Dostojewski ist auch der erste, der Auschwitz gesehen hat als Verlängerung der europäischen Geschichte. Ich hatte vor 20 Jahren oder vor 30 Jahren überhaupt kein Problem, jedes Insekt zu töten, das vorbeikommt, oder was stört. Heute ist es ein Problem. Auch wenn es mich sehr stört, muß ich eine große Hemmung überwinden, um ein Insekt zu töten.

KLUGE Du wirst mitleidig?

MÜLLER Ich weiß nicht, ob es Mitleid ist. Ich glaube nicht, nein. Vielleicht einfach ein Sichgewöhnen an Zusammenhänge. Und ein Versuch, sich einzufügen in Zusammenhänge, die existieren, Einverständnis.

KLUGE »Das Einverständnis dehnt sich aus, bis es stillsteht.«

MÜLLER Ja. Und erst, wenn es stillsteht, kann es wieder eine Bewegung geben, oder kann eine neue Bewegung gedacht werden.

KLUGE In einem Gedicht sagst du einmal, der Kosmos ist kalt.

MÜLLER Traumlos.

KLUGE Traumlos kalt. Aber du bist hier in einem Kokon. Und du füllst diesen Kokon auf unserer Erde jetzt mit Einverständnis?

MÜLLER Das Transportmittel ist die Schuld, die erkennbare Schuld.

[1994]

Für immer in Hollywood

MÜLLER Die Deutschen sind nie im Gehorsam zur Ruhe gekommen. Deutschland verehrt die Väter. Nie die Söhne. Das sieht man an Luther. Der ist eine Brutusfigur – oder ein Hamlet. Brutus und Hamlet sind verwandt. Luther, als typischer Sohn, spielt in der deutschen Dramatik überhaupt keine Rolle. In Deutschland geht es immer um den König, den man nie hatte und nie fand. Das ist die Basis des Stalinkults vieler deutscher Intellektueller. Auch, daß Brecht Lenin völlig kritiklos gegenüberstand, gehört zu diesem Phänomen. Ein Intellektueller wie Plechanow empörte sich über Lenins primitive Brutalität im Schach, weil dessen Hauptmittel das Bauernopfer war, worauf man erst als letztes zurückgreift. Brecht wäre nie fähig gewesen, diesen Wesenszug an Lenin überhaupt wahrzunehmen. Lenin war für Brecht eine Ikone. Als die Deutschen es mit einem wirklichen König zu tun bekamen, war es der falsche, schon rein geographisch – Napoleon. Kleist ist daran zerbrochen. Durch Grabbe läuft der Riß mittendurch. Mit Napoleons Sturz endet bei ihm der Vers. Dann kommt nur noch lakonische Prosa. Die kurze Begegnung 1808 zwischen dem neptunischen Goethe und dem vulkanischen Napoleon, so charakterisiert Valéry die beiden, reichte nicht, um sich auf die deutsche Geschichte auswirken zu können. Napoleon scheiterte an Rußlands »heiliger Erde«, eine Form, auf die Stalin im Zweiten Weltkrieg zurückgriff, und Goethe hatte sein Sankt Helena in Weimar bereits gefunden. Aber daß Deutschland am liebsten Napoleon zum König gehabt hätte, wagte nur Heine zuzugeben: »So will ich liegen und horchen still / Wie eine Schildwach, im Grabe, / Bis einst ich höre Kanonengebrüll / Und wiehernder Rosse Getrabe. // Dann reitet mein Kaiser wohl über mein Grab, / Viel Schwerter klirren und blitzen; / Dann steig ich gewaffnet hervor aus dem Grab – / Den Kaiser, den Kaiser zu schützen.«

Alexander Kluge hat die Anekdote ausgegraben, daß Blüchers Pferd in der Schlacht von Ligny erschossen wurde und Blücher mehrere Stunden hilflos darunter lag. Blücher glaubte, daß er währenddessen von einem französischen Sergeanten vergewaltigt wurde und daß der ihn geschwängert hätte. Er zeigte auch die entsprechenden Symptome. Nach dem Sieg über Napoleon war er der Star auf den Siegesfeiern in London, wo die Partygäste regelmäßig peinlich berührt reagierten, wenn er ihnen erzählte, daß er im 8. Monat sei und bald entbinden würde. Der Punkt ist, daß er nur als Frau maskiert Napoleon besiegen konnte. Die Rolle des Brutus konnte dieser preußische Adlige nicht spielen.

Cäsar – nicht der Mensch, der Typus – ist der Dreh- und Angelpunkt der römischen und damit der europäischen Geschichte. Mit Augustus, der selbst eine mittelmäßige Figur war, aber das Symbol eines Herrschers, der beruhigt, stabilisiert, fing die Vergottung an. Das imperiale Vorbild war Alexander der Große. Aber der ist ein Held und kein Gott, keine Struktur, die das Reich über den eigenen Tod hinaus zusammenhalten konnte. Das Muster wirkt bis heute. Kennedy wurde bis in die Sexualgewohnheiten von einer Werbefirma nach dem Modell Cäsar aufgebaut. Cäsar trug den Spitznamen »maechus calva« – der kahle Ehebrecher. Wenn Cäsar irgendwo durchzog, wurden Spottlieder gesungen: »Macht die Haustür zu, sperrt eure Weiber ein, der kahle Ehebrecher kommt.« Das war bei Kennedy ähnlich. Zu diesem Programm gehört auch eine Kleopatra-Figur wie die Monroe, die ganz nach Shakespeares »Antonius und Kleopatra« durch Selbstmord ums Leben kommt.

RADDATZ Die Vergottung Lenins beginnt mit Majakowskijs: »Lenin ist lebendiger als jeder Lebende.«

MÜLLER Das ist die Sehnsucht nach dem Ursprung. Lenin war das Ursprüngliche. Stalin war das Reale. Lenin war die Möglichkeit. Gerade als Toter.

RADDATZ In Brechts »Galilei« heißt es: »Nur die Toten lassen sich nicht durch Gründe bewegen.«

MÜLLER Brechts Intention ist klar. Aber die Intention ist nicht der Text. Im Text ist auch die Überlegenheit der Toten mitformuliert. Mit den Toten kann man nicht diskutieren. Was sich nicht bewegen läßt, ist ewig. Die Toten sind der archimedische Punkt. Nur mit den Toten kann man die Welt aus den Angeln heben, denn sie selber bewegen sich nicht. Zugleich ist die Hoffnung darin enthalten, daß die Grenze zwischen Lebenden und Toten porös wird. Wenn der Zweifel an der Veränderbarkeit der Welt wächst, verstärkt sich der Wunsch, mit den Toten Kontakt aufzunehmen. Die Horrorfilm-Kultur tritt an die Stelle des sozialistischen Realismus. Auch die Zunahme pittoresker Gewaltverbrechen, wie der Kopfabschneider von

Berlin, der die Seele seiner Opfer befreien will, lassen sich als metaphysische Schreie nach dem anderen deuten.

RADDATZ In Jurij Mamleews »Mörder aus dem Nichts« tötet Fjodor Sonnow, um sich mit den Seelen der Opfer zu unterhalten.

MÜLLER Die literarischen Energien wandern immer mehr in die Geschichtsschreibung ab. Das fing mit Mommsen an. Das sind alles Reaktionen auf die Abschaffung Gottes durch die Aufklärung. Die wichtigste Eigenschaft Gottes war nicht seine moralische Qualität – an die konnte ernstlich sowieso niemand glauben –, sondern daß er die Unsterblichkeit der Seele samt der Auferstehung garantierte. Die Aufklärung machte den Friedhof, die geweihte Erde, zum Brachfeld.

Dieses Zeitalter des Nihilismus, wie Nietzsche es beschrieben hat, und in dem wir uns befinden, kann allein überwunden werden, wenn sich die Gesellschaft ihrer Verantwortung für die Toten bewußt wird. Nachdem die Macht der Kirche geistig zerschlagen wurde, müssen die kulturellen Ressourcen jetzt für den Umgang mit den Toten genutzt werden. Das Niveau einer Kultur bestimmt sich daran, wie sie mit den Toten umgeht. Das ist der notwendige Schritt der Kunst ins Jenseits der Metaphysik. Wenn die Kultur diesen Schritt macht, brauchen weder literarische Potenzen Historiker zu werden, noch verrückte Mörder metaphysische Schanzarbeiten zu verrichten.

Vorstellbar wäre, daß man ein Museum einrichtet, eine Art Nekropolis, wo bestimmte Leute, die man auslost oder nach irgendeinem soziologischen Querschnitt ermittelt, nach ihrem Tode ein Zimmer bekommen. Wo man anhand ihrer Habe, ihrer alltäglichen Gebrauchsgüter vom Hosenknopf bis zum Feuerzeug, also mit den Gegenständen, die in einem Leben so anfallen, ihr Leben dokumentiert. Das Museum des Lebens, als säkulare Antwort auf die Pyramiden. Eigentlich hat jeder Mensch Anspruch darauf, daß sein Leben in dieser Form dokumentiert wird. In einer post-nihilistischen Kultur ist die Dokumentation des Lebens anonymer Personen der zentrale Gegenstand von Kunst. Sonst hat Kunst keine Zukunft.

RADDATZ Die Schüler könnten sich im Werkunterricht ihre Grabbeilagen schnitzen.

MÜLLER Ein Mittelalterspezialist hat den Ursprung des Purgatoriums als Geldwaschanlage dargelegt. Wucherer und andere, die mit Geld zu tun hatten, mußten ins Purgatorium, um gereinigt zu werden. Diesen Kot durfte man nicht ins Paradies tragen. Das wäre die zweite Aufgabe der Kunst bei der Umwertung der Werte: die Toten vom Dreck des Geldes zu befreien.

RADDATZ In Schnitzlers Roman »Der Weg ins Freie« wird eine Oper skizziert, wo der Protagonist eine Schiffsreise antritt. Er weiß nicht, wie lange die Reise geht, aber daß sein Mörder an Bord ist, der ihn erst nach Ablauf der Reise töten wird. Am Ziel angekommen, bringt er sich selbst um.

MÜLLER Benjamin hat beschrieben, daß es der Hauptzweck der bürgerlichen Gesellschaft ist, den Tod zu verdrängen. Wenn der Maßstab einer Kultur ist, wie man mit den Toten umgeht, wieviel Wert man auf die Toten legt, beschreibt Schnitzler ein Bild des Endes: daß die bürgerliche Gesellschaft dem Tod nicht mehr ins Auge sehen kann. Wer nicht sterben kann, kann auch nicht leben. Ansonsten ist es ein Gesellschaftsmodell aus der Sicht von Versicherungen, die eine der geheimen Mächte bilden. Das ist die Welt Kafkas. Das kann man weiterspinnen. Jedem wird bei der Geburt schon sein Mörder zugewiesen, den kennt nur die Versicherung. Das Leben besteht darin, herauszufinden, wer dein Mörder ist, mit ihm zu spielen, den Zeitpunkt hinauszuzögern, wo er in Aktion tritt. Andererseits ist jeder auch ein Mörder, dem sein Opfer benannt ist. Es wäre eine Möglichkeit, den Tod aus der Verdrängung herauszuholen, indem er personalisiert wird. Das ist eine Canetti-Konstruktion. In Canettis Stück »Die Befristeten« sind manche Menschen unsterblich. Andere kennen ihr Sterbedatum. Daraus ergeben sich Konflikte. Im Theater kann das kaum funktionieren. Da braucht man den Freiraum, das Schicksal, den Zufall, was auch immer. Man kann so was erfinden, entdecken, erzählen. Aber man kann kein Buch mehr daraus machen wie Schnitzler. Das wäre Zeitverschwendung.

In der Literatur gibt es nur den einen Weg in Richtung eines karnevalistischen Klassizismus, wo mit Säulen jongliert wird. Was jetzt geschrieben wird, ist meist schwachsinnig, weil es reaktiv ist. Reaktive Literatur ist keine Literatur. Dazu kommt das Problem, daß es keinen fiktiven Dialog mehr gibt. Eine Szene kann einem ganz klar sein, man kann es sich genau vorstellen, man kann es alles denken, aber den Dialog schreiben kann man nicht mehr. Eigentlich kann man nur noch in Zitaten miteinander reden. Das hat mit Freuds These zu tun, daß gesprochene Texte im Traum immer erinnerte oder zitierte Texte sind.

Es gibt keine originären Texte in Träumen. Wir sind in einer solchen Traumphase. Das ist wie ein Stillstand von Dialektik. Eine angehaltene Zeit. Da staut sich alles, was war. Das ist verfügbar, aber Neues ist nicht greifbar.

RADDATZ Nietzsche kam über die Beschreibung des Nihilismus theoretisch nicht hinaus. Die Umwertung der Werte ließ sich nicht positiv formulieren.

MÜLLER Er ist so lange mit dem Kopf gegen diese Stau- oder Zeitmauer gerannt, bis der Kopf kaputt war.

Das allgemeine Lebensgefühl ist, daß man in einem Geschoß sitzt, das man nicht steuern kann. Es gibt ein Gefühl von Schwerelosigkeit – das Raumschiff Erde. Das ist die positive Erfahrung der Hilflosigkeit. Man sitzt nicht am Steuer und kennt den Mechanismus nicht, um es im Notfall zu bedienen. Aber das Ding fliegt. Das ist das Grundgefühl. Man ist schwerelos, hat keine Verantwortung. Alles ist gut. Alles ist Spiel. Wenn man aber einen hellen Moment hat, merkt man, wie die Substanz im Design verschwindet. Die Menschen werden von den Body Snatchers bei lebendigem Leib von innen ausgehöhlt. Die Body Snatchers tauchten zuerst in der McCarthy-Ära auf. Es sind außerirdische Pflanzenwesen, die Menschen doubeln oder klonen können. Deine Freundin sieht so aus wie immer. Sie hat nur einen etwas anderen Blick. Sie ist von den »Anderen« geklont. Aber da wird es kalt. Sie ist nur noch die perfekte Abbildung und Hülle. Da frißt ein metaphysischer Virus.

RADDATZ Diese Leichtigkeit ist erkauft mit einem Verlust an Empathie. Das Elend anderer oder der Autounfall wird zum ästhetischen Ereignis.

[1994]

RÖMERBRIEF

Seit er vom Pferd fiel weiss er wo Gott wohnt
Dem alle gleich sind und der keinen schont
Der nicht das Leben lebt nach seiner Schnur
Denn Gott ist der Erfinder der Natur
Wenn Mann mit Mann sich paart und Frau mit Frau
Zum Beispiel zürnt er denn er zählt genau
Mit Blitzen sagt er dir was sich gehört
Sein Brot der Sünder der den Weltlauf stört
Sein Hunger braucht dass Menschen Sünder sind
Vom Priester bis zum ungebornen Kind
Sohn tötet Vater war bei Heiden Brauch
Seis mit der Keule seis im Opferrauch
ER schlachtet seine Nachgeburt den Sohn
Der Tod am Querholz unsrer Sünden Lohn
Die seine Nahrung sind und seine Lust
Ein Racheengel wohnt in seiner Brust
Der uns am Kreuz vertrat als Sündenbock
Die Novität aus Gottes Wunderblock
Als er aus unsrer Schuld die Wurzel zog
Mit allen Vieren weil die Hoffnung trog
Auf Leben ohne Tod Vater warum
Sein letzter Schrei Der Adressat blieb stumm
Erhob er unsre Sünden ins Quadrat
Im Holz ist jeder Nagel ein Verrat

Leben mit Jesus ist ein Messertanz
Beschneidung geht aufs Herz statt auf die Glans
Ausruhn im Glauben vom Geschrei der Welt
Leben ist Busse Sterben das Entgelt
Glücklich die Beute die den Jäger liebt
Der sie den Elementen wiedergibt
Bis er zur Auferstehung blasen lässt
Am Tag des Zorns zu seinem Erntefest
Wo er die Böcke von den Schafen teilt
Mit Schwert und Balsam Wunden schlägt und heilt
Jedem das Seine nach dem Grundgesetz
Im Wirbel der Planeten ohne Netz
Auch seine Endlösung heisst Selektion
Mit seinen Malen der geschundne Sohn
Darf auf der Bank des Richters sitzen der
Sein Mörder ist Zur Mutter steht er quer
Weil sie zwar Jungfrau ihn geboren hat
Jede Geburt zerreisst das Feigenblatt
Ob sie befleckt ist oder unbefleckt
Die Göttervåter halten sich bedeckt
Sie lassen sich herab als Schwan als Stier
Der Heilige Geist ist neu im Jagdrevier
Er braucht die Jungfrau denn die Fleischeslust
Gehört dem Teufel himmlisch ist der Frust
Sie leistet ihre Arbeit ohne Lohn
Gebiert mit Schmerzen lustlos ihm den Sohn
Der ihr den Platz im Kanon garantiert
Wo die Madonna Heim und Herd regiert
Der Sohn hat Stimmrecht Vater schluck dein Schwert
Es ist die Wunden die es schlägt nicht wert
Du bist es nicht der hier das Urteil fällt
Denn du hast nicht gelebt in deiner Welt

Ich hab dir Vater etwas mitgebracht
In deinen ewigen Tag aus meiner Nacht
Nichts war nichts ist und nichts wird jemals gut
Siehst du das Kreuz es wartet auf dein Blut

[1994]

Poesie und Prosa

für Norbert Blüm

Arbeitslosenhilfe soll nach »Marktwert« gezahlt werden
dpa Hamburg – Um Sozialausgaben zu sparen, will die Bundesregierung die Arbeitslosenhilfe künftig nicht mehr nach dem letzten Nettogehalt berechnen. Statt dessen sollen Arbeitslose vom 1. April 1996 an nach dem Arbeitsentgeld bezahlt werden, das sie auf dem aktuellen Arbeitsmarkt noch erzielen könnten.

Das bedeutet: Das Arbeitsamt entscheidet künftig über den aktuellen »Marktwert« des Leistungsempfängers und damit über die Höhe seiner Unterstützung. Das Bundesarbeitsministerium bestätigte am Samstag einen Bericht der »Bild«-Zeitung. SPD und Gewerkschaften wiesen diese Pläne als menschenfeindlich zurück.

Bislang legt das Arbeitsförderungsgesetz fest, wie hoch die Arbeitslosenhilfe ist und wer Anspruch darauf hat. Ein Sprecher des Arbeitsministeriums sagte, die Umstellung der Berechnung vom letzten Nettogehalt auf das aktuelle Einkommen sei einer von sieben Punkten der geplanten Reform des Arbeitslosenhilferechts.

Er konnte aber nicht sagen, wie der »Marktwert« berechnet werden soll und wer bei Widerspruch des Betroffenen letztlich entscheidet. Details stünden noch nicht fest. Sie würden in einem Gesetzesentwurf formuliert, der nach der Sommerpause fertig sein soll. Im Haushaltsentwurf des Bundes für 1996 sind Kürzungen der Arbeitslosenhilfe in Höhe von 3,4 Mrd. DM vorgesehen.

Der Minister für Arbeit
Korrigiert seinen polnischen Irrtum
MARX LEBT JESUS IST TOT
Sein Kreuz ist der Marktwert
Ein Pyrrhussieg
Der Utopie

[August 1995]

[Krieg der Viren]

Leeres Theater. Autor und Regisseur, betrunken.

AUTOR Der Krieg der Viren. Wie beschreibt man das.
REGISSEUR Das ist dein Job. Dafür wirst du bezahlt.
AUTOR Tretet vor Unbekannte verdeckten Gesichts
Ihr Kämpfer an der unsichtbaren Front
Oder so
Die grossen Krieger der Menschheit Tropfen Tropfen
Auf den heissen Stein Die Schrecken des Wachstums
Das Verbrechen der Liebe das uns zu Paaren treibt
Und den Planeten zur Wüste macht durch
Bevölkerung
REGISSEUR
Und wie soll ich das auf die / meine Bühne bringen.

AUTOR
Was weiss ich. Was bedeutet mir die / deine Bühne.
REGISSEUR Gott und die Welt
AUTOR Gott ist vielleicht ein Virus
Der uns bewohnt.
REGISSEUR Was willst du. Soll ich dir
Zweitausend Greise auf die Bühne stelln
Mit weissen Bärten, Nummer eins zwei drei
Und weiter bis zweitausend. Geh ins Kino.
Die Viren zählen nach Milliarden und
Unser Theater ist ein Armenhaus.
AUTOR Ich habe vor zwanzig Jahren in Brooklyn einen Mann auf der Strasse nach einer Strasse gefragt und er sagte zu mir: Thats your problem.
REGISSEUR
Der Mann hat recht. Ich kann ihm nur beipflichten.
AUTOR Ich habe ein Gedicht geschrieben.
REGISSEUR *hält sich die Ohren zu*
Sags auf.
AUTOR
Tödlich der Menschheit ihre zu rasche Vermehrung
Jede Geburt ein Tod zu wenig Mord ein Geschenk
Jeder Taifun / Erdbeben eine Hoffnung / Hoffnung der Welt Lob den Vulkanen
Nicht Jesus Herodes kannte die Wege der Welt
Die Massaker sind Investitionen in die Zukunft
Gott ist kein Mann keine Frau ist ein Virus
Du hörst mir nicht zu.
REGISSEUR
Stimmt. Warum sollte ich. Wir sind im Theater.

[1995]

MÜLLER Solange es ein verbindliches religiöses Wertesystem gab, war das noch anders. Aber mit dem Zerfall des religiösen Wertesystems entsteht das Problem. Dann wird Auschwitz möglich: als Prinzip der Selektion.

BECKER Erst wenn Menschen selber, ohne religiöse, transzendentale oder naturrechtliche Bindung, sich zu Göttern machen und entscheiden, wer ein Mensch ist und wer nicht, kann es Auschwitz geben?

MÜLLER Die Losung der Pariser Commune war: »Keiner oder alle«. Und jetzt heißt es in den reichen Ländern, mit Blick auf die wachsenden, übervölkerten und näherrückenden Armutszonen: »Für alle reicht es nicht.« Daraus folgt die Selektion.

BECKER Mit dem »Zerfall des religiösen Wertesystems« meinten Sie nicht auch den Kommunismus?

MÜLLER Nein, der Kommunismus war eher der Versuch, die Botschaft der Bergpredigt zu säkularisieren.

BECKER Wenn Sie dieser unheimliche Gedanke so bewegt, warum wurde dann Auschwitz nicht früher von Ihnen erwähnt?

MÜLLER Ich fände es anmaßend, über Auschwitz zu schreiben.

BECKER Aber nicht, über Auschwitz zu reden?

MÜLLER Über Auschwitz kann man nicht schweigen.

BECKER Die Rote Armee hatte Auschwitz befreit – deutsche Kommunisten in der DDR fühlten sich für das Thema nicht mehr verantwortlich?

MÜLLER Ich würde es nicht so simpel formulieren. Zum Beispiel Thomas Brasch, den kannte ich sehr lange, aber Jude zu sein, war für ihn in der DDR nie ein Problem. Als er zwei Jahre im Westen war, trafen wir uns einmal in Budapest, saßen mit György Konrád zusammen, der beugte sich im Gespräch plötzlich zu Brasch vor und fragte: Jude? Und Brasch antwortete zu meiner Überraschung: Ja, hundert Prozent.

[1995]

Geh, Ariel, bring den Sturm

Geh, Ariel, bring den Sturm zum Schweigen +
Wirf die Betäubten an den Strand Ich brauch sie
Lebend, damit ich sie töten kann
Mir[anda] Vater
Warum

[nach dem 20. Dezember 1995]

→ Überwindung des Abgrunds

postmodern überholt Begriff

[Begr. diskutiert [— Lichtenstein, im Zürcher 52]

Zusammenhang 2. postmodern

new crisis of the East

(back to history)

[Postmoderne 2 Reaktion
auf Entartung des Kommunism.
2. Gesamtkunstwerk]

[illegible] Babylon

Lukács
19. Jahrhundert purgatorio?
Entstehungsgeschichte

bürgerl. Gesellsch. (Moderne)
2 Antwort

condition of
modern 2 Katastrophe

(R. Kurz) Auflösung

doppelte Ausbeutung
Tauschobjekt
Individ. in die Zange
Arbeitskraft + Kaufkraft
einerseits:
Arbeit, Sozialpolitik
Gesellsch. nimmt sich selbst
in die Zange + verdrängt
Individuen

Innovation
das stets unvorhersehbare
auftauchen neuer Kunstwerke

Leerraum zw. Vätern + Söhnen

Tradition stößt sich am Tod
(als Unterbrechung)
der Messias bricht die Geschichte ab

1

→ Stellgt d. Übst.
Barock
Pfeil der allegorischen
Verschleierung
poetische
3 Texte die man als

dankbar — unbegr. Respekt vor
Niveau & Qualität der Be
— wiss. lit. Beitr.
/ spannend, nachbar
aus Dichter

3 Begegn. mit dem A N Begriff Engel d. Ge
Interpretation kann

des Bezugs dieser Texte auf zu B.,
zum besseren Verständnis — Zitatverbot
heißt ich etwas sehr gesch
verbotenes tun, B. zitiert
vorlegen einen seiner bek
Texte

1 Empfindung einer Hoffnung in der Allegorie

2 Erfahrung der Kritiker einer Ge

3 beschr. 1 Begegn. der 3. Art
Text d. Passion, geschr. 1961 im Jahr
des Mauerbaus

3

V
Krieg

Ich glaube an Konflikt. Sonst glaube ich an nichts.

Heiner Müller polarisiert. An ihm scheiden sich die demokratisch gesinnten Geister. Entweder wird ihm das Etikett einer morbiden Faszination für Gewalt, Krieg und Tod, für Reaktionäre und Militaristen, namentlich Ernst Jünger und Carl Schmitt angeheftet. Oder er wird zum desillusionierten Postmodernen erklärt, dem die Geschichte zum bösen Schlachtfest gerät. Man hat in ihm einen zynisch-nihilistischen Anti-Aufklärer »in schlechtester deutscher Tradition«[1] gesehen; ihn als ideologischen Clown denunziert, der sich »über die Maske des linken Pragmatikers Lenin zusätzlich die faszinierende Fratze des rechtskonservativen Machtideologen Carl Schmitt« gezogen habe.[2] Man hat in ihm den Typus des vitalistischen Zivilisationsverächters wiedererkannt, dessen Ruinen- und Todeslandschaften, verkommene Ufer und Galgenhügel sich von den Männer- und Gewalt-Phantasien der konservativen Revolutionäre nicht wesentlich unterschieden.[3] Oder man hat ihn als Stalinisten entlarvt.[4] *Les extrêmes se touchent*.

Zumindest muss man den politisch motivierten Verdikten zugestehen, dass sie, wenn sie Müller als dekadenten Ästheten, Rechtskonservativen oder Stalinisten verurteilen, ein zentrales Thema seiner Texte nicht übersehen haben. Unstrittig ist, dass Heiner Müller die Geschichte des 20. Jahrhunderts als Geschichte der industriellen Vernichtungen, Genozide und sinnlosen Opferungen dramatisch zu fassen und zu denken suchte. Unstrittig ist auch, dass er die politischen Befreiungskämpfe und Revolutionen in ihrer – verzweifelten, ja schizophrenen – Gewaltsamkeit ausdrücklich bejaht hat (nicht anders als Francisco de Goya, Heinrich von Kleist, Georg Herwegh, Rosa Luxemburg oder André Malraux vor ihm). Und genauso unstrittig ist, dass er zeitlebens nicht an das Märchen einer demokratischen, rechtsstaatlichen Moderne geglaubt hat, in der Krieg und Gewalt zu den überwundenen Dingen gehörten.

Sein Blick auf den Krieg ist in der Tat, darin lag Wolf Biermann mit der Maske des ›linken Pragmatikers‹ richtig, entscheidend geprägt von Lenin. Dieser hatte in seinem 1917, das heißt im Kontext der »Urkatastrophe des 20. Jahrhunderts« (George F. Kennan) veröffentlichten Artikel *Das Militärprogramm der proletarischen Revolution* die Frage nach der Bewaffnung des Proletariats unmissverständlich beantwortet, und zwar mit einem Ja.[5] Damit richtete er sich gegen die idealistische Gewaltvergessenheit der pazifistischen Linken und den nationalen Konformismus der Sozialdemokratien. Dass die internationalistisch orientierte proletarische Revolution, das heißt die Aufhebung der Eigentumsverhältnisse und Enteignung der Produktionsmittel sich gewaltlos bewerkstelligen ließen, dass die Unterdrückung der Lohnsklaven auf friedlichem Weg verschwinden würde, womöglich durch Gesprächsrunden und die Kolonialkriege mit Friedensappellen zu vermeiden wären, schien Lenin angesichts der staatlichen Mittel – Armee, Polizei, Miliz – und der skrupellosen Gewaltbereitschaft der staatlichen Ordnungen eine wenig erfolgversprechende Strategie. Wer mit Marx die Geschichte (der bisherigen Gesellschaft) als eine dialektische Abfolge von Klassenkämpfen begreift, als einen »ununterbrochenen, bald versteckten, bald offenen Kampf«,[6] der setzt sein unbegrenztes Vertrauen, wie Walter Benjamin an anderer Stelle formuliert, »allein in I. G. Farben und die friedliche Vervollkommnung der Luftwaffe« und hegt ansonsten: »Misstrauen, Misstrauen und Misstrauen in alle Verständigung: zwischen den Klassen, zwischen den Völkern, zwischen den Einzelnen«.[7]

Das ›Misstrauen in alle Verständigung‹ entspringt keinem misanthropischen, reaktionären Nihilismus, keiner pathologischen Gewaltverliebtheit und noch weniger der irrationalen Verehrung der Luftwaffe, bei Lenin so wenig wie bei Benjamin. Es entspringt vielmehr der Einsicht in den historischen Sachverhalt, dass die bestehende Gesellschaft eine Klassengesellschaft und dass die Klassengesellschaft prinzipiell ein Gewalt-, Ausbeutungs- und Kampfverhältnis ist (in der, wie Georg Büchner 1836 schrieb, »die gebildete und wohlhabende Minorität ihr spitzes Verhältnis zur großen Klasse nie [freiwillig] aufgeben wird«[8]). Wer glaubt, dass die Gaben der Natur gratis und für alle da sind,[9] findet sich schnell in eben diesen Gewaltverhältnissen wieder. Wenn aber Gewalt und Kampf den sozialen und politischen Verhältnissen selbst eingezeichnet sind und der Friede folglich immer nur ein falscher, »tückscher Friede«[10] sein kann, dann lassen sie sich auch nur durch die Affirmation von oder, um mit Brecht zu sprechen, durch das »Einverständnis«[11] mit Gewalt und Kampf aufheben. Lenin plädierte deswegen für eine dialektische Behandlung der Kriegs- und Gewaltfrage.

Wir dürfen [...] nicht vergessen, daß wir in einer Klassengesellschaft leben und daß außer dem Klassenkampfe keine Rettung daraus möglich und denkbar ist. In jeder Klassengesellschaft, sie möge auf der Sklaverei, Leibeigenschaft oder, wie heute, auf der Lohnsklaverei beruhen, ist die *unterdrücken-*

de Klasse *bewaffnet*. Nicht nur das heutige stehende Heer, sondern auch die *heutige* Miliz [...] ist Bewaffnung der Bourgeoisie *gegen* das Proletariat. Ich glaube, diese elementare Wahrheit nicht beweisen zu brauchen; es genügt, Militäraufgebote während der Streiks in *allen* kapitalistischen Ländern zu erwähnen. [...]

Die Bewaffnung der Bourgeoisie gegen das Proletariat ist eine der größten, kardinalsten, wichtigsten Tatsachen der heutigen kapitalistischen Gesellschaft. [...] Wir sagen: Bewaffnung des Proletariats zum Zwecke, die Bourgeoisie zu besiegen, zu expropriieren *und zu entwaffnen* – das ist die einzig mögliche Taktik der revolutionären Klasse, eine Taktik, die durch die *ganze objektive Entwicklung* des kapitalistischen Militarismus vorbereitet, fundiert und gelehrt wird. Nur nachdem das Proletariat die Bourgeoisie entwaffnet hat, kann es, ohne an seiner weltgeschichtlichen Aufgabe Verrat zu üben, die Waffen zum alten Eisen werfen, was es auch ganz sicher *dann – aber nicht früher* – tun wird. [...]

Und wenn der heutige Krieg bei reaktionären Sozialpfaffen, bei weinerlichen Kleinbürgern nur Schrecken, nur Erschrockenheit, nur Abscheu vor Waffengebrauch, Tod, Blut usw. erzeugt, so sagen wir dagegen: Die kapitalistische Gesellschaft war und ist *immer ein Schrecken ohne Ende*. Und wenn jetzt dieser Gesellschaft durch diesen reaktionärsten aller Kriege ein *Ende mit Schrecken* bereitet wird, so haben wir keinen Grund, zu verzweifeln. [...]

Es ist die Sache der Bourgeoisie, die Trusts zu fördern, Kinder und Frauen in die Fabriken zu jagen, sie dort zu martern, zu korrumpieren, unsäglichem Elend preiszugeben. Wir ›unterstützen‹ diese Entwicklung nicht, wir ›fordern‹ so etwas nicht, wir kämpfen dagegen. Aber wie kämpfen wir? Wir erklären, die Trusts und die Fabrikarbeit der Frauen sind progressiv. Wir wollen nicht zurück, zum Handwerk, zum vormonopolistischen Kapitalismus, zur Hausarbeit der Frauen. Vorwärts über die Trusts usw. hinaus und durch sie zum Sozialismus. [...]

Das gleiche gilt, mutatis mutandis, von der heutigen Militarisierung des Volkes. Heute militarisiert die imperialistische – und andere – Bourgeoisie nicht nur das ganze Volk, sondern auch die Jugend. Morgen wird sie meinetwegen die Frauen militarisieren. Wir antworten darauf: Desto besser! Nur immer schneller voran – je schneller, desto näher ist der bewaffnete Aufstand gegen den Kapitalismus.[12]

Was an Lenins Analyse und seinem dialektisch affirmativem Verhältnis zum Krieg befremdlich erscheint und was auch das Befremdliche der Kriegsdarstellungen und Kriegsanalysen von Heiner Müller ausmacht, ist der Umstand, dass sie von vornherein gebrochen haben mit dem zentralen Mythos des modernen Staates, demzufolge am Anfang der staatlichen Ordnung nicht Gewalt und Schrecken, sondern Natur und Recht stehen. Den modernen Staatsbürgern erzählt man, »dass der Staat nichts anderes sei als das Recht selbst, und dass er so rein und unschuldig sei wie das Recht. Und da dieses Recht in der Natur des Menschen selbst liegt, was könnte dann natürlicher und menschlicher sein als der Staat selbst.«[13] Genau dieser mythisch-mystifikatorischen Annahme der ursprünglich friedliebenden Natur des Staates und des von ihm mit den friedlichsten Polizei- und Justizapparaten administrierten Rechts steht die, in der Tat kategorial andere, nämlich *kriegerische* Idee des Klassenkampfes entgegen. Am Anfang des kapitalistischen Staates stehen für Marx weder die Natur noch das Recht, sondern die »sogenannte ursprüngliche Akkumulation«, und das heißt: »Eroberung, Unterjochung, Raubmord, kurz Gewalt«.[14]

In der Tat sind die Methoden der ursprünglichen Akkumulation alles andre, nur nicht idyllisch. [...] Um freier Verkäufer von Arbeitskraft zu werden, der seine Ware überall hinträgt, wo sie einen Markt findet, musste der Arbeiter [...] der Herrschaft der Zünfte, ihren Lehrlings- und Gesellenordnungen und hemmenden Arbeitsvorschriften entronnen sein. Somit erscheint die geschichtliche Bewegung, die die Produzenten in Lohnarbeiter verwandelt, einerseits als ihre Befreiung von Dienstbarkeit und Zunftzwang; und diese Seite allein existiert für unsre bürgerlichen Geschichtsschreiber. Andrerseits aber werden diese Neubefreiten erst Verkäufer ihrer selbst, nachdem ihnen alle ihre Produktionsmittel und alle durch die alten feudalen Einrichtungen gebotenen Garantien ihrer Existenz geraubt sind. Und die Geschichte dieser ihrer Expropriation ist in die Annalen der Menschheit eingeschrieben mit Zügen von Blut und Feuer.[15]

Jene ›Züge von Blut und Feuer‹ sind es, welche die Geschichte der Unterdrückten und Verelendeten prägen, nicht Frieden, Rechtssicherheit, Gleichheit vor dem Gesetz. Dementsprechend wachsen auch bei Müller die

guten Texte [...] immer noch aus finsterm Grund, die bessre Welt wird ohne Blutvergießen nicht zu haben sein, das Duell zwischen Industrie und Zukunft wird nicht mit Gesängen ausgetragen, bei denen man sich niederlassen kann. Seine Musik ist der Schrei des Marsyas, der seinem göttlichen Schinder die Saiten von der Leier sprengt.[16]

Die Geschichte der Klassenkämpfe ist und war noch nie eine Staats- und Friedensgeschichte, sie ist auch nicht die von staatlichen Kriegen, sondern wesentlich die Geschichte von sogenannten sozialen Kämpfen. »Sozial« heißen sie, trotz der blutigen (Kriegs-)Gewalt und der Waffen, mit denen sie geführt werden, deswegen, weil der Name des Krieges von der staatlichen Ordnung usurpiert und angeeignet worden ist; weil der Staat es ist, der sich das Monopol der Gewalt und des Krieges vorbehält.[17]

Die Subjekte dieser anderen sozialen Kämpfe sind aus diesem Grund auch keine zivilen, bürgerlichen Subjekte, sondern sie sind außerstaatlich: Proleten, Pöbel, Analphabeten, Tagediebe, Armenhäusler, Knechte, Säufer, Infame, *hors-la-loi*, Menschen, die wie Woyzeck auf der Schwelle zur Animalität hausen und in der offiziellen Geschichtsschreibung nur als statistische Quantitäten oder (zu behandelnde) Fälle auftauchen.

Man muss an diese antibürgerliche, genuin kriegerische, dezidiert nichtstaatliche Dimension der linken Befreiungsgeschichte erinnern, wenn man begreifen will, warum Krieg und Gewalt die Texte Heiner Müllers obsessiv durchziehen. Nicht beizukommen ist ihnen mit den Theorien des bürgerlichen (Staats-)Rechts, mit Erzählungen vom Gesellschaftsvertrag oder den juristischen Fiktionen eines souveränen Volkes. Geschichte und ihre blutigen Konflikte tauchen in den Dramen Müllers nie als die Geschichte von Haupt- und Staatsaktionen auf, sondern richten sich schroff gegen die allzu lichten philosophisch-juridischen Staatskonstruktionen der Rechts-, Vertrags- und Kommunikationstheorien, denen Staat, Recht und Gesetz als letzter Seinszweck erscheint, um die Gesellschaft harmonisch einzuhegen. Müller sind sie stattdessen die Fortsetzung des permanenten Krieges mit anderen (juridischen, polizeilichen, administrativen, institutionellen) Mitteln. Michel Foucault hat dazu prägnant in seiner Vorlesung *Il faut défendre la société* bemerkt:

Das Gesetz wird aus realen Schlachten, Eroberungen, Massakern geboren; es entsteht aus niedergebrannten Städten und verwüsteten Feldern. […] Aber das bedeutet eben nicht, dass

Gesetz, Staat und Gesellschaft den großen Waffenstillstand brächten, den endgültigen Triumph des Siegers. Das Gesetz bedeutet *nicht* die Befriedung, denn unter dem Gesetz tobt der Krieg immer weiter, und zwar innerhalb sämtlicher Mechanismen der Machtausübung, auch wenn sie anscheinend völlig reibungslos funktioniert. Der Krieg [dessen andere Figuren Recht und Gesetz sind] ist der Motor der Institutionen und der Ordnung. Der Friede setzt in all seinen verwaltungstechnischen Abläufen den Krieg nur stumm und unsichtbar fort.[18]

Heiner Müllers Blick auf Geschichte und Gesellschaft ist – in exakt diesem Sinn – ein *kriegerischer* Blick (seine Autobiographie trägt nicht umsonst den Titel *Krieg ohne Schlacht*[19]), der nichts zu tun hat mit morbiden, reaktionären Kriegs- und Gewaltphantasien. Vielmehr geht es um die geschärfte Wahrnehmung der sozialen Macht- und Kräfteverhältnisse im Hinblick auf die Freisetzung der in ihnen stumm tobenden Konflikte und Widersprüche. Müller nimmt damit eine entschiedene Gegenposition zu dem ein, was seit den späten 1970er Jahren unter den Titeln »Posthistoire« und »Postmoderne« propagiert wurde und realiter nichts anderes hieß als: *business as usual*, Durchsetzung der Logik des Kapitals im gesamten Universum.

Anmerkungen

1 Vgl. Karin Priester, »Die Aufklärung, der Humanismus und Heiner Müller«, in: *Gewerkschaftliche Monatshefte* 47/4 (1996), S. 230.

2 Wolf Biermann, »Die Müller-Maschine«, in: *Der Spiegel* 2/1996, S. 159.

3 Vgl. Richard Herzinger, *Masken der Lebensrevolution. Vitalistische Zivilisations- und Humanismuskritik in Texten Heiner Müllers*, München: Wilhelm Fink 1992.

4 Vgl. Sabine Pamperrien, *Ideologische Konstanten – ästhetische Variablen. Zur Rezeption des Werks von Heiner Müller*, Frankfurt am Main: Peter Lang 2003.

5 W. I. Lenin, »Das Militärprogramm der proletarischen Revolution«, in: *Werke*, Band 23: *August 1916-März 1917*, herausgegeben vom Institut für Marxismus-Leninismus beim ZK der KPdSU, ins Deutsche übertragen nach der vierten russischen Ausgabe. Die deutsche Ausgabe wird vom Institut für Marxismus-Leninismus beim Zentralkomitee der SED besorgt, Berlin [Ost]: Dietz 1970, S. 72-83.

6 Karl Marx, Friedrich Engels, *Das Manifest der Kommunistischen Partei*, in: *Werke*, Band 4, herausgegeben vom Institut für Marxismus-Leninismus beim ZK der SED, Berlin [Ost]: Dietz 1972, S. 462.

7 Vgl. Walter Benjamin, »Der Sürrealismus. Die letzte Momentaufnahme der europäischen Intelligenz«, in: *Angelus Novus. Ausgewählte Schriften*, Band 2, herausgegeben von Siegfried Unseld, Frankfurt am Main: Suhrkamp 1966, S. 214.

8 Georg Büchner, »Brief an Karl Gutzkow«, in: *Schriften, Briefe, Dokumente*, herausgegeben von Henri Poschmann unter Mitarbeit von Rosemarie Poschmann, Frankfurt am Main: Deutscher Klassiker Verlag 2006, S. 440.

9 Vgl. ders., *Über den Begriff der Geschichte*, in: *Werke und Nachlaß. Kritische Gesamtausgabe*, Band 19, herausgegeben von Gérard Raulet, Berlin 2010, S. 89 [These XI].

10 Joseph von Eichendorff, »Zwielicht«, in: *Sämtliche Gedichte und Versepen*, herausgegeben von Hartwig Schulz, Frankfurt am Main: Insel 2006, S. 146.

11 Vgl. Bertolt Brecht, *Das Badener Lehrstück vom Einverständnis*, in: *Werke. Große kommentierte Berliner und Frankfurter Ausgabe*, herausgegeben von Werner Hecht, Jan Knopf, Werner Mittenzwei und Klaus-Detlef Müller, Band 3: *Stücke 3*, bearbeitet von Manfred Nössig, Berlin [Ost] und Weimar/Frankfurt am Main: Aufbau/Suhrkamp 1988, S. 45 f.

12 Lenin, »Militärprogramm«, S. 75-77.

13 Louis Althusser, *Solitude de Machiavel*, Paris: PUF 1993, S. 319. (Aus dem Französischen von C. P.)

14 Karl Marx, *Das Kapital. Kritik der politischen Ökonomie*, Erster Band, in: ders., Friedrich Engels, *Werke*, Band 23, herausgegeben vom Institut für Marxismus-Leninismus beim ZK der SED, Berlin [Ost] 1976, S. 742.

15 Ebd., S. 743.

16 Heiner Müller, »Der Schrecken die erste Erscheinung des Neuen. Zu einer Diskussion über Postmodernismus in New York«, in: *Werke*, Band 8: *Schriften*, herausgegeben von Frank Hörnigk in Zusammenarbeit mit der Stiftung Archiv der Akademie der Künste, Berlin, redaktionelle Mitarbeit: Kristin Schulz, Frankfurt am Main: Suhrkamp 2005, S. 210.

17 Zur kategorialen Unterscheidung von kriegerischer und staatlicher Ordnung vgl. Gilles Deleuze, Félix Guattari, *Kapitalismus und Schizophrenie. Tausend Plateaus,* aus dem Französischen übersetzt von Gabriele Ricke und Ronald Vouillé, Berlin: Merve 1992, S. 482-585. Der Ausgangspunkt der Analyse des »Krieges«, die Deleuze und Guattari vorgelegt haben, besteht im »Axiom«: »Die Kriegsmaschine ist dem Staat äußerlich.« (S. 482), »Der Staat hat keine Kriegsmaschine. Er eignet sie sich nur in Form einer militärischen Organisation an.« (S. 486).

18 Michel Foucault, *»Il faut défendre la société«. Cours au Collège de France. 1976*, Paris: EHESS / Gallimard / Seuil 1997, S. 43 (Aus dem Französischen von C. P.).

19 Zum Begriff des »Kriegs ohne Schlacht« vgl. Gilles Deleuze, *Unterhandlungen. 1972-1990*, aus dem Französischen von Gustav Roßler, Frankfurt am Main: Suhrkamp 1993, S. 7.

Texte

BERICHT VOM ANFANG

1
Vom Pfennig lebend haben sie gekämpft
wie um ihr Leben um den Pfennig. So
hat sies gelehrt die Welt, in der für sie nur
Platz war ganz unten.
                                        Als die Spitze abbrach
viel noch erschlagend ringsum, Trümmer streuend auf
                                                                                                    die
nicht Mitgefallnen, kam was unten war
nach oben stolpernd übern Trümmerberg langsam.

2
Zwar war der Pfennig nun gemeinsam, aber
was für ein karger Pfennig! Zwar das Brot
gehörte allen, aber sättigte keinen.

3
Das hieß: Kampf für den Pfennig anstatt um ihn.
Ein Heutewenig für ein Morgenviel.

4
Zwar war das Ziel erreicht. Doch zugeschüttet
vom Trümmerberg. Und Stein bleibt Stein, schwer zu
                                                                                          bewegen.

5
Da waren die Geduldigen ungeduldig.
Da waren nach durchwachter Nacht früh müde
die Unermüdlichen …
Die lange kämpften sahn den Sieg nicht
vor Schweiß der brannte wie die Träne vorher.

Die Überlebenden aus großen Kriegen
um den Platz am Tisch, Frieden und Schuhwerk
den Sieg in Händen, aber noch nicht in der Tasche
fanden, was da zu tun war, schwierig.

6

Zwar sprach da eine Stimme von vorn her
zu ihnen: ihr Geduldigen, habt Geduld!
Ihr Unermüdlichen, seid unermüdlich!
Kämpft weiter, ihr Siegreichen …
Zwar sie gingen
den Weg, bezeichnet von der Stimme, denn
da war kein besserer, aber sie wußten
Nicht, daß da ihre eigne Stimme sprach.

7

Doch waren ihre Hände klüger als
ihr Kopf war, und sie taten was zu tun blieb.
Den Baustein schmähend bauten sie die Häuser
den Schritt verfluchend gingen sie den Weg
sehend die Wolke, nicht den Himmel drüber
und nicht die Straße, nur der Straße Staub.

8

Noch als das Haus schon stand, gebaut für sie
von ihnen, wußten sie nicht, was da
gebaut war. In die Türe tretend noch
blickten sie hinter sich, fragend: warum
verjagt uns keiner? Es gehört wohl keinem?

9

Die in der Kunst des Nehmens nicht
Geübten nahmen da das ihre in
Besitz nur zögernd. Die solang Bestohlnen
verdächtigten sich da des Diebstahls selber.

10

Immer vor ihnen aber war die Stimme
die sprach zu ihnen: Es genügt nicht! Bleibt
nicht stehn! Wer stehn bleibt fällt! Geht weiter! So
im Immerweitergehn folgend der Stimme
wurde das Schwierige einfach
wurde das Unerreichbare erreicht.
Und überm Immerweitergehn erkannten
sie: die da sprach war ihre eigne Stimme.

[vermutlich Anfang der 1950er Jahre]

Der Bankrott des großen Sargverkäufers

Der Große Sargverkäufer ist bankrott. Jahrzehnte hat sein Geschäft geblüht. Dichter haben ihn besungen. Büstenhalter Zigarettensorten wurden nach ihm benannt. Wo sein Name genannt worden ist, ist er mit Furcht genannt worden. Unter Ziffern hat man seinen Namen genannt. Jahrzehntelang hat er einen Stab von Mördern unterhalten, auserlesene Leute, ganze Männer, mit allen Hunden gehetzt. Er hat sie standesgemäß einkleiden, verpflegen, sich fachlich vervollkommnen lassen. Sie haben die Märkte erschlossen, immer neue Märkte, den Absatz gesichert. An diesem Morgen unter einem Himmel von kühlem Blau liegen die Schaufenster leer. Nur ein größeres Pappschild schaukelt an dünnem Faden: HEUTE LETZTER TAG! JEDER KUNDE EIN GESCHENK! Auch der Verkaufsraum leer, wie ausgefegt, in einem harten Licht gebadet. Bei geschlossener Ladentür ist der schneidende Wind von der Straße her zu spüren. Eine Wanduhr, letztes verbliebenes Möbelstück, zerschneidet den Raum mit ihrem spitzen Ticken, wie ein winziges Insekt, hinter Glas gefangen, immer wieder vergeblich gegen die unsichtbare Wand seines Gefängnisses anfliegend, nicht begreifend. An den kahlen Wänden lehnen die Verkäufer, schweigend, zum letzten Mal in Erwartung der Kunden. Der Große Sargverkäufer ist bankrott. Seine Arbeiter haben ihn verlassen, nachdem das Glück ihn verlassen hat. Er hat die Löhne nicht mehr zahlen können. An Särgen ist kein Bedarf mehr. Seine Mörder werden gemordet. Das Volk ist bewaffnet, viele der Besten sind tot. Seine Verdienste werden nicht anerkannt, wer fürchtet ihn noch. Der Pöbel will leben, unwissend, wie lebensnotwendig das Sterben der Vielen für die Wenigen ist. Er gehört zu den Wenigen, wie soll er leben, wo niemand sterben will. So sitzt er im Hinterzimmer auf dem Rest seines Reichtums, einem knarrenden Ledersessel, aus dem die Füllung quillt, die Sprungfedern herausstehn, inmitten seiner treuen Mörder. Seine traurigen Augen schweifen in den angrenzenden Lagerraum, über die dicken Stapel der Bretter, die zu Särgen gefügt sein wollen. Er spürt ihren stummen gestapelten Schmerz, eine Anklage. Er denkt an Selbstmord. Er weint wie ein Tier, ein dicker schluchzender Mann auf knarrendem Ledersessel. In seinen schlaffen Händen hält er die Drähte, mit denen er seine Verkäufer gelenkt und gehalten hat. Jahrzehntelang waren die Drähte unsichtbar. Heute, am Tag seines Niedergangs, bleibt nichts verborgen. Sein Aufstieg aus dem Verborgnen geschah im Verborgnen, sein Glanz war anonym. Sein Sterben ist öffentlich, gestorben wird unter den Augen der Straße. Die Verkäufer könnten sich befreien. Sie brauchten nur die Livreen abzustreifen, an denen die Drähte befestigt sind. Was hält sie? Die Treue?

Die Hoffnung auf den Schlußverkauf? Oder sind die Livreen mit ihnen verwachsen, sie mit den Livreen? Oder führt der Draht durch den dünnen Stoff tiefer, tief ins Innerste, bis ans Herz hinan? Oder in den Magen? Die Leute der Straße haben sich, seit früh sechs, vor den großen und leeren Schaufenstern gesammelt, die Kinder, staunend über die ihnen unbegreifliche Veränderung die schönen lackierten schmuckreichen Särge vermissend, traurig fast, die Alten gekleidet wie zu einem Fest, eine bedrohliche Freude im Blick, überraschenderweise aber nicht überrascht, blicken auf die Leere des Niedergangs wie auf etwas Erwartetes, das kommen mußte. So, als wollten sie sagen: es ist erreicht, wir haben es erreicht.

Eine Gruppe von Straßenmädchen steht abseits, traurig verwirrt, zusammengedrängt wie Geflügel im Sturm. Es sind die Beischläferinnen der Mörder. Sie haben die Fahne getragen. Schlag acht werden die Scheiben zertrümmert. Die Verkäufer zittern. Das Volk sprengt die hastig verriegelte Tür. Der Sargverkäufer, der Große Dicke Schluchzende, vergißt, aus Todesangst, sich zu töten. Seine Garde plant Verrat. Das Volk füllt den Raum, vieltausendköpfig. Dieser Raum, der den wenigen zu schmal war, so daß sie Mörder ausschickten, Eroberer, um neue Räume zu erobern, gewährt den Tausenden Platz, ohne daß eine Wand zurückweicht. Hoffnung des Sargverkäufers: diese Leute sind arm, also dumm: Es sind Kunden. Er strafft sich. Er wittert das große Geschäft seines Lebens. Er fällt auf die Beine, er fällt nicht. Spinnenhaft hurtig bewegt er die Drähte, an denen seine Verkäufer befestigt sind. Er schreit: Tempo Tempo. Die Verkäufer, zappelnd vor dem Volk, stammeln: Prima Bretter, billig wie noch nie. Sie kaufen billig... Doch sie werden nicht verstanden, niemand versteht sie, sie verstehen niemanden. Sie hören Gemurmel, unverständlich, ein grausamer Gott hat die Sprachen verwirrt. Sie schreien. Sie verstehn nur eines: niemand ist gekommen, um zu kaufen. Das Volk lacht.

Finstere Männer, unrasiert, zerschneiden die Drähte. Die Verkäufer bewegen sich nicht mehr. Die zerschnittenen Drähte schleifen am Boden. Die Verkäufer werden an die Wand gelehnt. Da stehen sie, mit verglasten Augen, aufrecht, steif, gestorbene Puppen.

Die Menge strömt ins Hinterzimmer, in den Lagerraum. Einer der Verkäufer, angerempelt, wankt, kippt um. Ein hölzerner Aufprall auf den Steinfliesen, die Bewegung erfaßt alle übrigen. Alle Verkäufer wanken, alle Verkäufer kippen um. Ein hölzerner Aufprall. In einer Ecke werden sie übereinander gepackt, ein Stapel Verkäufer bis unter die Decke.

Der Große Sargverkäufer, in den Sessel gedrückt, sitzt ganz still. Nur die Hände flattern. Sie halten die am Erdboden schleifenden nutzlosen Drähte. Vielleicht, daß er übersehen wird, er hat Hoffnung. Er hat einen Wunsch, nur diesen noch: einmal noch, ein letztes Mal die Hand auf das Holz legen dürfen, das seine Särge berühmt gemacht hat unter den Särgen. Oh Früchte meines Fleißes! Er sieht die Menge sein Besitztum überschwemmen, sieht die rohen ungepflegten Hände auf den edlen Hölzern. Sie werden Möbel daraus herstellen. Tische, darauf die Nichtswürdigen Wurst essen werden (er ist Vegetarier), Betten, die sie knarren machen werden (er ist Onanist). Vielleicht übersehen sie ihn, er hat Hoffnung. Doch da werden ihm die Drähte aus der Hand genommen. Ein höflicher (ernster) Mann prüft (mißt) seinen Hals, formt eine Schlinge, jede Bewegung seiner bedächtigen Hände wird von der

Menge aufmerksam verfolgt wie eine ernste Arbeit, die mit Sorgfalt verrichtet sein will, ein zweiter öffnet die Schiebetür zum Schaufenster, hier hängt noch das Pappschild. Auf der Rückseite trägt es den Text: ZAHLLOSE DANKSCHREIBEN DANKBARER KUNDEN. STERBEN SIE GETROST, ES LOHNT SICH ZU STERBEN, UM IN DEN VOLLEN GENUSS DER EINZIGARTIGEN VORZÜGE DER SÄRGE VON (folgt die Firmenbezeichnung) ZU KOMMEN, SIE RUHEN PREISWERT, REPRÄSENTATIV, BEQUEM. Das Schild wird entfernt, der Draht an dem Haken befestigt. Das Opfer wird in das Fenster geführt. Es läßt sich führen, von der Selbstverständlichkeit des Vorgangs gelähmt. Es wird in die Schlinge gehoben, sie zieht sich zu. Es hängt. Ein kurzes Gezappel, sanftes Schaukeln. Die Menge zerstreut sich in den Lagerraum. Daß der Henker hängt, ist selbstverständlich. Eine schnell gebildete Kette entlang werden die Bretter von Händen zu Händen auf die Straße gereicht.

Die Mörder, zwecklos herumstehend, können sich, angesichts der Plünderung, nicht enthalten, auf ihre Weise, jeder für sich, mitzutun. Doch geraten sie in Streit, beschuldigen einander, schlagen sich um die Anteile. Befremdet sieht es die Menge, lächelnd erst, schließlich unwillig. Da es nicht gelingt, die Kämpfenden, Ineinanderverbissnen, zu trennen, werden sie in ein angrenzendes Gelaß gesperrt, einen dunklen Raum ohne Fenster, eine Weile hört man sie noch ihren Beruf ausüben, Schreien, Gurgeln, dumpfen Schlachtlärm. Die Sache endet in einem schrillen Doppelschrei.

Die Arbeit ist unterdessen weitergegangen. Das Volk ist jetzt heiter, sogar ausgelassen, es ist unter sich. Das Lager ist leer bis auf den einen Stapel Holz für die Särge, die heute nötig geworden sind und den Abfall beherbergen werden.

Es ist Mittag.

In der zerbombten Stadt sahen wir seinen Jahrmarkt, der, wie uns gesagt wurde, in allen von ihm zerbombten und jetzt ausgehaltenen Städten in der gleichen Form besteht. Die gleiche Fahne überall über dem Tor, die Fahne der Prostitution, bestickt mit den Buchstaben UNO. Das gleiche große nachts illuminierte Plakat mit dem Text JUG. K. A. STR. (Jugendliche Kommunisten Arbeitslose Streikende?) ZAHLEN HALBEN PREIS. Die gleichen Attraktionen: Liebespaare nackt in gläsernen Schaukästen, sich begattend gegen Stundenlohn, angefeuert vom Orchester, unter den Augen eines lächelnden elegant gekleideten Publikums. Sie zeigen sich nackt, um sich, so sagen sie, kleiden zu können. Masken sind erlaubt, werden aber vom Lohn abgezogen, daher selten gebraucht. Bei Erschöpfung wird abgelöst. Bei Kälte sind die Schaukästen geheizt …

Die heroische Fruchtbarkeit seiner Mütter sichert Europas Bestand. Hier werden Gebärende gezeigt: komplette Geburtsakte. Schreie. Schmerzen. Aus den Hospitälern rollt der Nachschub. In die spitzen Schreie knattert der Applaus …

Die Hinterbliebenen, Witwen und Waisen der Kriege, die er in fernen Landstrichen und Dschungeln zu seiner Verteidigung zu führen gezwungen ist. Mit geröteten Augen, frischen Tränenspuren, viele noch weinend, zeigen sie sich für Geld dem Volk. Die reichlich gespendeten Trinkgelder ersetzen, sagt man, die Witwen- und Waisenpensionen. Auch ist die milde Gabe, mit fühlendem Herzen gespendet, den Verwaisten angenehmer als eine kalte Pension. Übrigens wird nur der frische Schmerz ausgestellt. An Nachschub ist kein Mangel...

Angst vor dem Neuen. Das Haus brennt. Der Bewohner möchte ins Freie, sieht aber: Es regnet, und ein Regenschirm darf nicht mitgenommen werden, das verbietet der Fremde unter der offenen Haustür. Es gibt eine Hintertür, aber nicht für ihn, das Feuer verlegt den Weg. Sie ist unerreichbar.

Hinter sich das Feuer, vor sich der Regen, den er nicht kennt, weil er ihn unter dem Regenschirm nie gespürt hat, entscheidet er sich für das Feuer.

OBWOHL DIE SCHAUSTELLUNG SEIT JAHREN LÄUFT, FINDET SIE IMMER NOCH BESUCHER. ALLERDINGS WIRD SIE LAUFEND VERBESSERT. ABER AUCH DAS GETÜMMEL IN DEN STRASSEN DER VORSTÄDTE GEWINNT MIT DEN JAHREN AN ZAHL UND BEDROHLICHKEIT. DAS PLAKAT AM PORTAL BESAGT, DASS KINDERN, KOMMUNISTEN UND ARBEITSLOSEN NUR DER HALBE PREIS ABVERLANGT WIRD. DOCH DIESEN MENSCHEN FEHLT DER ZUG ZUM HÖHEREN. SIE NEHMEN DIE GÜNSTIGE GELEGENHEIT NICHT WAHR. STATT DESSEN VERSAMMELN SIE SICH IN DER VORSTADT ZU IMMER GRÖSSEREN BEDROHLICHEN HAUFEN. NUR DIE KINDER MACHEN REGEN GEBRAUCH DAVON. SIE SIND BILDUNGSFÄHIG. ÜBER DEM PORTAL WEHT – NOCH IMMER – DIE FAHNE DER PROSTITUTON, MIT DEN BUCHSTABEN UNO. BESTICKT. IN DEN

ELEKTRISCHEN SÄLEN, IN DEN TANZPAUSEN, WENN DAS ORCHESTER SCHWEIGT, LAUSCHEN GESCHMINKTE GESPENSTER DEN ROLLENDEN TROMMELN DES AUFRUHRS.

[1951]

Parabeln

Mea culpa, sagte der Pazifist, als ein neuer Krieg ausbrach, und wollte den Kopf auf die Schienen legen, da gerade ein Zug herannahte. Vorübergehende, ihn zurückhaltend, befragten ihn: Bist du lebensmüde? wollte eine Dame wissen. Was hast du getan? erkundigte sich ein Philosoph. Nichts, war die Antwort, und eben darum... Und er riß sich los und legte den Kopf auf die Schienen, und der Zug fuhr den Kopf ab. Das ist auch nichts, sagte eine Frau, die mit zerrissenen Kleidern und einer Wunde am Kopf von einer Demonstration kam, die auseinandergejagt worden war, weil zu wenige sich beteiligt hatten.

Es hatte gegen den Krieg demonstriert werden sollen.

*

Zwei Männer wanderten in der Schneewüste. Da war eine Gletscherspalte, und der erste ging darauf zu, denn er war, von der langen Schneewanderung, schneeblind geworden. Der zweite, der eine Schneebrille trug, sah die Gefahr und warnte den Nichtsahnenden. Dieser, mißtrauisch, dachte, mich fängst du nicht, mich lockst du nicht in eine Gletscherspalte... und ging den falschen Weg weiter, auf die tödliche Spalte zu. Aber der zweite war freundlich und boxte ihn und trat ihn in die Seite, bis er den richtigen

Weg einschlug. Ich weiche der Gewalt, sagte der Getretene.

[1951]

RÄTSEL

Dein Bauch ist ein voller Bauch
Meiner ist ein leerer.
Leerer oder voller Bauch –
Welcher wiegt wohl schwerer?

[vermutlich Anfang der 1950er Jahre]

BALLADE VOM STREIKBRECHER

Mein Mutter der mich schlacht
Mein Vater der mich aß
Mein Schwester der Marlenichen
Sucht alle meine Benichen…

Und als es hieß: Ihr braucht Granaten
Machten die Arbeiter Streik. Das hieß: Nein.
Früh saß mein Vater vor der leeren Brotlade.
Er sagte: Ich will kein Verräter sein.
Meine Mutter wies auf mich: Willst du den verraten?

Es sagten mir meine Spielkameraden
Daß ich der Sohn von einem Verräter sei.
Ich sah ihre Hemden, die hatten Flicken
Und ich sah mein Hemd, das war neu.
Da sagte ich: Mich hat er nicht verraten.

Und ich lachte über meine Spielkameraden.
Aber lange habe ich nicht gelacht.
Grau waren die Hemden, die sie uns anzogen
Und sehr schlimm war die Schlacht.
Da fragte ich: Hat mich mein Vater verraten?

Und ich fragte meine Kriegskameraden:
Merkt ihr, daß uns wer verraten hat?
Das war, als ich in die Grube fiel, die
Mein Vater mir gegraben hat.
Wer, fragten die übrigblieben: Wer hat uns verraten?

[vermutlich 1953/54]

BUNTSCHUK
(nach Scholochow)

Leg den Revolver weg. Deine Frau
Wartet mit allem, was du liebst. Drei Bauern
Hast du heute erschossen, Feinde mit
Händen schwielig von Schwerarbeit. In
Unwissenheit gehalten von deinem und ihrem
Todfeind haben sie für Brot die Schienen
Aufgerissen vor dem Panzerzug.
WENN IHR KEINEN MEHR TÖTEN MÜSST, EHRT AUCH
DIE EURESGLEICHEN TÖTETEN FÜR EUCH.
Leg den Revolver weg. Deine Frau
Wartet mit allem, was du liebst. Warum
Versagt dein Fleisch? Du hast nicht versagt.

[vermutlich 1956]

HEROISCHE LANDSCHAFT
VARIATION AUF EIN THEMA
VON MAO TSE TUNG
Der siebenfarbige Hügel
Gepflügt mit Kugeln mit Leichen bedeckt
Ist schön wie vor der Schlacht

In den Kriegen die kommen werden
Erbleichen wird der siebenfarbige Hügel

[Ende 1950er/Anfang 60er Jahre]

FRAGEN FÜR LEHRER

In unseren Schulen lernen die Kinder
Den Fluß deklinieren und regulieren zugleich,
In unsern Fabriken lernen sie Ökonomie,
An Drehbank und Wandtafel das ABC
Des Kommunismus und das Einmaleins
Der Automaten. Die Worte haben Gewicht,
Stoff, aus dem die Taten gemacht werden,
Der Gedanke hat Folgen, das Ungefähre
Ist das Gefährliche in den neuen Bereichen,
Wo ein Kopf nicht ausreicht, zehn Köpfe nicht
Ohne die Arbeit ihrer Erfindungen.

Die Kinder der Generation, die den Kapitalismus
Ins Museum verwiesen hat, werden
Maschinen baun, die ganze Fabriken herstellen.

Der die neuen Maschinen beherrschen soll
Muß genau wissen, was eine Maschine ist.

Viel wird verlangt von der Jugend, zu viel,
Sagt der Lehrer, der zuwenig gelernt hat.
(Tausend Jahre lang galt für ausgemacht,
Vögel und Engel können fliegen, der Mensch
kann nicht fliegen, außer er ist ein Engel.
Wir sind keine Vögel, wir sind keine Engel, wir fliegen.)
Der gute Lehrer macht sich überflüssig.
Was er allein weiß, weiß er nicht.

Warum schläft ein Schüler auf der Schulbank?
Hat er keine Lust auf ein leichteres Leben
Durch Mathematik, wer verschweigt ihm,
Daß die Mathematik sein Leben erleichtert?

In unserem Land des täglichen Aufbaus
Wachsen die Kinder schnell: ihre Hände sind frei
Von den Fesseln, die wir getragen haben.
Ein ›Ausbeuter‹, wer ihnen die Arbeit abnimmt!
Ihre Gehirne sind leer von dem Ballast
Aus der Schule der Ausbeuter. Stopft sie nicht voll jetzt
Mit neuem Ballast: ein Kopf ist kein Aktenschrank,
Der Mensch ist kein Fragebogen, den man einfach
ausfüllt.
Er ist die Frage, die sich selber beantworten muß.
Das Fahrrad muß nicht noch einmal erfunden werden,
An der Geschichte der Kriege lehrt, was
Den Krieg abschaffen hilft. Die Schule ist kein Museum,
Das Leben überholt die Lehrbücher;

Der Mensch ist kein Lexikon: er gebraucht es;
Er ist keine Maschine: sie arbeitet für ihn.

Der gute Lehrer sagt mehr, als der Schüler begreift,
Wissend: Das Leben, der größere Lehrer, wird
Seine Arbeit fortsetzen, wenn sie gut war.
Ein Motorrad fahren lernt man nicht auf dem Dreirad.
Einen Staat leiten lernt man nicht im Sprechchor.
Vergeßt nicht, wenn ihr die Staatsbürger von morgen
erzieht,
Was für ein Staat unser Staat ist: erzieht Staatsmänner.
(Gibt es Staatsfrauen? Haben die Frauen
In unserer Sprache kein Bürgerrecht? Arbeit für
Dichter.)

Die Fragen, die ihr das Leben stellt,
Stellt die Jugend dir, Lehrer, Betriebsleiter, Parteisekretär.
Dein Schweigen ist keine Antwort, deine Ausreden
Schaffen die Fragen nicht aus der Welt.
Allein gelassen mit ihren Fragen, ist sie allein,
Mit den Lügen der Feinde an Radio und Bildschirm,
Und jede Minute ist da eine Minute zuviel.

Warum schweigt der Klassenleiter
Über den Lärm seiner Schulklasse im Unterricht?
Warum streut der Schulleiter dem Schulinspektor
Sand in die Augen mit guten Beispielen
Wie werden die schlechten Schulen verbessert, Genosse
Lemnitz?

[vermutlich 1963]

Lenin-Lied

Immer vor uns seine Stimme
Lenins lebendiges Wort
Seine Arbeit, wir führen
Hier und heute sie fort:
    Das alte Spiel ist ausgespielt
    Rote Armeen, ein Schwert ein Schild
    Sie schützen unsre Macht.

Immer vor uns seine Stimme …
    Kein Mensch ist eines andern Knecht
    Das Recht ist Pflicht und Pflicht ist Recht
    In unsrer Republik.

Immer vor uns seine Stimme …
    Verdoppelt eins des andern Kraft
    Arbeitermacht und Wissenschaft
    Wird morgen heute schon.

Immer vor uns seine Stimme …
    Es wächst sein Werk, die Sowjetmacht
    Es wächst in jeder Klassenschlacht
    Die Einheit der Partei.

Immer vor uns seine Stimme …
    Die Welt war alt, die Zeit war lang.
    Seit Lenin gehn sie unsern Gang
    Im Schritt der Revolution.

[vermutlich 1969/1970]

Zwischen den Schlachten gegen mich

ZWISCHEN DEN SCHLACHTEN GEGEN MICH
[D]ie meine Arbeiten sind
(Waffengattung und Kampfweise wechseln)
(Einer von uns gewinnt immer, meistens
Ist es der Andere)
Liegt eine tote Zeit, skandiert mit
Fütterung Beischlaf Drogen Geschwätz: das Leben.
Es ist zu lang, die Wunden
Schließen sich zu schnell.

[vermutlich zwischen 1977 und 1979]

Diskussionsbeitrag auf der Berliner Begegnung vom 13. und 14. Dezember 1981

Ich möchte ein Unbehagen aussprechen und eine Frage stellen, auf die ich keine Antwort weiß.

Wenn wir vom Frieden in Europa reden, reden wir von einem Frieden im Krieg. Krieg auf mindestens drei Kontinenten. Der Frieden in Europa ist nie etwas anderes gewesen. So wie der Faschismus eine weißglühende Episode in dem vielhundertjährigen kapitalistischen Weltkrieg war, ein geographischer Lapsus, Genozid in Europa statt, was die Norm war und ist, in Südamerika, Afrika, Asien.

Wir reden aneinander vorbei, wenn wir auf der Ebene der Macht miteinander reden. Wir reden aneinander vorbei, wenn wir unsere Differenzen zudecken, statt sie zu formulieren. Wenn wir über die gleichen Waffen reden, reden wir über die gleichen und über verschiedene Dinge.

Rüstung in der kapitalistischen Welt erhält und schafft Arbeitsplätze. Das Gegenteil muß noch bewiesen werden. Rüstung in unserer Welt senkt nicht nur das materielle Lebensniveau. Das beweist sich in unserem Alltag. Auch die Friedensbewegung, wenn sie sich als blauäugige Einheit versteht, wiederholt das Trauerspiel der Kinderkreuzzüge.

Hinter der Frage Krieg oder Frieden steht mit der nuklearen Drohung die schrecklichere Frage, ob noch ein andrer Frieden denkbar ist als der Frieden der Ausbeutung und der Korruption. Der Alptraum, daß die Alternative Sozialismus oder Barbarei abgelöst wird durch die Alternative Untergang oder Barbarei. Das Ende der Menschheit als Preis für das Überleben des Planeten. Eine negative Friedensutopie. Ich hätte gern, daß auch davon gesprochen wird. Ich möchte noch nicht glauben, daß in dieser Lage Subversion mehr kann als Diskussion. Ich rede nicht von der Subversion der Kunst, die notwendig ist, um die Wirklichkeit unmöglich zu machen.

Ich glaube an Konflikt. Sonst glaube ich an nichts

LOTRINGER Es gibt keinen Fortschrittsglauben mehr?

MÜLLER Im Westen kann es keinen Fortschritt geben. Die Frage ist einfach, wie man bewahrt und nicht verliert, was man hat. Das ist die einzige Arbeit des Westens.

LOTRINGER Das ist der Nullpunkt der Geschichte. Vielleicht ist es uns endlich gelungen, die Geschichte loszuwerden. Meinen Sie, daß die dritte Welt sich noch in einer bestimmten Richtung entwickeln muß? Nimmt sie noch am Klassenkampf teil und an dem Kampf – wovon Sie gerade sprachen – um Chancengleichheit? Jean Baudrillard spricht vom Ende der Politik oder vom Ende der Geschichte. Finden Sie diese Idee zutreffend? Können Sie damit etwas anfangen?

MÜLLER Ja. Ich finde sie sehr interessant, obwohl sie nur französische Theorie ist. Sie betrifft nur einen Aspekt des Problems. Michel Foucault hat geschrieben, das Hauptthema oder die Hauptarbeit des europäischen Denkens seit dem 18. Jahrhundert war die Frage der Revolution. Jetzt, sagt er, stellt sich eine neue Frage: Welche Revolution ist welchen Preis wert?

LOTRINGER Ist Revolution etwas, was wir uns noch wünschen können?

MÜLLER Ja. Das ist freilich eine sehr privilegierte Frage. Sie wird von einem sehr privilegierten Standpunkt, von einer sehr privilegierten Position aus gefragt. Man kann sich diese Frage nicht leisten, wenn man nichts zu essen hat.

[...]

LOTRINGER Unschuld ist auch nicht eine sehr gute Position. Die Schuld des Mörders ist der Tat angemessen. Glauben Sie, Deutschland spielt nun die Rolle des Unschuldigen?

MÜLLER Das ist vielleicht ein zu idealistischer Gesichtspunkt. In den Zwanzigern fand einer heraus, daß Abfälle bei der Stahlproduktion für andere Industrien verwendet werden konnten. Es wurden also mehrere Stufen der Stahlproduktion an Kokereien angegliedert usw. Das konnte ökonomisch aber nur ab einem bestimmten Produktionsvolumen funktionieren. Als die Krise die Produktion verringerte, wurde der Krieg eine Notwendigkeit. Der Wendepunkt der deutschen präfaschistischen Geschichte kam 1932. Die Manager der deutschen Konzerne trafen sich in Düsseldorf, und Hitler hielt seine berühmte Rede, die eigentlich eine marxistische Rede war. Er erklärte, der Lebensstandard der weißen Rasse könne nur verbessert werden, wenn der Lebensstandard der anderen Rassen gesenkt wird. Er sagte, man kann diese Stellung nicht allein mit ökonomischen Mitteln halten. Man braucht auch militärische Mittel. Sie verstanden diese Sprache, und er bekam das Geld, das er für den Krieg brauchte. Das war das letzte Bollwerk gegen den Sozialismus.

[1982]

Was gebraucht wird: mehr Utopie, mehr Phantasie und mehr Freiräume für Phantasie

DIETZEL [...] Aber wenn ich bei der Berliner Begegnung bleiben darf: Sie hatten da eine Bemerkung gemacht, die mich zunächst erschreckte, Sie sagten, daß die Alternative Sozialismus oder Barbarei dabei sei, ersetzt zu werden durch eine andere, eigentlich noch schrecklichere: Barbarei oder Untergang. Unter Barbarei wäre also ein Kompromiß zu verstehen, der die Existenz der Menschheit nur unter barbarischen Umständen erlaubt. Trotzdem sind wir doch wohl jetzt in einer Phase, in der es wirklich vielleicht mehr um die Alternative geht: Krieg oder Frieden.

MÜLLER Wobei mir das eben zu abstrakt ist. Wenn man vom Frieden redet, redet man vom Frieden in Europa. Frieden auf der Ost-West-Achse, Krieg auf der Nord-Süd-Achse, das ist die Situation. Es hat noch nie eine Friedenszeit gegeben in der Welt. Frieden in Europa schafft kein Problem aus der Welt, die Probleme der Welt schlagen zurück auf den Frieden in Europa. Die Kriege in Mittel- und Lateinamerika, und in Afrika, in Asien werden ja nicht nur mit militärischen Mitteln geführt.

DIETZEL Aber diese Kriege sind territorial begrenzte. Ich will damit nicht ihren barbarischen Charakter bemänteln, aber jeder weiß, wenn der Krieg in Europa ausbrechen würde, wäre es kein territorialer, sondern ein Weltkrieg. Und wahrscheinlich mit atomaren Waffen. Eine atomwaffenlose Sowjetunion würde dabei den Krieg nicht verhindern, sondern die militärische Liquidation des Sozialismus herausfordern. Auf jeden Fall hätte der Krieg in Europa eine andere Qualität – oder meinen Sie nicht?

MÜLLER Ja sicher, aber die Guerilla hat keine andere Möglichkeit als den Krieg, man kann ihr in Mittelamerika z. B. den Krieg nicht verbieten.

DIETZEL Nein. Aber wer macht das?

MÜLLER Die Vereinfachung: Krieg oder Frieden schließt die Gefahr des Endes der Geschichte ein. Weil diese Situation, wo Krieg für Großmächte nur noch denkbar erscheint als nuklearer Krieg, die Gefahr einschließt, daß die Ideologien ausgehöhlt, die Utopien »gegessen« werden. Das Grundgesetz von der Ungleichzeitigkeit der Entwicklung wird festgeschrieben – Afrika, die afrikanischen Nationalstaaten sind jetzt in einer Phase wie die europäischen im 18. Jahrhundert, sie werden die Zeit überhaupt nicht mehr haben bzw. ihnen wird die Zeit nicht gegeben werden, ins 20. Jahrhundert zu kommen. Geschichte wird einfach angehalten für den Frieden. Also Status quo global – nur damit der Frieden erhalten bleibt. Ich sage das »nur« mit sehr schlechtem Gewissen.

DIETZEL Aber nur wenn der Frieden erhalten wird, kommt man vom Status quo wieder runter. Nicht nur wir reden davon, daß ein friedlicher Wettbewerb der Systeme die Überlegenheit der eigenen Seite beweisen werde. Friedlicher Wettbewerb aber setzt Politik der Entspannung voraus; diese jedoch fürchtet offenbar nur die andere Seite.

MÜLLER Wir sollten die Gefahr nicht übersehen, daß man vielleicht vom Status quo gar nicht mehr runter kann.

DIETZEL Bloße Verhinderung des Krieges als ein Dauerzustand?

MÜLLER Ja. Bloße Verhinderung des Krieges wird Verhinderung von Geschichte, Verhinderung von Fortschritt – das ist die Gefahr, die ich sehe. Status quo als Festschreibung von Hunger, Unterentwicklung, Umweltproblemen, der Entwicklungshilfe gegen die Bevölkerung auf drei Kontinenten.

DIETZEL Verhinderung des Krieges als nacktes Überleben kann für uns nicht identisch sein mit Frieden. Ende der Geschichte, das ist der Krieg. Jeder sah doch, daß die Politik der Entspannung die revolutionären Bewegungen in der Welt förderte, ich denke z. B. an Vietnam, Angola, Moçambique. Auch Reagan sah das, sein Ausweg war die Rückkehr zur Konfrontation, die Verstrickung in schmutzige Kriege woanders auf der Welt eingeschlossen. Friedenspolitik erschien mir deshalb auch immer als die Voraussetzung einer Politik zur Veränderung der Welt. Ihre These, Verhinderung des Krieges gleich Verhinderung von Geschichte, ist ein Widerspruch.

MÜLLER Ja. Das ist der neue Widerspruch, glaube ich. Und der ist gegeben mit der Möglichkeit des Selbstmords der Menschheit. Das ist eine ganz neue Situation, die konkret analysiert werden muß. Sonst kommt plötzlich die Theologie als dunkler Fremder wieder durch die Hintertür. Sie ernährt sich von den ungeklärten Fragen, die man unter den Tisch kehrt.

[...]

DIETZEL Ich habe den Eindruck, daß Sie die Politisierung Ihrer Arbeiten mit einem ganz unkonventionellen Rigorismus betreiben, der natürlich dann auch die Ursache für viel Unverständnis, für viel Kritik sein mag. Sie geben sich in keinem Fall zufrieden mit Oberfläche, sondern fragen, was dahinter- und daruntersteckt. Sie interessieren sich, wie Sie sagen, nicht für die Zustände, sondern für die Prozesse, die ablaufen. Dennoch habe ich gestutzt und war ein wenig erschrocken, als ich auf den Satz stieß: »Geschichte oder Politik moralisch zu nehmen, das ist eine bürgerliche Haltung zur Geschichte.« Sie bringen dazu ein Beispiel, das Beispiel eines Juden, der nach der Aufführung der SCHLACHT in Frankfurt am Main zu Ihnen kam und erklärte, er habe durch Ihr Stück begriffen, daß auch er unter entsprechenden Gegebenheiten auf der Seite der Henker hätte stehen können. Noch ist, wie Sie sagen, der Mensch unbekannt. Aber kann ein solcher Satz, speziell und gezielt bezogen auf ein dramatisches Werk, eine Kategorie auslassen, die mit dem Begriff Schuld zu tun hat? Wird da nicht ein Determinismus in menschliche Verhaltensweisen gebracht, der vereinseitigt?

MÜLLER Zunächst mal steht die Forderung, glaube ich, gegen die moralische Interpretation von Geschichte in einem Interview mit einem Franzosen, einem französischen Korrespondenten, dessen Fragestellung eine bestimmte, natürlich polemische Richtung hatte.

DIETZEL Sie wird zitiert in Profitlichs »Über den Umgang mit Heiner Müllers PHILOKTET«, und zwar aus einem Interview des Berliner Rundfunks 1978.

MÜLLER Ach so. Da ging es um PHILOKTET. Der Anlaß war die PHILOKTET-Aufführung im Deutschen Theater. Das ist zunächst mal gebunden an diesen Anlaß, daß man mit dem Stück überhaupt nichts anfangen kann, wenn man die Haltungen der Figuren moralisch wertet. Es geht darum, daß da drei falsche Haltungen vorgeführt werden, und keine wird als richtiger bewertet als die andere. Es sind drei falsche Verhaltensweisen in einer Zwangslage. Und der Zuschauer sollte sich mit keiner der drei

Haltungen identifizieren. Das war der Ausgangspunkt dabei. Das ist vielleicht doch wichtig. Trotzdem finde ich den Satz schon diskutabel. Ich würde sicher, wenn ich ihn aufschreiben würde, nicht so simpel formulieren, weil er da mißverständlich ist. Aber ich will ein Beispiel sagen. Es gab ein Gastspiel mit der Aufführung SCHLACHT in Belgrad, bei BITEF, diesem Theaterfestival. Hinterher war eine Diskussion, ein Jugoslawe polemisierte gegen irgendwas, und dann habe ich gesagt, daß man doch auch sehen müßte, daß der deutsche Faschismus nur eine besonders blutige Episode war in dem kapitalistischen Weltkrieg, der schon vierhundert Jahre dauert. Und das Besondere daran, daß zum ersten Mal mitten in Europa etwas gemacht wurde, was in Afrika, in Asien und in Lateinamerika völlig normal war seit Jahrhunderten: die Vernichtung von Völkern, die Versklavung von Bevölkerung. Der Jugoslawe war sehr empört, er war Partisan gewesen und sagte: Für mich war das keine Episode. Für ihn war das sein ganzes Leben. Er hat recht, aber trotzdem ist es richtig, daß man das mal sehen muß in einem globalen Kontext. Und so was meine ich eigentlich. Die moralische Faschismusbewältigung, wie sie besonders in der Bundesrepublik betrieben worden ist, hat ja zu nichts geführt. Weil, man kommt überhaupt nicht auf die eigentlichen Mechanismen, auf die Struktur. Gut, man kann die Moral nicht wegwerfen, aber man kann Politik nicht machen, ohne gelegentlich moralische Kategorien außer Kraft zu setzen. So ist die Welt. Sie wird noch eine Weile so sein. Man muß dann aber wissen, was man tut. Die Verdrängung macht die Katastrophen. Die zynischsten Praktiker haben die idealsten Theorien.

[1984]

Geschichtspessimismus oder Geschichtsoptimismus, das sind nur zwei Begriffe für Geschichtsunkenntnis

WALTER HÖLLERER Weil Heiner Müller und ich die Möglichkeit hatten, vom 5. bis 8. Mai zusammen in Berlin, im anderen Teil der Stadt, uns zu unterhalten, sind wir auf die Idee gekommen, daß wir miteinander im Literarischen Colloquium das fortsetzen könnten, was wir dort angefangen haben. Ich begrüße sehr herzlich Heiner Müller. Der wird jetzt auch gleich anfangen. Er liest einen unveröffentlichten Text.

HEINER MÜLLER Es ist der dritte Teil eines Stücks mit einem unlesbaren Titel: WOLOKOLAMSKER CHAUSSEE. Dieser dritte Teil spielt in Berlin in der DDR 1953. In dem Ganzen geht es um den Weg der Panzer von Berlin nach Moskau und zurück.

DAS DUELL

Das war im Juni in dem schwarzen Monat
Im fünften Jahr der Republik Den wir
Gestrichen haben aus unserm Kalender
Für unsre Feinde wars ein Jubelmonat
Weil beinah wär es unser letztes Jahr
Gewesen und vielleicht das erste Jahr
Vom letzten Krieg Wenn uns die Panzer nicht
Zum zweitenmal wieder geboren hätten
Ich saß an meinem Schreibtisch im Büro
Im VEB OKTOBER oder FORTSCHRITT
Draußen der Volksmund FREIHEIT RUSSEN RAUS

Und SPITZBART WEG und
DEUTSCHLANDÜBERALLES
Und vor mir balancierte auf dem Stuhlrand
Mein Stellvertreter und auf meinem Schreibtisch
Lag zwischen uns das Schild von meiner Tür
Auf dem DIREKTOR und mein Name stand
Von meinem Stellvertreter demontiert
Wie eine Kriegserklärung Und ich sah
Ihn balancieren sieben Jahre her
Auf einem andern Stuhlrand zwischen uns
Kein Schreibtisch damals und kein Namensschild
Sondern ein Weltkrieg und zehn Jahre Zuchthaus
Der Regen schlug auf das Barackendach
Und seine Jacke war aus Uniformstoff
Mein Anzug Kammgarn aus Nazibeständen.
Warum könnt ihr mich nicht in Ruhe lassen
Im Leben wird aus mir kein Ingenieur
Und wenn ihr mich durch vierzig Schulen schleift
Ich bin Arbeiter laßt mich bleiben was
Ich bin. Hast du das auch gesagt als du
Die Jacke angezogen hast in Feldgrau
Die du jetzt schwarz gefärbt hast Trägst du Trauer
Du wirst studieren und wenn ich dich an
Den Haaren auf die Schulbank schleifen muß.
Und jetzt saß er vor mir mein Stellvertreter
Als Delegierter vom STREIKKOMITEE
Und leckte sich das Blut ab von den Fingern
Und zwischen uns lag seine Kriegserklärung
Das Schild von meiner Tür mit meinem Namen.
Bist du die Handarbeit nicht mehr gewöhnt
Ich dachte dafür hast du deine Leute
Wer leiten will muß delegieren können

Ziehts dich zurück in die Arbeiterklasse
Das kannst du haben aber hinter Gittern
Was für ein Komitee Was für ein Streik
Soll das ein Witz sein Willst du meinen Stuhl
Lange genug warst du mein Stellvertreter
Du wirst doch wissen wie du mir ein Bein stellst
Und auf dem Dienstweg ohne Handarbeit
Die Schreier draußen brauchst du nicht dazu
Vom Westen aufgehetzt.
                                        Du machst dirs leicht
Vom Westen aufgehetzt Die Schreier draußen
Warum sagst du nicht gleich Arbeiterpöbel.
Wer streikt hier gegen wen Wo leben wir.
Da ist das Fenster wenn dus wissen willst.
Ich sah ihn auf der Schulbank Blut und Wasser
Schwitzen im Nahkampf mit der Mathematik
Das wollte nicht hinein in seinen Schädel.
Ich schaff es nicht Ich werd das nie begreifen
Und was ich weiß vergeß ich an der Tafel
Und von der Prüfung will ich gar nicht reden
Unser Professor sagt Es ist genetisch
Der eine hat es und der andre nicht
Und Schuster bleib bei deinem Leisten sagt er
Arbeiter werden auch gebraucht Warum
Hast du mir nicht geglaubt als ich es dir
Gesagt hab Aus mir wird kein Ingenieur.
Das könnte dir so passen sagte ich
Und deinem Wie heißt dein Professor Und
Dem werd ich zeigen wo der Hammer hängt.
Und ich erkannte ihn an seiner Stimme
Die hatten dreizehn Jahre nicht verändert
Im Hörsaal Dresden Neunzehnvierunddreißig

Draußen marschierte die SA Wir hockten
Über den Formeln Dann die Unterschrift
Man hielt uns ein Papier unter die Nase
JUDEN UND KOMMUNISTEN AUS DEM
HÖRSAAL
Wer schreibt der bleibt Du hast die Mathematik
Gewählt Mein Studium war das Zuchthaus und
Das Einmaleins des Überlebens meine
Mathematik zwanzig Semester lang.
ARBEITERBAUERNFAKULTÄT Ein Witz
Das ist Tierquälerei wenn Sie mich fragen
Ich will nicht sagen die Intelligenz
Ist erblich Aber wie man aufwächst denkt man
Das braucht Generationen Die Natur
Macht keine Sprünge.
Wir sind nicht die Natur.
Das wird sich zeigen sagte der Professor
Er hatte meine Stimme nicht erkannt.
Mein Stellvertreter riß das Fenster auf
Schmeckt dir der Rauch Dort brennt das NEUE
DEUTSCHLAND.
Er lachte als ich nach dem Telefon griff
Das letzte Argument Die Erste Hilfe
Du kannst mich nur noch bei dir selbst anzeigen
Deine Genossen sind auf Tauchstation
Hörst du das Rauschen in der toten Leitung.
Ich sah ihn an der Tafel ausgelacht
Wenn sich in seinem Kopf die Formeln drehten
Ich saß mit ihm die Nacht durch vor der Prüfung
Es war wie ein Duell mein Feind sein Prüfer
Der mir durch eine Unterschrift voraus war
Zwanzig Semester in Mathematik

Und meine Waffe er dem sie nicht in den Kopf ging
Ich dachte Wem gehört das Clownsgesicht
Aus dem die lang vergrabnen Worte platzen
STREIKKOMITEE und GENERALSTREIK wem
Die Hamsterbacken und die Magenfalten
Schleifspur der Kompromisse und der Prämien
Vor meinen Augen ein vergessnes Bild
Ein Maurer zum Minister avanciert
Von Spanien durch die Lager ins Büro
Er stand auf seinem Schreibtisch sang und hörte
Nicht auf zu singen bis sie ihn wegschafften
Vom Ministerium in die Charité
Von seinem Schreibtisch in die Gummizelle
Sang zwischen Akten Zahlen und Bilanzen
Sein Spanienlied MADRID DU WUNDERBARE
Und als sie ihn festschnallten auf der Pritsche
Halb wars ein Schrein halb wars ein Flüstern Gebt
Mir ein Gewehr und zeigt mir einen Feind
Ein Opfer des Papierkriegs sozusagen
Gefallen an der Front der Bürokratie
Ich selber hatte Spanien nie gesehn
Das rote nicht und nicht das schwarze Grau
Sind alle Farben hinter Zuchthausmauern
Ich nahm den Schlips ab zog die Jacke aus
Den Rauch vom NEUEN DEUTSCHLAND in der Nase
Im Ohr das Lachen meines Stellvertreters
Der mein Produkt war und das Spanienlied
Von dem Genossen aus der Gummizelle
Ich zeig dir wo Gott wohnt.
Stalin ist tot.
Weißt du wovon du redest.
Weißt dus nicht.

Ich band den Schlips um zog die Jacke an
Und etwas würgte mich Ein Klumpen Zeit
Und Wo bleiben die Panzer dachte ich
Sie müssen kommen und sie werden kommen
Die uns geboren haben Fünfundvierzig
Zum zweitenmal Mit dem Geruch von Öl
Und Stahlstaub und Schweiß der Soldaten Mein
Gedächtnis wußte Wenn die Luft nach Rauch schmeckt
Kommen die Panzer Jetzt wo bleiben sie
Sie müssen kommen und sie werden kommen
Die Panzer unser letztes Argument
Und mit dem gleichen Atem der Gedanke
Vier Jahre an der Macht und soweit sind wir
Die Panzer unser letztes Argument
Und draußen ging die Welt an uns vorbei
Von Kuba bis Kambodscha undsoweiter
Wir starrten schweigend unsre Masken an
Und jeder war allein in seiner Haut
Und plötzlich hörten wir die Stille draußen
Dann kamen sie Er hörte sie zuerst
Ich konnte es an seinen Augen sehn.
Wir werden wieder an die Brust genommen
Die Amme ist schon unterwegs Sie fährt
T Vierunddreißig und hat Milch für alle
Dem einen schmeckt sie und dem andern nicht
Aber sie stillt in jedem Fall Und ich
Ich hätt es wissen müssen Ich zuerst
Einmal ist keinmal Wie Die Russenpanzer
Geburtshelfer der deutschen Republik
Hab ich gesagt Stalin ist tot Heil Stalin
Da kommt er das Gespenst im Panzerturm
Unter den Ketten fault die Rote Rosa

Breit wie Berlin Wir sind die Totengräber
Jeder an seinem Platz im Leistungslohn
Wir wissen wie man tafelt mit Gespenstern
Die Nacht ist kürzer am Kalten Buffet.
Hier ist Papier Setz dich auf deinen Hintern
Schreib deine Selbstkritik Du weißt den Text.
Nach der Gesichtskontrolle die Kosmetik
Ich kenn die Bibel sagte er und saß
An meinem Schreibtisch schon Wer schreibt der bleibt
Wars so. Und als ich seinen Rücken sah
Gekrümmt auf das Papier auf meinem Schreibtisch
Und seine Pause vor der Unterschrift
War zwanzig Jahre lang nach meiner Uhr
Sehnte ich mich zurück in meine Zelle
Im Zuchthaus Brandenburg zum erstenmal
Einen Herzschlag lang Er gab mir das Papier
Mit seiner Unterschrift Ich warf das Schild
In den Papierkorb seine Kriegserklärung
Und klaubte es heraus aus dem Papierkorb
Und stopfte es in meine Jackentasche
Und stopfte seine Selbstkritik dazu
Durchs offne Fenster wehte der Geruch
Von saurer Asche von gelöschten Bränden
Von Bäumen und Metall und Hundescheiße
Und in dem grauen Himmel von Berlin
Tanzten die schwarzen Flocken aus Papier
Wir sahn uns nicht an Nach dem Handschlag wischten
Wir jeder seine Hand ab am Revers
Dann gingen wir zurück in unsre Arbeit

HÖLLERER Geschrieben vor einem Jahr ungefähr?

MÜLLER Ungefähr.

HÖLLERER Die Stimmung bei dem Schriftstellerkongreß war eigentümlich.

[...]

MÜLLER Ein Phänomen bei dieser Konferenz, bei diesem Kongreß war ja, daß eigentlich zu jedem Beitrag allgemein applaudiert wurde. Das ist dir sicher auch aufgefallen. Das wäre vor zehn Jahren noch nicht so gewesen. Es wäre aber auch leichtsinnig, das einfach als einen Fortschritt zu betrachten. Man applaudiert einfach. Das gehört sich jetzt. Und dazu fällt mir ein Satz von Freud, den man nicht vergessen sollte, jetzt in dem Zusammenhang ein: Ein wenig mehr Krieg im Frieden und das Leben könnte ganz schön sein. Man muß aufpassen, daß einem der Krieg nicht weggenommen wird, der Krieg im Frieden, der Krieg um die kleinen Dinge. Und das war vielleicht auch das Interessanteste an diesem Kongreß, daß ein paar Beiträge darauf, auf diesen Punkt gingen, nämlich auf die Untrennbarkeit von – ja also, der Notwendigkeit, das Leben attraktiv zu machen, und den Reden über Frieden. Dieses ganze Reden über Frieden hat keinen Sinn, wenn das Leben nicht attraktiv wird: für möglichst viele Leute und in möglichst vielen Details. Und das darf man nicht auseinanderdividieren lassen.

[1987]

Etwas für das Programmheft

MÜLLER Das Hauptproblem ist, daß wir einen Zugang finden müssen, der nicht dem üblichen Denkweg oder den üblichen Denkmethoden entspricht. Zum Beispiel die Archäologiegeschichte mit den Schichten. Es gibt von Freud diesen Text über Rom. Die Stadt Rom, die in Schichten übereinandergetürmt ist, und keine der Schichten wird wirklich abgetragen und zu Ende gebracht. Dann kommt schon die nächste Schicht, die nächste Epoche. Das so als ein Bild gedacht, was mit Geschichte passiert oder in der Geschichte passiert und für Kontinuität erklärt wird. Dazu Thomas Mann, der bezieht sich auf Freud und spricht über deutsche Geschichte. Das ist, glaube ich, in »Faustus« oder »Entstehung des Doktor Faustus«, woher das kommt, daß nie eine Epoche zu Ende gelebt ist in Deutschland, weil es nie eine Revolution gab, keine siegreiche Revolution. Zu diesen beiden Zitaten dann Brecht. Das Erste, das ich von Brecht gehört habe, seine Stimme, war eine Radiosendung vom Norddeutschen Rundfunk, ich glaube 1948. Das war in der Schweiz gemacht mit ihm, bevor er in die sowjetische Besatzungszone kam. Das war eine Sendung über engagierte Poesie oder so und zwei engagierte Poeten, also T.S. Eliot und Brecht. Eliot der Katholik – Brecht der Kommunist, das war der Aufhänger. Und da kam von Brecht zum ersten Mal die Formulierung von den Kellern, die noch nicht ausgeräumt sind und schon werden neue Häuser darauf gebaut. »Die Kontinuität schafft die Zerstörung«. Von da aus käme man gleich auf das Feuer, das Feuer ist eine Hoffnung auf das Durchdringen (Freilegen) von Schichten.

Zu dem Heldenbild, da müßte man unbedingt auf den

Punkt kommen, daß die Energie, die in Garbe/Balke wirkt, und die, die in Gladow wirkt, die gleiche Energie ist. Die Frage ist nur die der Kanalisierung und wer die Energie wohin lenkt. Und da müßte man wahrscheinlich ausgehen von dem Korsch, also Korsch und Brecht. Diesem Korsch-Satz »Der Blitzkrieg ist gebündelte linke Energie«. In Deutschland war die Dynamik des Kapitals, der Industrie am stärksten. Und die linke Energie. Deswegen brauchte man Hitler, um die linke Energie zu kanalisieren und mit der Dynamik des Kapitals zu einem Kraftstrom zu verbinden und daraus kam der Blitzkrieg. Das war die gebündelte linke Energie. Das erinnert Brecht im Arbeitsjournal.

Das finde ich schon ganz wichtig, und da kommen wir auf den Punkt bei LOHNDRÜCKER, die Disziplinierung der Arbeiterklasse durch den Faschismus für die Rüstung, für den Krieg. Daß da gezeigt wird, wie das gebraucht wird oder gebraucht werden kann für den Aufbau des Sozialismus. Und was jetzt fehlt, ist die Transformation der Energie.

[1987]

Geld für Spanien

Ein Monatsbericht der Gestapo
Leitstelle Berlin aus dem Jahr
Von Hitlers Olympiade und Francos
Spanischem Krieg teilt mit daß auf Grund von
Hinweisen aus der Bevölkerung
Ein Kommunist verhaftet werden konnte
In einem Haus am Zionskirchplatz Geld

Sammelnd für Spanien im Auftrag
Seiner verbotnen Partei Geld
Für die Reisen von Kommunisten nach Spanien
Dort zu kämpfen für die Spanische Republik
Ein Mann ohne Namen Alter Gesicht
Gefallen unbekannt in dem großen
Weltbürgerkrieg der noch dauert
Soldat in der Schattenarmee
An dem Abschnitt der Front
Auf den überall
Kein Licht fällt oder erst
Nach dem Tod der Kämpfer
Grablos verscharrt werweißwo
Sein einziges Denkmal
Ein Gestapobericht geschrieben
Mit seinem Blut in der Sprache
Seines Todfeinds die
Unsere Sprache ist Aber
Sein Feind ist unser Feind
In den dunklen Treppenhäusern
Am Zionskirchplatz
Steht das Haus noch in dem er
Verraten wurde
Hat der Krieg es zerstört gegen den er
Die Treppen hinaufstieg keuchend vielleicht
Auf der dreißigsten Stufe
(Wie alt war sein Herz wie verbraucht
Seine Lunge von Tabak oder durch Arbeit
In den Giftküchen der Industrie)
Wie ein Dieb wie ein Bettler
Wie ein Hausierer die Hoffnung
Sein Diebesgut seine Ware

Die Revolution (Wieviel Käufer
Hat er gefunden bevor ihn
Sein Tod fand)
Klopfend an bekannte Türen
Und manchmal vielleicht
Wurden sie aufgemacht von Genossen nicht mehr
Kenntlich sondern
Gezeichnet von Kapitulation
Klopfend an fremde Türen mit Angstschweiß
Und immer neu die schreckliche Erfahrung
Daß ein Gesicht ein Abgrund
Sein kann oder eine Mauer
Was wir vergessen verraten wir Ein Gestapobericht
Sollte das einzige Denkmal nicht bleiben
Des unbekannten Hausierers der Revolution
Am Zionskirchplatz für Spanien
Der weiße Fleck sein Gesicht
Eine Narbe in unserm Gedächtnis

[vermutlich 1987]

Gespräch mit den Schauspielstudenten über »DER HORATIER«

SCHALL Was ist denn die Geschichte für dich?

MÜLLER Geschrieben habe ich das damals nach Prag, also 1968, auf dem Hintergrund kann man es also auch lesen, wenn man will. Also wenn's in einem Land, das von außen bedroht ist, Widersprüche gibt, dann muß man die aussprechen und aufpassen, daß die äußere Bedrohung abgebaut wird. Trotzdem alles aussprechen, weil, wenn man nicht alles ausspricht, dann sieht's so aus, als ob man dadurch besser überlebt, aber bei der nächsten Gelegenheit fällt's um so eher zusammen. Und das andere, was ich mir vorgestellt hab, war, daß es eigentlich von Erwachsenen nicht gespielt werden kann. Es ist eigentlich ein Kinderstück, Kinder spielen Politik. Und Politik besteht gerade im Verdrängen, im Lügen, im Hinschummeln, also Politik ist die Kunst des Möglichen und hat nichts mit Wirklichkeit zu tun. Das ist etwas übertrieben, das ist aber Politik, wie Kinder sie betreiben würden.

SCHALL Wie ist denn das mit dieser direkten Beteiligung des Volks, also das, was wir ja auch nicht so kennen, denn wir würden uns schon fragen in so einem Fall ...

MÜLLER Das war ein primitives Gemeinwesen, das frühe Rom, da war das noch so. Sicher gab es Sklaven, die durften sowieso nicht mitreden, die kamen aber auch nicht vor, das ist in den meisten Gesellschaften immer noch so. Politik gibt's immer nur für die, die die Steuern bezahlen können, und die anderen sind die Gegenstände der Politik und nicht Macher. Der andere Punkt, der vielleicht interessant ist, die Aufhebung der Trennung von Krieg und Bürgerkrieg. Also, daß es keine Zivilisten mehr gibt, das ist auch ein Gesichtspunkt hier. Das andere ist, es gibt noch die Unterscheidung. Und die Aufhebung dieser Trennung fängt an mit der Französischen Revolution, überhaupt mit der Idee der Revolution. Revolution bedeutet die Aufhebung des Zivilistenstatus, und der totale Krieg ist das Ergebnis der Revolution. Vorher gab's keinen totalen Krieg als Vorstellung, vorher war der Krieg ein Duell zwischen Armeen. Und seit der Französischen Revolution, also mit dem Volksheer, gibt's keine Zivilisten mehr, und das ist ein Problem, mit dem wir auch immer noch zu tun haben. Das sind alles so Aspekte ... Da gibt's einen schönen Text, wo sich irgendwelche Deutschen unterhalten über das Leben, und ein spanischer Gastarbeiter sagt: Das Leben ist strahlenförmig. Man kann's nicht auf 'ne Linie bringen. Und da müssen wir einfach mal probieren, was für Strahlen sich ergeben. Die einzige Vorstellung, die ich habe, ist völlig pauschal, und wir müssen einfach anfangen. Ich habe auch gar keine Vorstellung von der Rollenaufteilung, würde ich auch nicht gern vorher machen, das muß sich ergeben. Die einzige Vorstellung, die ich habe, ist die, daß das auf irgendeine Weise ein fortlaufender Text sein muß. Man kann's in dem Kontext jetzt hier mit LOHNDRÜCKER nicht auf 'ne totale Spielebene bringen. Wir müssen auseinanderhalten hier Spiel und Inhalt und den Inhalt nicht im Spiel völlig aufheben oder auflösen.

Pause.

MÜLLER Wer von euch ist denn nicht auf Stalin gekommen beim Lesen?

STUDENT (5) Ich denke bei fast allen Stücken von Ihnen an Stalin.

MÜLLER Ich bin ihm auch so tief verbunden ...

[1987]

RADDATZ Genuß kann auch töten. Ist Brechts Lust am Bösen nicht ähnlich der Masseneuphorie im Nationalsozialismus oder der Kriegsbegeisterung 1914?

MÜLLER Das ist sicherlich zu verkürzt. Ich lese gerade einen Thriller von Ted Allbeury, der mit einer Episode während des Rußlandfeldzugs der Nazis bei Leningrad beginnt. Da vergewaltigt ein deutscher Feldwebel eine junge Russin, während ihr sechsjähriger Sohn ihr die Hand hält. Danach wird sie von dem Soldaten erschossen. Verblüffend, daß dieser Trivialtext klarmacht, was der Krieg für die Männer gewesen ist: die Befreiung von der Ausbeutung. Und zwar in jeder Hinsicht, sie waren auch frei von allen bürgerlichen Bindungen. Bernd Böhmel, ein Freund von mir aus Dresden, hat den Schlieffen-Plan in marxistischen Kategorien analysiert. Der Schlieffen-Plan besteht daraus, daß der rechte Flügel durch das neutrale Belgien und Holland marschiert, um dann den Gegner von hinten zu fassen und vor sich herzutreiben. Das war, marxistisch gesehen, die Befreiung des Proletariats aus der Ausbeutung durch die Rückführung in den Jägerstatus. Die historische Regression wird zugleich als Befreiung erfahren. Das ist ein Motiv für die Kriegsbegeisterung 1914. Das Herauslösen aus den bürgerlichen Bindungen und Hemmungen ist beim Kriegsrausch wohl das Entscheidende. Der Krieg ist die große Pubertät. Auch bei Solschenizyn, in dem Roman »1914«, gibt es solche Stellen. Nach der Schlacht reitet ein Offizier über das Schlachtfeld, und es fällt ihm ein, daß er ja eine Frau und Kinder hat, und plötzlich merkt er, daß er das alles gar nicht mehr braucht. Beim deutschen Faschismus ist das ähnlich. Er bezieht seine Kraftquelle aus suizidären Energien. Wie beim Schlieffen-Plan hatte auch die militärische Logistik der deutschen Wehrmacht keine Reserven. Alles wurde auf Angriff gesetzt, und das im doppelten Wortsinn. Es gab auch keine Reserven im Sinne von Hemmungen oder Zurückhaltung.

RADDATZ Das sind doch Energien, für die die antiken und mittelalterlichen Gesellschaften in Form von dionysischen Festen oder in der Tradition des Karnevals Ventile hatten. Diese kollektiven Genuß- und Rauschtraditionen sind vorsätzlich demontiert worden. Entweder weil ihr subversives Potential zu groß war oder um sie für staatliche Zielsetzungen fungibel zu machen.

MÜLLER Ich habe neulich eine Geschichte von einem jungen DDR-Autor namens Walsdorf gelesen, die sehr aufschlußreich ist. Auf einem Klo in Königswusterhausen bei Berlin wollte ein zwölfjähriger Junge pinkeln, hatte aber kein Geld. Da sagte die alte Klofrau: »Wenn du kein Geld hast, kannst du auch nicht pinkeln.« Und er: »Ich muß aber.« Darauf die Klofrau: »Das kann jeder sagen, hier kann doch nicht jeder machen, was er will. Ich bin sechzig Jahre alt und habe noch nie getan, was ich wollte.« Das ist die Basis des Faschismus, der totalitären, aber auch der demokratischen Systeme. Wenn jeder macht, was er will, geht gar nichts mehr. Vielleicht aber auch alles. Das ist das Interessante an de Sade und seiner These, daß der Staat über die Jahrtausende mehr Menschen getötet, gequält und gefoltert hat, als alle privatkriminellen Energien es je zustande bringen würden.

RADDATZ Ist es nicht gerade dieses bewußte und staatlich kontrollierte Freisetzen aller asozialen und auch kriminellen Regungen, die den deutschen Faschismus als Staatsmacht kennzeichnet?

MÜLLER Es gibt da ein Experiment der UNESCO, wo irgendwelche schlauen Intellektuellen untersuchen wollten, wie Afrikaner, die nie zuvor Filme gesehen haben, auf Kino reagieren. Und so wurden in einem zentralafrikanischen Dorf Kurzfilme von Chaplin und Dokumentarfilme aus Auschwitz und Buchenwald vorgeführt. Es gab einen großen humanistischen Schock, denn die Schwarzen lachten sich über die Dokumentarfilme kaputt, während sie bei Chaplin keine Miene verzogen. Nach längeren Befragungen stellte sich heraus, sie freuten sich, weil sie vorher nie gewußt hatten, daß Weiße so dünn sein können. Das eigentlich Schockierende war ja, daß Hitler in Geographie so schlecht war und etwas mitten in Europa gemacht hat, was man unter anständigen Menschen nur in Afrika, Asien oder Südamerika tut. Das ist, als ob einer in die gute Stube scheißt.

RADDATZ Das zeigt doch auch, wie schwer es ist, von Genuß zu sprechen, wenn ein großer Teil der Weltbevölkerung Hunger leidet …

MÜLLER Käthe Reichel erzählte mal, wie sie mit Brecht Unter den Linden in einem Speiserestaurant war, und es gab Spargel. Das war damals, kurz nach dem Krieg, sehr selten, und Brecht hatte Spargel sehr gern. Er bestellte also Spargel mit Kalbsschnitzel und bekam ein paar verkümmerte, holzige Spargelstangen ohne Köpfe. Daraufhin verlangte er das Beschwerdebuch. Der Kellner brachte aber statt dessen den Geschäftsführer. Und der entschuldigte sich gleich: »Wir korrigieren das sofort, Herr Brecht.« Brecht bekam also den Spargel mit Köpfen, und es war alles sehr gut. Aber nachdem er gegessen hatte, verlangte er trotzdem das Beschwerdebuch. »Hat es Ihnen nicht geschmeckt, Herr Brecht?« fragte der Kellner. »Doch, es war sehr gut«, antwortete Brecht, »aber die Tatsache, daß ich das jetzt bekommen habe, bedeutet ja, daß nun ein anderer den Spargel bekommt, den Sie mir vorher geben wollten, und deswegen will ich das Beschwerdebuch.« Und das hat er dann ins Beschwerdebuch eingetragen. Vielleicht ist das eine Antwort zum Thema Genuß und dritte Welt.

[1988]

Nachricht aus Moskau

Ich las Malapartes Bericht von der ukrainischen und von der Leningrader Front, geschrieben Juni bis September 1941 für den CORRIERE (der Zufall, bzw. das Interesse von Freunden für mein Interesse am Zweiten Weltkrieg, wehte mir die vergriffene Stahlberg-Ausgabe von 1967 auf den Tisch), zum erstenmal vor zwei Jahren in der DDR und noch einmal in diesem Jahr während eines Aufenthalts in Moskau. Zwei verschiedne Lektüren vor dem Hintergrund von zwei verschiednen Erfahrungen. In der DDR ein Text der Aufklärung über einen vom Konsens des Arbeiter- und Bauernstaats verdrängten Aspekt des Zweiten Weltkriegs, zuerst von Karl Korsch in einem Brief an Brecht formuliert mit seiner These vom Blitzkrieg als gebündelter linker Energie. Malaparte beschreibt den Krieg in Rußland, bzw. seine erste Phase des scheinbar nicht aufzuhaltenden deutschen Vormarschs, als einen Krieg von zwei Arbeiterarmeen, definiert durch das Verhältnis des Arbeiters zur Maschine, das auch seine Moral bestimmt: sie fällt zusammen mit der Präzision der Arbeit, der Krieg ist eine Produktion. Die motorisierten Verbände, KRUPPWERKE AUF RÄDERN, schneiden Segmente aus der gegnerischen Landschaft, die von den nachrückenden Truppen bearbeitet werden, eine Operation im Wortsinn, teamwork, die Bomber besorgen die Anästhesie. Die ARBEITERMORAL der Panzerbesatzungen scheint, in Malapartes Beschreibung, dem Krieg etwas von dem Duellcharakter wiederzugeben, der auf der Aussparung der Zivilisten beruhte, die mit dem Volkskrieg, Errungenschaft und Konsequenz der Französischen Revolution, aufgehört hatte. Ein Nachbild von Legenden über die RITTER DER LUFT des Ersten Weltkriegs in Lesebüchern der Hitlerzeit. Der nostalgische Ton des Berichterstatters verrät seine Ahnung von der Kurzlebigkeit der Illusion: aus den Rittern der Luft wurden die Mörder von Guernica, die Industrialisierung des Kriegs als Fortsetzung der Ökonomie mit andern (militärischen) Mitteln führte, über die totale Verwertung der Arbeitskraft in den Konzentrationslagern, zur Aufhebung der Produktion in der Vernichtung, Auschwitz ein Industrieprodukt. In der Episode mit dem gefangnen Kommissar, der seinen Genossen befiehlt, ihn zu töten, erscheint die Differenz: die andre Moral der andern Arbeiterarmee, ein andres Verhältnis zum Tod, das aus einem andern Traum vom Leben kommt, ein andrer Begriff von Arbeit, der den Tod einschließt. Und als aus den Wäldern vor Moskau, die Deutschen halten die Rote Armee für geschlagen, die ersten sibirischen Regimenter auftauchen, beginnt ein andrer Krieg. In Moskau eine kältere Lektüre: vor den Wallstreetkopien der Stalinarchitektur, verfremdet mit der Ornamentik von Zeltgiebeln, zwischen denen die russischen Häuser und Kirchen sich ducken, dumpf die Häuser, heimlich strahlend die Kirchen, die mit der Rückkehr der Ikonen drohn, die Malaparte in der Ukraine gesehn hat, vor den Heerstraßen, imperial und richtungslos zugleich durch eine Stadt geschlagen, die von den Tatarenstürmen gelernt hat, ein Provisorium zu sein, nomadisch, auf dem Sprung, Napoleons Erfahrung, aus der Hitler, irgendeinem Gott sei Dank, nichts gelernt hat, verblaßt Malapartes Titelthese DIE WOLGA ENTSPRINGT IN EUROPA zur romantischen Floskel, bedingt durch sein Dilemma des europäischen (Links)Intellektuellen, zwischen seiner Sympathie für das BOLSCHEWISTISCHE EXPERIMENT und dem DIENST NACH VORSCHRIFT, den er immerhin so schlecht und subversiv versah, daß Goebbels im September 1941 seine Abberufung von der russischen Front verlangte. Im Blick auf die Spielzeugfassade des Kreml, auf das befremdlich kleine Mausoleum des unfreiwilligen Pharao, Lenin, der assimilierte, an Rußland gescheiterte Römer, von Stalin byzantinisch eingeschreint, scheint eine andre Wahrheit auf: Wir sind zwei Europa, das eine von Rom, das andre von Byzanz geprägt. In der schwierigen Balance auf dem Grenzriß warten Polen, Ungarn, die ČSSR und die DDR auf ihre (eigene) Geschichte, während in Moskau eine Bevölkerung, geprägt bis in die Umgangsformen, im Alltag auf der Straße oder in der Metro, von siebzig Jahren Welt- und Bürgerkrieg, oder Carl Schmitt zu Ehren, Weltbürgerkrieg, gerüttelt jetzt von den Wiedergeburtskrämpfen der PERESTROIKA, auf dem Rücken den Alp toter Geschlechter, den Frieden probt. Fragen: Hat Stalin, durch eine Kette von Fehlentscheidungen, deren eine die andre nachzog: vom Pakt mit der Reichswehr zur Dezimierung des eignen Offizierskorps, vom schiefen Feindbild der Komintern zum Nichtangriffspakt, den deutschen Vormarsch verschuldet, oder gebraucht als Pferdekur gegen die Krankheit des SOZIALISMUS IN EINEM LAND, die Kolonisierung der eignen Bevölkerung, sein Einsatz die Zeitreserve von Rußlands asiatischem Riesenrücken, sein Irrtum die Festschreibung des Ausnahmezustands, die Verewigung des KRIEGSKOMMUNISMUS, von der Zwangskollektivierung, die den demokratischen Ansatz der Dorfkommunen zerschlug, bis zu der brutalen Korrektur von Lenins vorsichtiger Nationalitätenpolitik, die aus der Zeitreserve eine Zeitbombe gemacht hat (das Beispiel Karabach), die Zementierung des Denkens in militärischen Kategorien, die mit der Generalprobe des Atomkriegs gegen das besiegte Japan außer Kraft gesetzt wurden, Hiroshima das Ende der Kriegskunst. In Moskau LEISE UND UNERTRÄGLICH die Wahrheit: Japan und die Bundesrepublik sind die wirklichen Sieger des Zweiten Weltkriegs, gesund geschrumpft durch Expansion, so wie die USA die Sieger des Vietnamkriegs, der militärische Aspekt von Sieg und Niederlage nur noch Schauwert für die Medien, das Fernsehn übernimmt den Krieg, und hinter dem Spektakel unsichtbar die Kapitalbewegung, die Zukunft nicht braucht, sondern verwertet für die totale Umwandlung der Zeit in Gegenwart, die Revolution, die ihre Kinder frißt, nur seine Parodie, entsprechend ihren in der bisherigen Geschichte immer noch unreifen Bedingungen, Wunsch nach einem andern Tod in einer andern Maschine.

Die Körper haben eine Zeit, die Maschinen eine andre. Die Chance der Unterentwicklung, von Lenin wie von Peter dem Großen verpaßt, ist die Hochzeit von Mensch und Maschine. Der Schrei nach der wirklichen Revolution, in Babels Erzählungen aus dem Bürgerkrieg, erstickt von Bürokratien im Clinch von Revolution und Konterrevolution, der Grundfigur des Jahrhunderts, wird laut, nach stummen Jahrzehnten, in Gorbatschows Weigerung, das programmierte Endspiel mitzuspielen, das letzte Spektakel, an dem nur die Medien, emanzipiert von der Menschheit, interessiert sind; das Zuschauer nicht braucht, außer als Material.

[1989]

»Der Krieg muss lange dauern«

ZITTY Werden Ihre Endzeitszenarien im Golfkrieg zur bitteren Realität?

HEINER MÜLLER Das Problem ist, daß kriminelle Energien, die in uns allen sind, so schnell kanalisiert und manipuliert werden. Und es ist im Grunde auch das, was man jetzt angeht; das ungeheure Interesse an diesem Krieg resultiert aus dem Gefühl: Es ist ja nichts mehr los, es passiert nichts, alles ist langweilig, alles ist Scheiße – einem allgemeinen normalen Gefühl. Und jetzt passiert endlich was. Man muß nur wissen, daß wir alle beteiligt sind daran. Es gibt gar keine Unschuldigen mehr. Es gibt keine Unbeteiligten. Es wird auch keine Sieger mehr geben. Es gibt nur noch Besiegte. Das Hauptproblem ist, daß zum Beispiel die Amerikaner außenpolitisch immer dumm waren, einfach weil sie arrogant sind. Amerikanische Politik ist immer noch puritanisch. Nur ein toter Indianer ist ein guter Indianer. Die Amerikaner sind unfähig, sich über Differenzen und über andere Mentalitäten Gedanken zu machen. Für sie gibt es immer nur das eine Maß. Das ist das einzige, was man lernen muß: daß es eben anderes gibt als das, was man selber ist, und daß man anderes denken kann als man selber denkt und daß man auch eine ganz andere Auffassung haben kann von allem, was passiert, als die, die man selber hat. Zugegeben: Das ist sehr schwer zu lernen.

ZITTY Oft wird Saddam Hussein mit Hitler verglichen ...

MÜLLER Das kann man nicht vergleichen. Das ist eine ganz andere Situation. Wenn man das jetzt mal ganz bösartig analysieren will, dann hat Hitler einen Fehler gemacht: Er ist genau einen Schritt zu weit gegangen. Sein Weg war »richtig«. Zunächst auch in den Augen der Alliierten: Nach seiner berühmten Rede – ich glaube, das war 1930, in Zahlen bin ich nicht sehr gut – hat Hitler sein Geld von der Industrie gekriegt. Er sagte, der Lebensstandard der weißen Rasse kann nur hochgehalten werden, wenn der Standard der anderen Rassen niedrig gehalten wird. Und dazu reichten ökonomische und politische Mittel nicht mehr aus. Er brauchte militärische Mittel. Das haben die Industriellen eingesehen. Das ist heute noch die Lage. Sein Fehler war, daß er in Geographie gefehlt hat. Er hat in Europa, mitten in Europa etwas gemacht, was auf allen Kontinenten normal war: Er hat die Handschuhe ausgezogen, er hat einen Krieg angefangen. Gegen Demokratie, das war der Lapsus. Der ganze Krieg gegen Hitler wurde von den Alliierten eigentlich widerwillig geführt; man hätte lieber gegen die Sowjetunion Krieg geführt als gegen Hitler. Das klappte dann nicht. Der wurde zu dreist. Irgendwann mußte man dann gegen Hitler. Hitler ist zu weit gegangen – in der »richtigen« Richtung.

ZITTY Kann es gerechte Kriege geben?

MÜLLER Es gibt den Satz eines amerikanischen Generals: »Hiroshima ist das Ende der Kriegskunst.« Danach kann es keinen gerechten Krieg mehr geben. – Aber das gilt eigentlich nur für die Atommächte. Man kann den Kurden nicht verbieten, Krieg zu führen. Es gibt gerechte Kriege der Schwachen, der Unterlegenen, der Unterdrückten.

ZITTY Auch gegen sich selber?

MÜLLER Das ist leider normal, daß das so läuft. Das ist diese Regionalisierung. Das ist total idiotisch. Das ist das, was Marx nicht gewußt hat oder völlig übersehen hat: der Regionalismus.

ZITTY Regionalismus in der UdSSR. Und in der arabischen Welt?

MÜLLER Ich habe ein Interview gehört mit dem jordanischen Botschafter in Washington, und das hat mir sehr gefallen. Ein alter Mann mit großer Würde. Er sagte, er weiß, was Saddam Hussein ist, aber die Amerikaner begehen jetzt einen großen Fehler: Sie versuchen, die arabische Hoffnung zu zerstören. Was passiert, wenn der Krieg länger dauert? Das weiß man jetzt schon: Überall, in Tunesien, in Algerien, überall, wo es Moslems gibt, fangen die an, sich zu bewegen. Diesen Begriff der arabischen Hoffnung würde ich nicht so leichtnehmen.

ZITTY In der jüngsten Ausgabe der Zeitschrift »Transatlantik« philosophieren Sie: »Wichtig ist die Entwicklung von Strukturen, die Krieg wieder sinnvoll machen. In Konsequenz bedeutet das, daß der Krieg das letzte Refugium des sogenannten Humanen ist, denn Krieg ist Kontakt, Krieg ist Dialog, Krieg ist Freizeit.«

MÜLLER Sie werden das doch sicherlich auch kennen: Wenn deutsche Männer in der Kneipe über den Zweiten Weltkrieg reden, dann war das so etwas wie Abenteuerurlaub. Die waren weg von ihren Frauen, ihren familiären Verbindungen und Verpflichtungen. Das ist durchaus ein Impuls. Die andere Seite ist natürlich: Krieg ist sinnlos, solange es diese Vernichtungstechnologie gibt. Wenn er einfach ohne diese Vernichtungswaffen auskommt, dann kann Krieg wieder sinnvoll sein. Das ist jetzt eine Provokation, ich weiß. Man kann auch zynisch sagen: Das ist ein Krieg gegen Hollywood, denn das Fernsehen will Hollywood kaputtmachen. Hollywood hat jetzt keine Chance mehr. Die holen das jetzt elektronisch alles nach.

ZITTY Es ist jetzt viel von der »Logistik der Bilder« die Rede …

MÜLLER Ja, das ist das eigentlich Neue an diesem Krieg: daß es für die Nichtbeteiligten ein Fernsehkrieg ist, so etwas wie ein Computerspiel. Heute habe ich in Ost-Berlin an der Humboldt-Universität ein Poster gesehen mit der Aufschrift: »Stellt Euch vor, es ist Krieg, und der Fernseher ist kaputt.« Aber was dahintersteckt, ist doch vor allem: Diese Waffen sind da; die müssen ausprobiert werden. Es hält keiner aus, so schönes Spielzeug zu haben und es dann nicht ausprobieren zu dürfen. Also sucht man sich einen Anlaß; den kann man sich jederzeit schaffen – mit Propaganda, also auch mit den Medien. Aber man kann diese Waffen nicht in Deutschland ausprobieren, auch nicht in Japan oder in England. Das muß schon irgend etwas Böses, Unterentwickeltes sein. Und das bereiten die Medien vor, und dann sind sie auch noch voll dabei. Das Ganze ist schon ein tolles Geschäft.

ZITTY Und was ist daran neu?

MÜLLER Das Ausmaß ist neu. Zum Beispiel, daß in den Sprengkopf einer Rakete eine Kamera eingebaut ist und diese Kamera alles überträgt – bis zur Explosion. Das ist neu. Der einzige Schritt darüber hinaus wäre die Machtübernahme der Computer. Dieser Krieg braucht eigentlich keine Menschen mehr.

ZITTY Ein Krieg, der keine Menschen mehr braucht? Das klingt nach intellektueller Spielerei am Schreibtisch.

MÜLLER Ich weiß, es ist ganz schwer, jetzt darüber zu sprechen. Sehen Sie zum Beispiel den Algerienkrieg. Jean Genet, der zeit seines Lebens mit den Arabern sympathisiert hat und auch mit den Algeriern und den Palästinensern, Genet hat sich geweigert, eine Resolution französischer Intellektueller zur Beendigung des Algerienkriegs zu unterschreiben. Sein Argument war: Der Krieg muß lange dauern, sonst hat Algerien keine Chance. Das ist überhaupt nicht zynisch. Diese Appelle sind fruchtlos, das ist bekannt. Und jetzt dieser Irakkrieg: Der amerikanische Wunschtraum war: Der Krieg dauert zwei, drei Tage, dann sind die kaputt, und wir gehen als Sieger nach Hause. Gott sei Dank hat das nicht stattgefunden. Ich weiß, das ist furchtbar. Aber der Krieg muß lange dauern.

ZITTY Wie sieht die Zukunft aus? Stellt der zunehmende arabische Fundamentalismus nicht auch eine Gefahr dar?

MÜLLER Ich kann dagegen nichts sagen. Ich bin kein Araber. Ich muß akzeptieren, daß sie in einer anderen Situation leben, daß sie eine andere Mentalität haben. Ich kann ihnen nicht das Recht absprechen, Fundamentalisten zu sein in der Situation, in der sie leben. Das Ganze hat doch angefangen mit der Demütigung der Araber durch die Engländer nach dem Ersten Weltkrieg. Diese Demütigung ist ungeheuer gefährlich, denn daraus resultiert die Aggressivität, der Terrorismus. Aber die ersten Terroristen waren die Israelis und nicht die Araber. Der arabische Terrorismus war eine Antwort, eine Reaktion auf den israelischen. Das ist eine so ungeheuer komplexe Geschichte. Das eigentliche Problem ist Israel, ist das Palästinenserproblem. Es geht darum, daß die Amerikaner das begreifen, daß die Israelis das begreifen.

ZITTY Mußte es dafür einen Krieg geben?

MÜLLER Es hätte keinen Krieg geben müssen. Es gab ja auch keinen Krieg wegen der UN-Resolution gegen Israel. Damals haben die Amerikaner ihr Veto eingelegt. Saddam Hussein wollte das Kuwait-Problem mit dem Palästinenserproblem verhandeln. Aber darüber waren keine Verhandlungen möglich.

ZITTY Sind die Amerikaner in den Krieg hineingeschlittert?

MÜLLER Die USA sind das reichste Armenhaus in der Welt. Die haben ungeheure ökonomische Probleme. Da ist so was immer ein beliebter Ausweg.

ZITTY »Politik ist zynisch.« Sind auch die Politiker zynisch?

MÜLLER Nein. Wenn die Regierenden in der DDR zynisch gewesen wären, wäre es viel leichter gewesen, mit ihnen umzugehen und das Ganze zu ändern. Sie waren eben nicht zynisch, überhaupt nicht zynisch. Auch Bush ist kein Zyniker, auch Kohl nicht. Es gehört zu den Merkwürdigkeiten von Politikern, daß sie ihren eigenen Reden glauben. Zum Zynismus gehört eine Intelligenz, die in der Politik nicht gefragt ist. Und eine ganz wesentliche Voraussetzung für einen Politiker ist ein möglichst völliger Mangel an Gefühl für die eigene Komik. Die finden sich selbst nie komisch.

ZITTY Und Ihre Position, Ihr »Zynismus«?

MÜLLER Ich hätte vor zwei, vor drei, vor zehn Jahren sehr viel brillanter reden können – ich kann es im Moment nicht. Ein Beispiel: Ich bin jetzt unglücklicherweise zum Präsidenten der Ost-Berliner Akademie der Künste gewählt worden. Ich war eine Woche in Wien, und als ich zurückkomme, haben die eine Resolution zum Golfkrieg verfaßt. Und ich habe gesagt, ich kann das nicht unterschreiben, denn da steht drin: »Künstler / innen! Kämpft gegen den Krieg! Schreibt für den Frieden!« Das ist lächerlich. Ich komme mir lächerlich vor, wenn ich so was unterschreibe. Das bringt nichts. Ich kann doch nicht für sie reden. Was man sehen muß, das ist die Verflechtung aller dieser Probleme. Ganz interessant ist das Argument von Virilio im »taz«-Interview, das ich sehr gut finde. Auf die Frage: Sollen die Soldaten desertieren?, sagt er: Nein, das sind Berufssoldaten. Die sollen nicht desertieren, die sollen in diesem Netz der Gewalt bleiben und das kennenlernen und aus diesem Kennenlernen dann vielleicht Konsequenzen ziehen. Aber sich da rausziehen bringt nichts. Man muß einfach sehen, wie das alles vernetzt ist.

[1991]

HERAKLES 13
(nach Euripides)

1

Die dreizehnte Arbeit des Herakles war die Befreiung
Thebens von den Thebanern

2

Brandopfer lagen vor dem Herd des Zeus
Zu reinigen das Haus vom Blut des Lykos

Den er getötet hatte Herakles
Und seinen Leichnam aus dem Haus geworfen
Um den Altar standen die Kinder und
Sein Vater und Megara seine Frau
Hielten die Rede mit den Zähnen fest
Zum heiligen Opfer den unheiligen Laut
Und in der Hand das Brandscheit schweigend er
Dann plötzlich trat aus ihm ein andrer Mann
Gestalt des Herakles nicht Herakles
Sondern im Drehn der Augen ganz verändert
Mit Blut gefärbt die Wurzeln der Augäpfel
Schaum tropfend in den Bart und sprach Verrücktes
Mit einem Lachen das sein Lachen nicht war
Wozu das Opfer eh ich Vater nicht
Getötet habe den Eurystheus auch
Leicht könnt ich das ich und mit einer Hand
Das Haus geschmückt mit des Eurystheus Haupt
Will ich die Hände waschen von dem Tod
Den meine Feinde sterben werden jetzt
Gießt aus das Wasser werft die Körbe weg
Mein Weg ist nach Mykene Der Zyklopen
Sitze mit rotem Meßstab und mit Hämmern
Gefügt zerbrechen muß ich die mit dem
Gekrümmten Eisen Wer gibt meinen Bogen
Und meine Pfeile mir der Hand die Keule
Dann einen Wagen keinen Wagen er nur
Sah den bestieg er schlug die leere Luft
Wie mit dem Pferdestachel mit der Hand
Den Dienern war es ein Gelächter ein
Schrecken zugleich Sie sahn einander an
Und einer sagte Macht er Spaß für uns
Der Herr oder ist er rasend Der aber

Im Haus hinauf hinunter tappt er sagt
Er sei gekommen in des Nisos Stadt
Und legt sich auf den Boden wie zum Essen
Nicht essend In die Waldschlucht dann des Isthmos
Glaubt er zu gehn die Kleider abgeworfen
Nackt kämpft er gegen niemand einen Kampf
Ruft sich zum Sieger aus und für kein Ohr
Dann in Mykene war er mit dem Wort
Schreckliches drohend dem Eurystheus wieder
Die Hand zum Töten aufgehoben jetzt
Ergriff der Vater Sohn was leidest du
Daß du so fremd gehst Hat dich ganz verirrt
Das Töten Aber er im Wahn der Vater
Sei des Eurystheus Vater der mit Angst
Bittend berührt die Hand stößt weg den Greis
Greift in den reich geschmückten Köcher nach
Den Pfeilen für die Kinder für die eignen
Zu töten des Eurystheus Kinder glaubt er
Die Kinder rennen weg den Vater fürchtend
Das eine hier das andre dorthin Eines
In das Gewand der Mutter der glücklosen
Das andre in den Schatten einer Säule
Das dritte duckt sich unter den Altar
Wie Vögel Die Mutter schreit Erzeuger was tust du
Die Kinder willst du töten Der Vater schreit
Es schrein die Sklaven Aber um die Säule
In schrecklichem Kreislauf den Knaben treibt er
Und kehrt sich schrecklich um Der Pfeil zerreißt
Die Leber und rückwärts die steinernen
Fliesen benetzt der atmet aus das Leben
Ein Junges ist gestorben dem Eurystheus
Den Haß vom Vater büßend fällt es mir

Jetzt auf den zweiten am Altar geduckt
Im Sichern dort sich glaubend zielt der Pfeil
Dem Schuß zuvor wirft sich der Sohn dem Vater
Zu Füßen hin reckt der Unglückliche
Die Hand nach Kinn und Nacken Liebster Vater
Ruft er Töte mich nicht dein bin ich dein Sohn
Nicht von Eurystheus den wirst du vernichten
Doch er sein Blick verwildert ganz zum Blick
Der Gorgo weil der Knabe nun im Inkreis
Des schrecklichen Geschosses stand schwang hoch
Als ob er Eisen schmieden will die Keule
Ließ auf den blondbewachsnen Schädel sausen
Das Holz die Knochen splitternd Das zweite Kind
Erlegt geht er das dritte Opfer an
Es auch zu schlachten zu den zwein Das aber
Hatte die Mutter schon ihr letztes Glück
Ins Haus genommen und die Tür geschlossen
Er nun als ging es gegen die Zyklopen
Stößt auf die Flügel und zerbricht die Pfosten
Die Mutter und das Kind durchbohrt ein Pfeil
Was die Geburt entzweit hat ist ein Leichnam
Im Tod verbunden mit dem Todespfeil
Dann rennt er pferdeschnell den Greis zu töten
Eine Gestalt die Lanze schwingend aber
Erschien dem Haus zu sehn und nicht zu sehn
Pallas Athene warf gegen die Brust
Ihm einen Stein der seinen Mordgang aufhielt
In Schlaf schlug ihn und auf den Boden fällt er
Den Rücken schlagend an eine Säule die
Zweimal gebrochen beim Zusammensturz
Des Hauses auf den Fliesen lag Und wir
Befreiend aus der Flucht den Fuß mit Fesseln

Banden ihn haltbar an die Säulentrümmer
Damit wenn er beendet seinen Schlaf
Er nicht zu dem Getanen andres fügt
Die Frau getötet habend und die Kinder
Er schläft der Glückverlassne einen Schlaf
Nicht glücklich Und ich weiß nun nicht ob einer
Von Sterblichen mühseliger ist als der

(Interlinearversion Peter Witzmann)

[1991]

[Jetzt berichten wir gar nicht über MAUSER – erst mal ...]

MÜLLER Es stimmt schon, aber es ist vielleicht doch zu einfach. Es gibt einen Text von Jünger, ich glaube, in dem Essay über den Schmerz oder die Gesamtmobilmachung, das weiß ich jetzt nicht – es gibt einen Grad der Unterdrükkung, der als Freiheit empfunden wird, der Schwindel erzeugt. Also wenn der Zugriff total ist, dann fühlst du dich frei, und hier war er total [...] ökonomisch unterentwickelt, war [nie] ein totaler Zugriff. Dadurch wurde er empfunden, der Zugriff, dadurch wurde die Unterdrükkung wahrgenommen. In einem amerikanischen Supermarkt nimmst du sie nicht wahr, die Unterdrückung, wenn du Geld hast, und deswegen empfindest du das als Freiheit. Dieses blöde Bild von Mexiko, vor einem Drugstore sitzt die übliche Indianergroßmutter mit ihren drei Enkelkindern, die sie zum Betteln benutzt, und du gehst da rein, und da gibt es ungefähr achtzig Sorten Shampoo, alles amerikanische Produkte, alle verschieden. [...] Es war in [Oaxaca], glaub' ich, da war so ein Indianermarkt, lauter Indios von den Bergen, da steht so eine Indiofamilie mit schönen Ponchos. Ich weiß, das klingt jetzt nach Rousseau, aber ... die stehen vor einem Schaufenster, und da ist irgendein mieses Nylonhemd drin, und das ist der Traum dieses Indios. Er hat es geschafft, wenn er es sich leisten kann, dieses Nylonhemd zu kaufen.

[1991]

Die Küste der Barbaren

Ein Jugoslawe erzählt mir: am Wochenende fahren die Männer in Belgrad zum Schießen nach Bosnien. Ich erzähle das einem Deutschen jüdischer Herkunft. Er sagt: das hat ein Kroate erzählt. Er hat recht: der Erzähler versteht sich, seit dem Serbischen Krieg, als Kroate. Godards Film WEEKEND sah ich zum ersten Mal vor zwei Jahrzehnten, zusammen mit fünf andern Zuschauern, vier von ihnen Amerikaner unter dreißig, in einem sonst leeren Kino in Paris. Der Jugoslawische Krieg hat mehr Zuschauer, Rostock war ein Medienfest. Ein Dokumentarfilm über Skinheads in Halle beginnt mit einer Sequenz, wo ein Junge in Bomberjacke und Springerstiefeln professionell und liebevoll nach dem Kochbuch vor der Kamera und für das Filmteam einen Napfkuchen bäckt. Sein Berufstraum war Bäcker und Konditor, und seine Chance auf eine Lehrstelle liegt im nächsten Jahrhundert. Nach dem Backen geht er uniformiert auf die Straße in der Neubauwüste Halle-Neustadt, (der Städtebauer Ulbricht war stolz auf die längsten Langzeilen der Welt in diesem Viertel und in andern Neubauvierteln, mit denen er, laut Auskunft seiner Witwe an den Architekten Henselmann während einer Mittelmeerrundfahrt mit dem Veteranen-Dampfer VÖLKERFREUNDSCHAFT dem deutschen Arbeiter das Flanieren beigebracht hat), und verwandelt sich im Kollektiv der andern Arbeitslosen in ein Monster. In der Wohnung weint seine Mutter, ehemalige Lehrerin mit ehemaligem Glauben an die sozialistische Menschengemeinschaft DDR, jetzt Lohnsklavin für Neckermann irgendwo westlich der Elbe mit fünf Stunden Anfahrtsweg zur Arbeit und zurück, damit der Sohn »von der Straße bleibt«. Der Regisseur des Films heißt Thomas Heise und ist ein Sohn des wahrscheinlich einzigen DDR-Philosophen, der es nicht verdient hat, in der aktuellen Inszenierung des Vergessens zu versinken, im Gegensatz zu seinem Hauptfeind Manfred Buhr, der gerade in der »Zeit« aus der Schlammflut seiner Pamphlete als Ironiker auftaucht. Vor drei Jahren in Paris während einer Konferenz über Brecht und Carl Schmitt am Beispiel der MASSNAHME traf ich Günter Maschke, der nach seiner kubanischen Erfahrung und Enttäuschung den Sprung von links nach rechts gewagt hatte, der nach dieser Erfahrung wohl ein Wagnis nicht mehr war, eher ein Rückwärtssalto in die bequeme Sklavenhalterweisheit Gottfried Benns, daß die Ausbeutung ein Phänomen des Lebendigen ist. Zu Maschkes Verdiensten gehört die Herausgabe der Schriften von Donoso Cortés, der 1848 in Berlin als spanischer Diplomat und Beobachter des gescheiterten deutschen Versuchs, durch den Nachvollzug einer bürgerlichen Revolution den Anschluß an Europa zu gewinnen (dessen Resultat der nationale Kompromiß zwischen Bourgeoisie und Junkerkaste war, die deutsche Militärmaschine), das Bewegungsgesetz der deutschen Geschichte entdeckt hat, die versetzte Kausalität.

Maschke sagte mir, aus der DDR-Revolution kann nichts werden, weil keine Leichen die Elbe hinabgeschwommen sind, von Dresden nach Hamburg. Ich habe lange gebraucht, um zu verstehn, warum Brecht die Bauernkriege für das größte Unglück der deutschen Geschichte hielt. Sie kamen zur Unzeit, mit ihnen wurde der Reformation gut protestantisch der Reißzahn gezogen. Auch die Gewaltfreiheit der DDR-»Revolution« 1989, gesteuert und gebremst von (protestantischer) Kirche und Staatssicherheit, war ein deutsches Verhängnis. Jetzt steht der Sumpf: die Unsäglichkeit der Stasidebatten, Versuch, die Kolonisierten durch die Suggestion einer Kollektivschuld niederzuhalten. Der versäumte Angriff auf die Intershops mündet in den Kotau vor der Ware. Von der Heldenstadt Leipzig zum Terror von Rostock. Die Narben schrein nach Wunden: das unterdrückte Gewaltpotential, keine Revolution/Emanzipation ohne Gewalt gegen die Unterdrücker, bricht sich Bahn im Angriff auf die Schwächeren: Asylanten und (arme) Ausländer, der Armen gegen die Ärmsten, keinem Immobilienhai, gleich welcher Nation, wird ein Haar gekrümmt. Die Reaktion auf den Wirtschaftskrieg gegen das Wohnrecht ist der Krieg gegen die Wohnungslosen. Eine Fahrt durch Mecklenburg: an jeder Tankstelle die Siegesbanner der Ölkonzerne, in jedem Dorf statt der gewohnten Schreibwaren Mc Paper & Co. Im Meer der Überfremdung ist Deutschsein die letzte Illusion von Identität, die letzte Insel. Aber was ist das: deutsch. Antwort eines Skinhead auf die Frage, warum bist du stolz, ein Deutscher zu sein: wir sind das Volk der Dichter und Denker. – Zum Beispiel? – Brecht und Einstein. In der DDR war die Jugend zu gleichen Teilen reglementiert und hofiert. Nach der Zerstörung einer

Infrastruktur, die wesentlich auf ihre Beruhigung ausgerichtet war, übergangslos in die Freiheit des Marktes entlassen, der sie mehrheitlich ausspuckt, weil er nur an Gegenwart und nicht an Zukunft interessiert sein kann, ist sie jetzt auf die Wildbahn verwiesen. Die »Randalierer« von Rostock und anderen Orten sind die Sturmabteilung der Demokratie, die seit ihrer Erfindung im Athen der Sklaverei immer nur als Oligarchie real existiert hat, die radikalen Verteidiger der Festung Europa, gerade weil ihnen auf kurze oder lange Sicht nur der Dienstboteneingang offensteht. Daß die hilflosen Asylgesetzdebatten der Politik nur, im Sinn der Karl-Kraus-Definition von Sozialdemokratie, um eine Hühneraugenoperation an einem Krebskranken kreisen, ist eine Binsenweisheit. »Das Boot ist voll« oder wird es so oder so bald sein, und auf der Tagesordnung steht der Krieg um Schwimmwesten und Plätze in den Rettungsbooten, von denen niemand weiß, wo sie noch landen können, außer an kannibalischen Küsten. Mit der Frage, wie man diese Lage seinem Kind erklärt, ist jeder allein. Und vielleicht ist diese Einsamkeit eine Hoffnung.

[1992]

KLAGE DES GESCHICHTSSCHREIBERS

Im vierten Buch der ANNALEN beklagt sich Tacitus
Über die Dauer der Friedenszeit, kaum unterbrochen
Von läppischen Grenzkriegen, mit deren Beschreibung er
Auskommen mußte, voll Neid
Auf die Geschichtsschreiber vor ihm
Denen Mammutkriege zur Verfügung standen

Geführt von Kaisern, denen Rom nicht groß genug war
Unterworfene Völker, gefangene Könige
Aufstände und Regierungskrisen: guter Stoff.
Und Tacitus entschuldigt sich bei seinen Lesern.
Ich meinerseits, zweitausend Jahre nach ihm
Brauche mich nicht zu entschuldigen und kann mich
Nicht beklagen über Mangel an gutem Stoff.

[16. August 1992]

Auschwitz kein Ende

FRAGE Heiner Müller, Sie haben viel über deutsche Geschichte, vor allem aber über den deutschen Nationalsozialismus geschrieben. Ist das ein spezifisch deutscher Theaterstoff?

HEINER MÜLLER Mao Tse-tung hat gesagt, der Nationalsozialismus war unbesiegbar, solange er im Angriff war. Es war ein Angriff ins Leere, in den leeren Raum, nur Bewegung, keine Reserven. Als der Angriff vor Moskau zum Stehen gebracht wurde, war es vorbei. Der erste Stop war schon das Ende. Und der Kessel von Stalingrad ist der Sarg von Attila. Der einzig nationale Stoff sind die Nibelungen.

FRAGE Ist Auschwitz nicht auch ein nationaler Stoff? Ist es überhaupt möglich, mit diesem Stoff auf dem Theater umzugehen?

MÜLLER Das ist schwierig. Ich habe mal in Jugoslawien mein Leben riskiert. Da gab es ein Gastspiel von der Volksbühne, eine Aufführung von SCHLACHT. Hinterher war eine Diskussion. Da habe ich leichtsinnigerweise gesagt: Hitler war schlecht in Geographie, er hat mitten in Europa gemacht, was ein anständiger Europäer nur in Afrika oder in Asien oder in Lateinamerika macht. Genozid war normal in Kolonien, aber in Europa nicht mehr üblich. Das war Hitlers Abweichung. Der andere Punkt ist, daß der deutsche Antisemitismus wahrscheinlich deshalb so besonders grausam war, weil er auf einem uralten Trauma beruht. Von heute aus gesehen erscheint es sehr merkwürdig, daß die Terminologie der Nazis häufig jüdisch war, zum Beispiel das »Tausendjährige Reich«, ein jüdischer Terminus. Bis 1933 gab es mehr Antisemitismus in Polen, in Rußland, in Osteuropa. In Deutschland war das verdeckter, im Gegensatz auch zu Frankreich oder den USA. Dazu gibt es eine Theorie, die ich ganz interessant finde. Nach dem Ende Roms kamen die ersten christlichen Missionare zu den Franken, das war der germanische Hauptstamm in Frankreich und Deutschland. Die Missionare haben den Franken gesagt: Ihr seid das auserwählte Volk, ihr müßt als erste das Kreuz nehmen. Und sie haben das Kreuz genommen. Hundert Jahre später kamen die Juden nach Europa, ein anderes auserwähltes Volk. Es kann nicht zwei auserwählte Völker geben, also mußte eines weg. Das ist völlig irrational, aber das haben die Nazis aus dem nationalen Unterbewußtsein wieder hochgeholt.

Das hängt auch mit der Person von Hitler zusammen. Es gibt dazu eine Legende, daß nach dem Anschluß von Österreich der erste geheime Befehl von Hitler gewesen sein soll, ein kleines Dorf in Oberösterreich zu evakuieren und zu zerstören. Das wurde ein Truppenübungsplatz.

Und es soll das Dorf gewesen sein, wo eine von Hitlers Großmüttern begraben lag. Es lief das Gerücht um, daß diese Großmutter eine Liaison mit einem Juden hatte. Auch daraus resultierte die Energie von Hitler, seine Angst und sein Haß auf das eigene jüdische Blut, das er zu haben glaubte. Ein anderer Aspekt dieser Energie ist vielleicht, daß der Nationalsozialismus nur als eine ständige Bewegung denkbar war. Hitler hat nie von der Partei, sondern immer von der Bewegung gesprochen. Da gibt es auch eine Entsprechung bei Kleist: Die Deutschen wollen immer weg von sich selber, aber diese Bewegung stößt auf Grenzen.

Das Hauptproblem waren in diesem Zusammenhang die Juden, die waren nicht integrierbar, da war ein Widerstand. Außerdem lieferten die Juden ein Alibi. Sie waren die Kapitalisten für die Bevölkerung, der Ersatz für alle antikapitalistischen Energien von Links und Rechts. Über die Geldwirtschaft kam der Kapitalismus nach Polen und nach Rußland. Im Mittelalter war es nur den Juden erlaubt, Zinsen zu nehmen, weil das in der Bibel als unchristlicher Wucher galt, also gründeten sie Banken und Leihhäuser.

Dadurch wurden die Juden der ideale Ersatzfeind. Damit hängt auch zusammen, daß die Anfangsenergie der nationalsozialistischen Bewegung antikapitalistisch war. Es gibt Belege dafür, daß die SA am Anfang, ab 1933, zum großen Teil aus ehemaligen deutschen Kommunisten bestand. Dadurch ist ein Großteil linker Energie von den Nazis aufgenommen worden.

Karl Korsch schrieb in einem Brief an Brecht, als die Wehrmacht Kreta besetzt hatte: »Der Blitzkrieg ist gebündelte linke Energie.« Der Nationalsozialismus war eigentlich die größte historische Leistung der deutschen Arbeiterklasse.

FRAGE Ist das Ihr Ernst?

MÜLLER Man kann es auch so formulieren: Der Blitzkrieg oder der Bewegungskrieg war nach der gescheiterten Revolution von 1848 die Herausführung der deutschen Arbeiterklasse aus dem Status der Ausgebeuteten in den Jägerstatus. Sie zogen in den Krieg und wurden Jäger.

Das hört man in jeder Kneipe. Die Kriegserinnerung, das ist das große Freiheitserlebnis. Der Krieg wurde zum Ersatz für die Revolution, genauso wie jetzt die Krawalle gegen Ausländer wieder der Ersatz sind für die nicht zu Ende geführte Revolution.

Die Juden wurden zum Ersatzfeind, weil man die wirklichen Kapitalisten brauchte, die haben schließlich den Krieg finanziert. Sie standen hinter Hitler, und deswegen kam man nicht an sie ran.

FRAGE Aber man hat doch auch jüdische Kapitalisten enteignet und in den Konzentrationslagern umgebracht?

MÜLLER Ja, aber die kriegsentscheidenden Industrien, vor allem die Schwerindustrie, waren in deutscher Hand; Flick, Krupp, Thyssen. Was jetzt mit dem Osten passiert, das ist der Traum der deutschen Industrie. Die haben es mit Hitler versucht, aber das klappte nicht. Jetzt haben sie ihr Kriegsziel erreicht: Der Osten liegt ihnen zu Füßen, als Markt und als Arbeitsmarkt.

Es gab schon 1943 in Madrid und in London geheime Konferenzen von deutschen, britischen und amerikanischen Industriellen über die Aufteilung der Märkte des Ostens nach dem Krieg, weil sie ahnten, mit Hitler klappt es nicht mehr. Sie haben sich damals verrechnet und werden sich wieder verrechnen. Sie haben Rußland nie verstanden. Da gibt es eine schöne Geschichte von Leskow über Rußland, im Zusammenhang mit Napoleon. Leskow schreibt: Rußland ist wie ein Sauerteig, da kann man mit der Faust reinschlagen, mit dem Stiefel reintreten, mit der Axt reinhacken, und wenn man den Stiefel oder die Axt herauszieht, quillt der Teig wieder hoch und ist wie vorher.

FRAGE Haben Sie eine Erklärung für die Aggressivität der Deutschen?

MÜLLER Dafür gibt es vielleicht eine historisch-ökonomische Erklärung: Die Deutschen sind immer zu spät gekommen, vor allem zur Aufteilung der Welt. Während Friedrich der Große seine regionalen Kriege geführt hat, haben sich die Franzosen und die Engländer die Welt aufgeteilt, und deshalb bekamen die Deutschen keine Kolonien ab.

Dadurch wurde der deutsche Kapitalismus der dynamischste in Europa, mit Erfindungsgeist und einer ungeheuren Produktionskapazität, die keine Peripherie hat. Das ist eine historisch-ökonomische Erklärung für die spätere Erfindung des technisierten Massenmords. Wenn man Kolonien hat, dann verteilt sich das aggressive Potential einer Nation über die ganze Welt. In Deutschland blieb es konzentriert.

Dazu kommen noch ein paar Ereignisse aus der deutschen Geschichte, die den Nationalcharakter geprägt haben. Deutschland liegt in der Mitte Europas, deshalb fanden alle Kriege letztlich in Deutschland statt. Es war für die Deutschen nie ein Krieg denkbar, der kein Zweifrontenkrieg war. Die Engländer oder die Franzosen konnten ihre Verbrecher nach Australien schicken oder nach Algerien. Da konnten sie massakrieren, während in Deutschland die Verbrecher im Land blieben und damit die kriminelle Energie, natürlich auch die kriminelle Energie des Kapitals. Aber es gab eine Diskrepanz zwischen der Ideologie der Nazis und den Interessen der deutschen Industrie. Aus der Sicht der deutschen Industrie war der Krieg vor allem ein Krieg um Arbeitskräfte. Für die Nazis ging es aber wegen Hitlers Rassentheorien um die Vernichtung von Arbeitskräften. Das westdeutsche Wirtschaftswunder ist ein Ergebnis von Auschwitz. Alle großen deutschen Konzerne haben in Auschwitz arbeiten lassen, auch in anderen Lagern, in Allianz mit der amerikanischen und britischen Industrie.

[1992]

Showdown

In einem Käfig gläsern sahn wir stehn
Den Mörder und das Opfer unbekannt
Einander auch nicht wissend noch wer wen
Zu töten in dem Glas gefangen stand
Mit andern starrten wir gierig zu schaun
Den Hals des Opfers in des Mörders Hand
Tod unser Stoff aus dem wir Städte baun
Die Furcht vorm Sterben nur zusammen hält
Und Hoffnung auf Atem im Morgengraun

Keiner kann aufstehn wenn kein andrer fällt
Die Plätze sind markiert das Wo das Wann
Was scherts die Küste wenn das Schiff zerschellt
Im Glas beginnt der Krieg Mann gegen Mann
Die Miete zahlt der letzte Würgegriff
Besser für Geld als wild im dunklen Tann
Der Mensch und sei es auf dem Geisterschiff
Das dümpelt in den Tiefen seiner Brust
Erwirbt als Mörder erst den letzten Schliff
Furcht des Voyeurs Sterben und nicht gewußt
Wem das Genick brach gläsern welche Hand
Der Rest heißt Abgrund Grauen oder Lust
In diesem oder einem andern Land.

[vermutlich 29. November 1994]

Th. M. hielt eine menschliche Gesellschaft erst für möglich, wenn M. d. Hölderlin & Hölderlin d. M. gelesen hätte ——

Von Norbert Blüm hatten [kennen] wir den geistvollen Spruch: Jesus lebt – Marx ist tot

Das Leben & die Arbeit v. E. C., als Priester, Dichter, Revolutionär, Kulturminister, steht für die Wahrheit eines anderen Satzes der sagt, daß Jesus nicht [ohne M.] leben wird, wenn Marx nicht aufersteht
– kein Leben hat

(M. M.
E. C. gehört zu den seltenen Menschen
mit oder ohne Parteien
Politik

E. C. Furchtlos nicht damit ab daß
aus keiner oder alle
für alle gilt es nicht
das Prinzip auszuüben
Selektion statt Revol.,

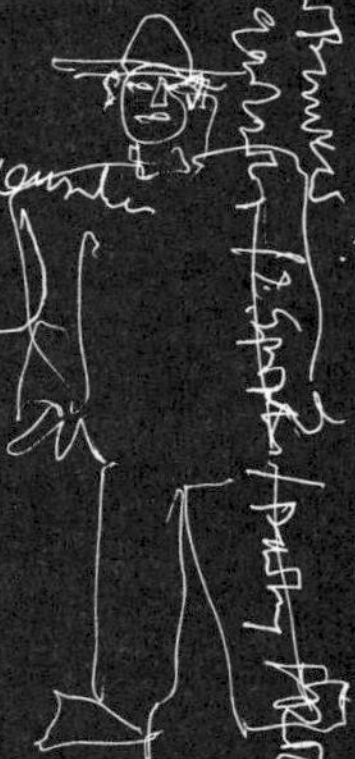

933811

die Kritik der Religion endet mit der Lehre, daß der Mensch das höchste Wesen für den Menschen sei, also mit dem kategorischen Imperativ, alle Verhältnisse umzuwerfen, in denen der Mensch ein erniedrigtes, ein geknechtetes, ein verlassenes, ein verächtliches Wesen ist.

Nachwort

πάντα χωρεῖ καὶ οὐδὲν μένει«
Alles bewegt sich fort und nichts bleibt
Heraklit

Heiner Müller ist ein Dramatiker, der die Weltgeschichte als Geschichte von Klassenkämpfen, Revolutionen und Befreiungsversuchen begreift, als dialektische Abfolge von Konflikten, die im Horizont der klassenlosen Gesellschaft freier Menschen stehen. Denn die Geschichtskonzeption des Marxismus ist nicht, wie Maurice Merleau-Ponty pointiert formulierte,

> irgendeine Hypothese, die morgen von einer anderen ersetzt werden könnte, sie ist vielmehr das explizite Formulieren jener Bedingungen, ohne die es keine humane Menschheit im Sinn einer egalitären Wechselbeziehung zwischen den Menschen und keine Rationalität in der Geschichte gibt. In diesem Sinn meint der Marxismus nicht irgendeine Geschichtsphilosophie, sondern die Geschichtsphilosophie, und auf sie verzichten heißt, die geschichtliche Vernunft zu Grabe tragen.[1]

Die Geschichte der Menschheit *nicht* im Horizont der Befreiung der Knechte, der Enteigneten, der Unterdrückten und Ausgebeuteten zu betrachten, also dessen, was unter den Bedingungen kapitalistischen Wirtschaftens »Proletariat« heißt, verwandelt umgekehrt jedes geschichtliche Tun und Handeln in blindes Abenteurertum, in haltlose, mehr oder weniger imperiale Träumereien oder einen absurden, zynisch-sentimentalen Heroismus. Drama und Tragik der Geschichte verkehren sich dann in das, was – alles andere als zufällig – unser tägliches ideologisches Kino- und TV-Brot ausmacht: Katastrophenszenarien, Action-Filme, Historien-Schnulzen, kurz: die endlose Wiederkehr der immer selben mythischen Gewalt.

Die politischen Widersprüche und Irrwege des realexistierenden Sozialismus, die Entfremdung der Arbeiter von der Partei, die Absurdität der Produktionsvorgaben, hat Heiner Müller bereits in den 1950er Jahren beobachtet und sie in seinen frühen Stücken – *Der Lohndrücker*, *Die Korrektur*, *Die Umsiedlerin*, *Der Bau* – auch explizit thematisiert, was ihm 1961, nach der Inszenierung der *Umsiedlerin* durch B. K. Tragelehn, den Ausschluss aus dem Schriftstellerverband der DDR eingetragen hat, und Tragelehn drei Jahre ›in der Produktion‹ beziehungsweise im Braunkohletagebau. Über den repressiven Zwängen, ökonomischen Defiziten, bürokratischen Absurditäten und dem unfreiwilligen Humor des Regimes hat Müller allerdings, nicht anders als Tragelehn, nie das geschichtlich größere und länger andauernde Elend des Kapitalismus aus dem Blick verloren und dabei auch nicht vergessen, dass Hitler im Kontext der Weltwirtschaftskrise nicht als Gegner der kapitalistischen Wirtschaftsordnung an die Macht gekommen war, sondern auch als deren ›anti-bolschewistische‹ Option. Deswegen ist es ihm auch nie in den Sinn gekommen, die historische Berechtigung des politischen Projekts namens Sozialismus, dessen Teil die DDR nach dem Ende des Zweiten Weltkrieges und der Niederschlagung Hitler-Deutschlands war, in Frage zu stellen und es politisch nicht gegen dessen Feinde und Verächter zu verteidigen. Die interne Veränderung der sozialistischen Gesellschaften, die allein von ihren eigenen Voraussetzungen her zu leisten (gewesen) wäre, hielt Heiner Müller bis ins Jahr 1990 für ebenso notwendig wie für möglich.

Die Position Müllers, was die historische Legitimität, die politische Vernunft und mögliche Veränderbarkeit des Sozialismus anging, war auch die des westlichen, also des bundesrepublikanischen, französischen, italienischen, spanischen oder amerikanischen (Neo-)Marxismus. Für die sogenannte blockfreie Welt stand sie genauso wenig außer Frage. Bis zum Zusammenbruch des Ostblocks im Jahr 1990 war sie Konsens innerhalb der gesamten politischen Linken und wurde auch von Teilen der Sozialdemokratie, ja sogar der Liberalen geteilt. So schrieb etwa Raymond Aron, der große Vertreter des politischen Liberalismus, 1948:

Unsere radikale Zurückweisung des Kommunismus bezieht sich nicht auf die Motive der Lehre und noch viel weniger auf seine Anhänger. Die Gründe, die noch vor kurzem die jungen Intellektuellen auf die Seite der linken und extremlinken Parteien brachten, sind dieselben, die uns heute dazu bringen, ›Antikommunisten‹ zu sein. Denn der Stalinismus bricht mit der humanistischen und egalitären Tradition ebenso brutal wie das Hitler-Regime. Die politische Parteinahme [gegen den Kommunismus] bedeutet keinerlei Verurteilung der Verdienste und Motive der Menschen, die sich ihm verschrieben haben. Warum sollte man es leugnen? Wir fühlen uns menschlich oft denen näher, die uns [als Antikommunisten] beschimpfen, als denen, die uns wohlgesonnen sind. Es ist nur allzu wahr, dass der Antikommunismus sich zum Großteil auf Angst und den Willen zur Aufrechterhaltung von Privilegien und Egoismus stützt.[2]

Müllers kontinuierliches Interesse an den Arbeiten westlicher Linksintellektueller wie Louis Althusser, Michel Foucault, Jean-François Lyotard, Gilles Deleuze, Félix Guattari, aber auch Pier Paolo Pasolini ist weder überraschend noch zufällig. Es handelt sich um marxistische Wahlverwandtschaften beziehungsweise um den Versuch, disziplinare Machtstrukturen, libidinöse Ökonomien, Produktionstechnologien, Kriegsmaschinen, Staatsapparate, Entfremdungsmechanismen, informationelle Beschleunigungseffekte, die Auflösung territorialer Ordnungen auf Augenhöhe mit der kapitalistischen Gegenwart und ihren Dynamiken zu denken.

Keiner der genannten linken West-Intellektuellen hat den Befreiungshoffnungen, die mit dem Namen und dem Begriff des Kommunismus verbunden waren, je ihre Berechtigung abgesprochen, auch und gerade dann nicht, wenn sie der politischen Ausbeutung derselben Hoffnungen und der Repression individueller Freiheiten durch die staatlichen Apparate polemisch entgegengetreten sind. Keiner hat sich über die Sackgasse des Stalinismus, über das Lager- und Polizeistaatssystem sowie die intellektuelle Mumie des Moskauer Staats-Marxismus Illusionen gemacht. Es ging, im Gegenteil, um die Befreiung der kommunistischen Bewegung aus dem Klammergriff der ›orientalischen Despotie‹, wie Karl Wittfogel sie 1957 für das Sowjet-Imperium diagnostiziert hatte.[3] Und zwar ging es ihnen deswegen darum, weil keiner von ihnen je darauf verzichtet hat, den Kapitalismus ausgehend von den Marx'schen Analysen als eine historisch zu überwindende Produktions- und Machtformation zu betrachten, die sämtliche Existenzweisen und Lebensformen dieser Erde dem sinnlos wuchernden Profit (um des Profits willen), der schamlosen Unterwerfung, der a-sozialen Gier, dem antiintellektuellen Ressentiment, dem egoistischen Besitzneid, der technokratischen Rücksichtlosigkeit und dem unerbittlichen Kult der Ware zu unterwerfen. Plakativer gesagt, keiner der Autoren hat über dem Terror Stalins und seiner Nachfolger das historisch vorgängige kapitalistische Elend und den großen Krieg (um Rohstoffe, Absatzmärkte, Handelsstützpunkte, Arbeitsmärkte, Transportwege, Technologien) vergessen, den das Kapital seit spätestens dem 17. Jahrhundert in sämtliche Erdteile trägt und mit dem es all diejenigen überzieht, die sich ihm in den Weg stellen.

Der Krieg gegen diejenigen, welche die globalen Kapital- und Warenflüsse behindern, sie womöglich räuberisch anzapfen und umleiten, hat 1990 mit dem Ende des Kalten Kriegs nicht aufgehört, sondern sich geographisch und ideologisch verschoben: in den Nahen und Mittleren Osten, nach Afrika, nach Südostasien. Er wird nicht mehr geführt als Krieg zwischen zwei Blöcken, sondern – diffuser – als *clash of civilizations*, als Krieg gegen den internationalen Terrorismus, gegen ›rogue states‹, somalische Piraten, libysche, syrische oder nigerianische Warlords, kurzum, gegen eine unendlich dehn- und wandelbare ›Axis of Evil‹. Das unergründlich Böse dieser Achse freilich, das den friedlichen Export- und Importhandel, die Energie- und Rohstoffversorgung der Industriegesellschaften bedroht, entspringt nicht der Archaik oder dem Satanismus zurückgebliebener Wüstenvölker und ihrem religiösen Irrationalismus, sondern zuallererst der mythisch gewordenen Geschichtskonzeption der »freien Welt« selbst, die, wie Merleau-Ponty sagte, mit dem besiegten Marxismus auch die geschichtliche Vernunft zu Grabe getragen hat – unter anderem mit dem rechtshegelianisch inspirierten Gedanken, man habe das Ende der Geschichte erreicht, der Rest der Welt müsse nur noch schnell nachkommen.

In der Tat, man kann vom Kapitalismus nicht angemessen sprechen, ohne *historisch* (und zwar mit einem langen Gedächtnis) zu sprechen: von Pauperisierung und Landflucht, von Imperialismus und Kolonialismus, von Weltwirtschaftskrisen und Geldentwertungen, von Börsenkrächen und Massenarbeitslosigkeit, von Hunger und sozialer Verelendung, von Kriegen um Rohstoffe, Handelswege, Absatzmärkte. Und man kann vom Kapitalismus nicht sprechen, am allerwenigsten in Deutschland, ohne auch den Nationalsozialismus im Blick zu haben, dessen politischer Aufstieg historisch unmittelbar verknüpft ist mit der Weltwirtschaftskrise Ende der 1920er Jahre, mit dem Zusammenbruch der Nationalbank, mit über sechs Millionen Arbeitslosen, mit drastischen Gehaltskürzungen, der Herabsetzung der Arbeitslosenunterstützung. Dabei war es nicht die Demokratie der Weimarer Republik, nicht ihre Institutionen und nicht ihre Rechtsordnung, die der zunehmenden Massenverzweiflung Einhalt geboten hätten: nicht dem Hunger und den engen, feuchten Wohnungen, nicht den löchrigen Schuhen und den zu dünnen Mänteln, nicht der Kälte und den unterlassenen Arztbesuchen. Sie war dazu politisch und juridisch nicht in der Lage. Der letzte demokratisch legitimierte Reichskanzler, Heinrich Brüning, schrieb rückblickend in einem Brief an Winston Churchill vom 28. August 1937:

Hitlers wirklicher Aufstieg begann erst 1929, als die deutschen Großindustriellen und andere es ablehnten, weiterhin Gelder an eine Menge patriotischer Organisationen auszuschütten, die bis dahin die ganze Arbeit für das deutsche ›Risorgimento‹ geleistet hatten. Ihrer Ansicht nach waren diese Organisationen in ihren sozialen Gedanken zu fortschrittlich. Sie waren froh, dass Hitler die Arbeiter radikal entrechten wollte. Die Geldspenden, die sie anderen Organisationen vorenthielten, flossen Hitlers Organisation zu. Das ist natürlich allerorts der übliche Beginn des Faschismus.[4]

Was auch immer man im Einzelnen von Brünings These zum ›wirklichen Aufstieg‹ Hitlers halten mag, zumindest rufen die Sätze ins Gedächtnis, dass kapitalistische Verelendung und bürgerliche Demokratie *nicht* zusammengehören wie Problem und Lösung – auch wenn die ideologischen Gebetsmühlen des Liberalismus es unablässig wiederholen und unentwegt *Happiness* für alle versprechen. *Für alle aber reicht es nicht.* Den sozialen Verwüstungen des Kapitalismus kann (und konnte) die bürgerliche Demokratie genau deswegen nicht antworten, weil sie sich Eingriffe in die – bekanntlich als privat und vorpolitisch veranschlagten – Marktmechanismen und die entsprechende Eigentumsordnung prinzipiell untersagt. Denn »alle Entscheidungen demokratischer Institutionen stellen keine autonome Verfügung über den sinnvollen Einsatz der gemeinsamen Ressourcen dar, sondern sind immer schon präformiert durch die Automatik des ökonomischen Systems, die als solche eben gerade nicht verhandelbar ist, weil sie einer unausweichlichen ›Natur‹ zugeordnet wird«.[5] David Hume, der von Friedrich von Hayek nicht umsonst als philosophischer Garant des Liberalismus gefeiert wird, hatte 1738 die »stability of possession«

in der Tat zu den »three fundamental laws of nature« gezählt.

Denselben Sachverhalt der blanken Ohnmacht der Demokratien mitsamt ihrem souveränen *demos* gegenüber dem kapitalistischen System, die zugleich auch politische Komplizenschaft meint, hatten auch Gilles Deleuze und Félix Guattari im Blick, als sie auf die Flexibilität und papierne Realität der Menschenrechte hingewiesen haben. Historisch haben die »droits de l'homme« noch nie jemanden vor Tagelöhnerei, Hunger, Obdachlosigkeit, Knebelverträgen und sozialer Verwahrlosung, genauso wenig vor massenmedialen Rufmordkampagnen, entwürdigenden Schönheitswettbewerben oder rassistischen Diskriminierungen auf dem Wohn- und Arbeitsmarkt geschützt, ganz zu schweigen von Depressionen, Süchten, Selbstausbeutungen, Profilneurosen, die, wie man weiß, sozial induziert, aber individuell abzurechnen sind.

Die Menschenrechte sind Axiome: Auf dem Markt können sie neben vielen anderen Axiomen bestehen, insbesondere neben denen, welche die Sicherheit des Eigentums betreffen, von denen sie eher ignoriert oder aufgehoben werden, als dass sie ihnen widersprächen: ›das unreine Gemisch oder das Unreine Seite an Seit‹, wie es bei Nietzsche heißt. Wer kann die Misere und die Deterritorialisierung-Reterritorialisierung der Elendsviertel in Schach halten und verwalten – wer sonst außer der Polizei und schwer bewaffneten Armeen, die mit den Demokratien koexistieren? Welche Sozialdemokratie gab noch nicht den Schießbefehl, als das Elend aus seinem Territorium oder Getto auszubrechen drohte? Das Recht rettet weder die Menschen noch eine Philosophie, die sich im demokratischen Staat reterritorialisiert. Die Menschenrechte werden uns nicht dazu bringen, ein Loblied auf den Kapitalismus anzustimmen. Und es bedarf schon einiger Unschuld oder Gerissenheit, wenn eine Philosophie der Kommunikation, und zwar mittels der Bildung einer als ›Konsens‹ verstandenen universellen Meinung, die in der Lage sein soll, Nationen, Staaten und den Markt auf moralische Prinzipien zu gründen, die Gesellschaft der Freunde oder sogar der Weisen wiederherstellen will. Die Menschenrechte sagen nicht das Geringste über die immanenten Existenzweisen des mit Rechten ausgestatteten Menschen aus. Und die Scham, ein Mensch zu sein, überkommt uns nicht nur in den von Primo Levi geschilderten Extremsituationen, sondern auch unter unbedeutenderen Umständen, angesichts der Niedertracht und Vulgarität der Existenz, die die Demokratien heimsucht, angesichts der Ausbreitung dieser vulgären Existenzweisen und des marktgerechten Denkens, angesichts der Werte, Ideale und Ansichten unserer Epoche. Die Empfindung der Schmach und der Schande angesichts der uns gebotenen Lebensmöglichkeiten steigt von innen auf. Wir fühlen uns nicht außerhalb unserer Epoche, im Gegenteil: wir schließen unaufhörlich schändliche Kompromisse mit ihr. Dieses Schamgefühl ist eines der mächtigsten Motive der Philosophie. Wir sind nicht für die Opfer verantwortlich, vielmehr angesichts der Opfer: vor ihnen. Und es gibt kein anderes Mittel, der Schmach zu entkommen, als zum Tier zu werden (grunzen, wühlen, höhnisch lachen, sich auf dem Boden wälzen): Das Denken selbst ist manchmal einem verendenden Tier näher als einem lebenden Menschen, und sei er Demokrat.[6]

Heiner Müller ist ein marxistisch denkender Dramatiker und Dichter, kein Theoretiker, auch wenn er geistes- und sozialwissenschaftliche Theorieentwürfe, von Hegel und Marx bis zu Baudrillard, Guattari und Virilio, aufmerksam rezipiert und sie als Anregungen, szenische Denkfiguren, Material, manchmal auch nur als Stichwortsammlung für seine Texte benutzt hat. Dass er keine systematische Theorie des Kapitalismus formuliert hat und auch nie eine zu schreiben beabsichtigte, bedeutet dennoch nicht, dass er nicht Gedanken und Vorstellungen, analytische Einschätzungen, Wahrnehmungen und, vor allem, Affekte gegenüber dem Phänomen namens Kapitalismus artikuliert hätte. Und es bedeutet genauso wenig, dass er sich nicht ständig auch die Frage gestellt hätte (nicht anders als die Kritische Theorie), wie abhängig alle Konzepte, Perzepte und Affekte vom globalen Kapitalismus womöglich schon sind, wie reaktiv alle Befreiungshoffnungen möglicherweise nur gedacht werden, das heißt, wie sehr die kapitalistischen Verhältnisse bereits die intimsten Bereiche der Subjekte erreicht haben: Phantasien, Wünsche, Begierden, Ängste, Wahrnehmungsweisen, Gesten, Mimik, Bewegungsmuster, Gefühle, Vorlieben, Lieben. In ihrer dunkelsten Variante lautet sie: Und wenn die Hoffnungen auf das Ende und ein Jenseits des Kapitalismus nur noch fiebrige Illusionen wären?

Aus Anlass des Todes von Zino Davidoff veröffentlichte Müller am 19. Januar 1994 unter dem zugleich sehr ernst und sehr ironisch gemeinten Titel »Werteverfall. Zum Tode von Zino Davidoff« den folgenden kleinen Text in der *Frankfurter Allgemeinen Zeitung*. Der Nachruf macht Müllers dialektisch gewitzten Blick auf die seltsamen Segnungen des Kapitalismus auf Anhieb deutlich.

Der Qualität seiner Zigarren entsprach ihr Preis, der den Genuss zur Erfahrung machte. Die Qualität entspricht nicht mehr dem Preis, seit er sein Imperium von Kuba in die Dominikanische Republik verlegt hat. Dass der große Davidoff seine Zigarren aus dem allgemeinen Werteverfall nicht heraushalten konnte, gehört zu den Tragödien des Jahrhunderts. Seine Höllenstrafe wird das von der Bundesregierung geplante Rauchverbot sein.[7]

Der dialektische Witz der Würdigung besteht im ironischen Hinweis auf den Qualitätsverfall der Davidoff-Zigarren, der ausgerechnet mit der Verlagerung der Produktion aus dem sozialistischen Kuba in die Dominikanische Republik verbunden war, und zwar im Jahr des großen kapitalistischen Triumphs 1989, als Cubatobacco nämlich aufhörte, Davidoff mit den nötigen, erstklassigen Tabaksorten zu versorgen. Mit dem historischen Fall des real existierenden Sozialismus setzt für Müller nicht das große Glück, sondern »der allgemeine Werteverfall« ein – und zwar der unaufhaltsame Verfall des *Genusses*. In bester Brecht-Manier machen die Zeilen auf das fragwürdige Verhältnis aufmerksam, das die kapitalistische Verwertungsordnung zwischen den schönen, berauschenden Dingen dieser Erde und den Menschen einrichtet: ›Der Qualität seiner Zigarren entsprach ihr Preis, der den Genuss zur Erfahrung machte. Die Qualität entspricht [jetzt, nachdem der Kapitalismus auf der ganzen Linie gesiegt hat] nicht mehr dem Preis.‹

Der Werteverfall, den Müller konstatiert, betrifft natürlich weder die stolzen Preise der Zigarren noch die Gewinne, welche die Zino Davidoff S. A. mit ihren Luxuswaren auch nach 1989 erwirtschaftet hat. Er betrifft die Geschmacksqualität, das heißt den Gebrauchswert der Zigarren für die sogenannten Verbraucher. Ihrem exorbitanten Preis, behauptet Müller ebenso knapp wie schelmisch, entspricht seit 1989 kein realer Gegenwert auf Seiten der Geschmackserfahrung mehr. Schelmisch ist der Satz, weil er nicht als subjektives Urteil zum Geschmack dieser oder jener Zigarrensorte geäußert wird (etwa im Stil eines Testberichts zur Qualität einer Davidoff Chateau Margaux, die im zweiten Drittel wunderbare Röstaromen entfaltet,

Zimt, Muskatnuss, geröstetes Brot u. dgl.), sondern weil der Satz die politisch-ökonomischen Produktionsverhältnisse im Auge hat, die Mechanismen der Preisbildung und die Rolle, die dem Genuss strukturell darin zukommt. Preise bilden bekanntlich nicht in Zahlenform das Vergnügen ab, das eine Ware ihrem Käufer subjektiv gewährt, sondern sie nennen den (Tausch-)Wert, den eine Ware auf dem Markt hat, im Spiel aus Angebot und Nachfrage, Produktions- und Vertriebskosten, Unternehmenskapital und Kreditzinsen. Der Wert, und insbesondere der Mehrwert, ist es, der unter kapitalistischen Bedingungen zählt, nicht der sinnliche Genuss. Ob der ›Endverbrauch‹ im Einzelnen mit einer herausragenden Geschmackserfahrung verbunden ist oder nicht, ist prinzipiell, das heißt für die Produktion im Hinblick auf den zu erwirtschaftenden Mehrwert von nachgeordneter Bedeutung.

Heiner Müller erinnert daran: Was nach 1990 den Sieg davongetragen hat, ist die ausbeuterische Welt der globalen Wertschöpfung, das heißt die Produktion, Zirkulation und Konsumtion der Dinge im Dienst des nach Mehrwert strebenden Kapitals. Der sinnliche, qualitative Genuss hat in dieser Ordnung – als bloßer Warenverzehr, der lediglich die Nachfrage und die entsprechende Produktion im Verwertungsprozess sicherstellt – tatsächlich keine andere Funktion, als Mittel zum Zweck einer (unsinnlichen) Wertsteigerung zu sein, also zum Zweck jenes wunderbaren Mehrwerts ΔG, den Marx im *Kapital* mit der Formel »Geld – Ware – Geld'« (wobei: G' = G + ΔG) angeschrieben hat.

Die einfache Warenzirkulation [W – G – W] – der Verkauf für den Kauf – dient zum Mittel für einen außerhalb der Zirkulation liegenden Endzweck, die Aneignung von Gebrauchswerten, die Befriedigung von Bedürfnissen. *Die Zirkulation des Geldes als Kapital [G – W – G'] ist dagegen Selbstzweck, denn die Verwertung des Werts existiert nur innerhalb dieser stets erneuerten Bewegung.* Die Bewegung des Kapitals ist daher maßlos.[8]

Produziert wird unter den Bedingungen des maßlosen Kapitals nicht im Hinblick auf das Vergnügen, das eine spezifische Ware ihren (auf ihr Können stolzen) Herstellern und ihren (das hergestellte Produkt bewundernden) Liebhabern schenkt, sondern ausschließlich im Hinblick auf den Warenwert beziehungsweise den Mehrwert, der sich mittels des Warenverkaufs und -konsums realisieren lässt, um dem Kapital (und das heißt: weder den Produzenten noch den Konsumenten) zu schenken, was es will: Wachstum, stets erneuerte Bewegung, Verwertung des Werts.

Mit den Dingen selbst und ihren Qualitäten hat der Wert aber nur genau so viel zu tun, wie das Geld als allgemeines Äquivalent mit ihnen zu tun hat: substantiell gar nichts. Es ist ihnen vollkommen äußerlich. Der Geldwert von Waren bezieht sich nicht auf deren singuläre Qualitäten und den individuellen Gebrauch, sondern auf die abstrakte Äquivalenz von allem Möglichen. Als Wert lässt sich eine Davidoff Chateau Margaux problemlos verwandeln – man muss sie nur zu Markte tragen – in siebenhundert Liter Milch, drei Autoreifen, eine bibliophile Werther-Ausgabe, eine ärztliche Behandlung, Kinokarten, Heizdecken, eine Wohnungsvermittlung usw. usf. Hier sind Jacken tatsächlich Hosen, Zigarren Autoreifen, Äpfel Birnen. Einerlei. Wie Marx schrieb:

Waren kommen zur Welt in der Form von Gebrauchswerten oder Warenkörpern, als Eisen, Leinwand, Weizen usw. Es ist dies ihre hausbackene Naturalform. Sie sind jedoch nur Waren, weil Doppeltes, Gebrauchsgegenstände und zugleich Wertträger. Sie erscheinen daher nur als Waren oder besitzen nur die Form von Waren, sofern sie Doppelform besitzen, Naturalform und Wertform. *Die Wertgegenständlichkeit der Waren unterscheidet sich dadurch von der Wittib Hurtig, dass man nicht weiß, wo sie zu haben ist. Im graden Gegenteil zur sinnlich groben Gegenständlichkeit der Warenkörper geht kein Atom Naturstoff in ihre Wertgegenständlichkeit ein.* Man mag daher eine einzelne Ware drehen und wenden, wie man will, sie bleibt unfassbar als Wertding.[9]

Der ironische Hinweis von Müller auf den allgemeinen Werteverfall nach 1990, der auch die besten Zigarren der Welt nicht verschont, ist konzeptuell gewitzter, als es auf den ersten Blick vielleicht scheint. Er zielt auf die Kritik einer Ordnung, die den Genuss – und genau das gehört zu den ›Tragödien des Jahrhunderts‹ – ausschließlich als *Konsum* kennt, das heißt als bloßes Mittel zur Steigerung abstrakter, unsinnlicher Geldwerte, als funktionales Moment im endlosen Kreislauf geldheckenden Geldes, das sich über den Warenverzehr erneuert. Was diese Ordnung nicht kennt (auch wenn Zino Davidoff im Grunde seines großen Genießerherzens es sich vielleicht anders gewünscht hätte), ist der Genuss als Zweck der Produktion, als Befriedigung von Bedürfnissen, womöglich gar als Glückserfahrung von Menschen.

Anstatt schöne Dinge für sinnliche Menschen zu produzieren, produzieren und konsumieren arbeitende (und zwar für Betriebe und Kapitalerträge arbeitende) Menschen Dinge, um unaufhörlich Wachstum zu produzieren, das heißt: Wert und mehr Wert und noch mehr Wert. Denn der Wert ist prozessierender Wert, prozessierendes Geld und als solches Kapital, das sich stets vermehren will und dabei gleichzeitig so tut, als sei es selbst der quasi göttliche Ursprung aller Dinge und Werte: der Schöpfer von Wohlstand und Arbeitsplätzen, wunderbar gedrehten Zigarren und sprudelnden Erdölquellen, ja von genialen Dramen und Gedichten. Man muss nur in den richtigen Dichter investieren und ihn in aller Ruhe stiften lassen, ›was bleibet‹.

Kein Zweifel, der Klassiker Heiner Müller wird nur dann verständlich, wenn sein Werk in den geschichtlichen Kontext der Arbeiterbewegung, des Kommunismus, des Marxismus, der Oktoberrevolution und – *last but not least* – der DDR zurückgestellt wird. Der Witz und die Melancholie der Texte Müllers sind ohne Bezug auf Begriffe (und Dinge) wie Mehrwert, Proletariat, Klassenkampf, Verelendung und Dialektik nicht zu begreifen. Und dieser Bezug geht keineswegs auf, wie manche Interpreten meinen, in der Dekonstruktion von untauglich gewordenen Begriffen – als ob Heiner Müller Geschichte nur als Fundus (von Masken, Zitaten, Anekdoten, tragischen Begebenheiten) für ein postmodernes Performance-Theater begriffen hätte, in dem allen alles zitierbar geworden wäre. Postmoderne Ironie, die von oben herab über die geschichtliche Wirklichkeit lacht, nämlich unter Verweis auf deren prinzipielle Unerreichbarkeit durch Wörter, wird aber weder dem tragischen und parteilichen Bewusstsein gerecht, mit dem Müller die Geschichte betrachtet, noch seinem tiefschwarzen Humor, der den Folgen aller Reden und Prinzipien auf Seiten der leidenden Körper nachgeht –

einschließlich denen der Postmodernen, deren Gelächter meistens schon beim Ausfüllen der Steuererklärung aufhört. Müllers Texte setzen keine bunte Freak-Show der Geschichte, der Arbeiterbewegung oder der Revolutionstragödien in Szene, auch die *Hamletmaschine* nicht. Es sind engagierte Stellungnahmen und Versuche aktiver, performativer Eingriffe in dieselbe Geschichte, zu der nicht nur der röchelnde Staatsmarxismus des mittlerweile untergegangenen Ostblocks, sondern auch die Postmoderne selbst, ihr Ästhetizismus und ihr Konsumspektakel gehören. Die Postmoderne erscheint bei Müller durchweg als Epoche des rasenden Stillstands (der kapitalistischen Metropolen), als Zeit obszöner Prostitution, der alles käuflich geworden ist: neoimperiale Illusion eines neoaugusteischen Zeitalters, dem man – jedenfalls dann, wenn man der Toten der Geschichte, ihrer Taten und Untaten, Hoffnungen und Begeisterungen, Enttäuschungen und Tragödien eingedenk ist – nur noch mit Spott, Ekel und Verachtung, Schreibhemmung und Texten ohne Adressaten begegnen kann. Inschriften ohne Interpunktion, Schriftruinen für eine Zukunft, die sie ausgraben wird. Sie setzen den analytischen, also zersetzenden Blick auf die Gemeinheiten, Lügen, (Selbst-)Täuschungen und wohlorganisierten Krisen der Neuen Globalisierten Welt voraus, die seit 1990 unter dem pompösen Titel *Remaking of the World Order* hergestellt wird.

Ohne Bezug auf die emanzipatorische Geschichtskonzeption des Marxismus sind Müllers Texte in der Tat nicht zu begreifen: »Die guten Texte wachsen immer noch aus finsterm Grund, die bessre Welt wird ohne Blutvergießen nicht zu haben sein, das Duell zwischen Industrie und Zukunft wird nicht mit Gesängen ausgetragen, bei denen man sich niederlassen kann.«[10] Man würde ihren Witz deswegen aber auch verfehlen, wenn man das Verhältnis zwischen den Texten und ihren geschichtlichen Kontexten ausschließlich werkhermeneutisch ansetzen wollte. Marxistische Geschichts- und Mehrwerttheorie, die Geschichte der Arbeiterbewegung und des Sozialismus, die Gründung der DDR, der Bau der Mauer, SED-Parteitage und ZK-Sitzungen, Intrigen im Schriftstellerverband und Stasi-Akten sind nicht zu dem Zweck erfunden worden, später einmal das großartige Werk des großartigen Dichters Müller les- und erklärbar zu machen. Geschichte findet nicht statt, damit geniale (Kunst-)Werke entstehen, so dass sich im Nachhinein museale Sightseeing-Touren organisieren und die Glieder der Verwertungskette vermehren lassen: »Besichtigen Sie die Originalschauplätze der *Hamletmaschine*; lernen Sie Müllers Preußen kennen; bestaunen Sie den authentisch restaurierten Brennofen des *Lohndrückers*!«

Umgekehrt: Heiner Müllers Texte schreiben unermüdlich gegen die schamlose Barbarei des Ästhetizismus an. Sie waren und sind dazu da, nach wie vor, sowohl den Stillstand und die Agonie des DDR-Sozialismus als auch die geschichtlich triumphierende Welt des Kapitals in ihrer Vulgarität, Gewalttätigkeit und Unfreiheit, ihrer zynischen Zähigkeit und Verschlagenheit denk- und wahrnehmbar zu machen, jene unmögliche Wirklichkeit, die ihre Konfliktualität und Brutalität, ihre Ausbeutungsmechanismen und den permanent geführten Klassenkampf verleugnet, um stattdessen lieber von Prinzipien, also von Demokratie, Freiheit, Frieden, Wohlstand, Kunst, Kultur, Rechtsstaat usw. zu reden. Wenn es sein muss, auch unter Polizeischutz und mit viel staatsmännischer Ironie. Dass

Müllers Texte als klassisches Werk vorliegen, als erratischer Monolith aus fernen Zeiten, heißt also nicht notwendig, dass sie keinen Zugriff mehr auf die herrschende Wirklichkeit besäßen und ihre prophetische Kraft verloren hätten. Im Gegenteil. Man muss sich lediglich daran erinnern, dass auch noch die Krisen der jüngsten Gegenwart eine Geschichte haben, die parallel zur Entstehung des Werks verlaufen ist und die Heiner Müller beim Schreiben auch stets im Auge hatte. Das *Unsichtbare Komitee* hat zu Recht darauf hingewiesen:

Die Epochen sind eitel, allzu eitel. Jede glaubt an ihre Einzigartigkeit. So gefällt sich die Gegenwart des 21. Jahrhunderts zum Beispiel bei dem Gedanken, in ihr ereigne sich zum allerersten Mal das Große Ultimative Treffen der vier Megakrisen: der planetarisch ökologischen Krise, der allgemeinen politischen Krise der Demokratien, der weltweiten Energiekrise und schließlich der größten Wirtschafts- und Finanzkrise seit 1929. Das schmeichelt dem Katastrophen-Narzissmus der Gegenwart. Er verflüchtigt sich allerdings schnell, wenn man einen Blick in die Tageszeitungen aus den frühen 1970er Jahren wirft, sich den Bericht des *Club of Rome* über ›die Grenzen des Wachstums‹ von 1972 anschaut – oder den Aufsatz von Gregory Bateson über die ›Wurzeln der ökologischen Krise‹ vom Mai 1970 oder den Bericht über ›die Krise der Demokratie‹ der Trilateralen Kommission aus dem Jahr 1975. Spätestens seit Beginn der 1970er Jahre steht der dunkle Stern der Krise am Himmel. Giorgio Cesarano hat ihn in seinem brillanten Essay von 1974 ›Apokalypse und Revolution‹ hellsichtig beschrieben.[11]

Die Krisenökonomie des Kapitalismus ist wahrlich keine Neuigkeit. Apokalyptische Drohungen und Untergangsszenarien fungieren spätestens seit Beginn der 1970er Jahre, das heißt seit Ende des ›Wirtschaftswunders‹ als offizieller Regierungs- und Steuerungsdiskurs, mit denen sich Einschnitte und Reformen, Novellierungen des Arbeitsrechts, Finanzmarkt-Deregulierungen, Verschuldungspolitiken, Privatisierungsstrategien rechtfertigen und massenwirksam durchsetzen lassen. Wie immer betreffen die Apokalypsen nicht die Zukunft, sondern sind dazu da, die Gegenwart zu steuern, Panik zu erzeugen und die Bevölkerungen an der kurzen Leine zu halten. Apokalypse ist immer *Apocalypse Now!* An jedem Touristenstrand lauert der *Weiße Hai*. Sammelt Joghurt-Becher, kauft ökologisch vertretbare Automodelle, esst weniger Fleisch, denkt an die Wärmedämmung, wechselt den Strom-Anbieter, kauft nachhaltige Duschgels, tut dies, tut das! Womöglich überleben wir das nächste Jahr nicht! Verhalten Sie sich ruhig, folgen Sie den Anweisungen des Personals! Alles kann jederzeit aus dem Gleichgewicht geraten, alles kann jederzeit kippen: der Golfstrom, die Exportüberschüsse, die Innovationsfähigkeit, die Jahreszeiten. Die Zeiten sind nicht zum Leben gemacht, sondern zum rastlosen Überleben. Und die Wirklichkeit ist genau das, was das Personal den Subjekten von ihren geängstigten Leibern hält und wovor sie ständig geschützt werden müssen. Die Realität ›da draußen‹ erscheint derart grausam, unwirtlich, terroristisch und ungreifbar, dass sie nur noch im System selbst glauben überleben zu können und dabei lieber nicht merken, dass die tatsächlichen Bewohner des letzten Planeten, die um ihr Überleben zu kämpfen haben, die ständig das Gefühl haben, alles könne vom einen Moment auf den anderen wegbrechen, das Wasser und die Luft, die Lebensmittel und die Wohnung, niemand anderes als sie selbst sind. Dass sie selbst es sind, die von Wasser, Luft, Energie, Informationsinfrastruktur, Lebensmitteln, Wohnung systematisch abgeschnitten sind, zurückgeworfen auf ein sozial atomisiertes Arbeits- und Konsumentenleben, dem jeder handelnde Zugriff auf die eigenen Lebensbedingungen, womöglich im sozialen Kollektiv, verwehrt ist. Kurz, dass die tödliche Gefahr da draußen nichts ist als der Abglanz der Verhältnisse von innen. Die mortifizierende Wirkung dieses wirklichkeitslosen Überlebens inmitten der Konsumpostkarten hat Heiner Müller 1989 in einem Gespräch mit Frank M. Raddatz ebenso drastisch wie genau beschrieben:

MÜLLER Wenn man beispielsweise durch eine Einkaufspassage in Düsseldorf spaziert, stößt man nur noch auf massenhaften Lebensersatz. Da wird Kunst plötzlich Terror, bekommt die Aufgabe, dieses Leben auszulöschen, denn das Leben in Düsseldorf ist nicht lebenswert. Fünftausend rosa Slips bejahen nicht das Leben, das schreit vielmehr nach Tod und Vernichtung, wie die Postkartenhäuser am Chiemsee. Jedes Haus ist so zu Ende geputzt, daß Umweltverschmutzung zur letzten Hoffnung wird.
RADDATZ Da werden sich die grünen Fundamentalisten freuen …
MÜLLER Die Grünen wollen doch die heile Welt, aber die heile Welt ist die letzte; es gibt kein Leben ohne kaputtes Leben. Da freut man sich doch über jeden sterbenden Baum, weil er beweist, daß es noch Leben gibt. Wenn ich morgens Müsli esse, will ich mich eine Stunde später erschießen. Da trinke ich lieber Benzin zum Frühstück und esse gierig ein blutiges Steak dazu.[12]

Anmerkungen

1 Maurice Merleau-Ponty, *Humanismus und Terror*, aus dem Französischen von Eva Moldenhauer, Frankfurt am Main: Syndikat 1966, S. 198.

2 Raymond Aron, *Le grand Schisme*, Paris: Gallimard 1948, S. 8.

3 Vgl. Karl A. Wittfogel, *Die Orientalische Despotie. Eine vergleichende Untersuchung totaler Macht*, Frankfurt, Berlin, Wien: Ullstein 1977.

4 Heinrich Brüning, *Briefe und Gespräche 1934-1945*, herausgegeben von Claire Nix, Stuttgart: DVA 1974, S. 149.

5 Robert Kurz, *Schwarzbuch des Kapitalismus*, München: Ullstein 2002, S. 324.

6 Gilles Deleuze, Félix Guattari, *Qu'est-ce que la philosophie?*, Paris: Éditions de Minuit 1991, S. 103 (Aus dem Französischen von C. P.); vgl. dies., *Was ist Philosophie?*, aus dem Französischen von Bernd Schwibs und Joseph Vogl, Suhrkamp: Frankfurt am Main 2000, S. 125 f.

7 Heiner Müller, »Werteverfall«, in: *Werke*, Band 8: *Schriften*, herausgegeben von Frank Hörnigk in Zusammenarbeit mit der Stiftung Archiv der Akademie der Künste, Berlin, redaktionelle Mitarbeit: Kristin Schulz, Frankfurt am Main: Suhrkamp 2005, S. 466.

8 Karl Marx, *Das Kapital. Kritik der politischen Ökonomie*, Erster Band, in: ders., Friedrich Engels, *Werke*, Band 23, herausgegeben vom Institut für Marxismus-Leninismus beim ZK der SED, Berlin [Ost]: Dietz 1976, S. 167.

9 Ebd., S. 62.

10 Heiner Müller, »Der Schrecken die erste Erscheinung des Neuen. Zu einer Diskussion über Postmodernismus in New York«, in: *Werke* 8, S. 210.

11 Comité invisible, *À nos amis*, Paris: La Fabrique 2014, S. 25 f. (Aus dem Französischen von C. P.); vgl. Unsichtbares Komitee, *An unsere Freunde*, aus dem Französischen von Birgit Althaler, Hamburg: Nautilus 2015, S. 20f.

12 Heiner Müller, »Da trinke ich lieber Benzin zum Frühstück. Betrachtungen zum Fundamentalismus«, in: *Werke*, Band 11: *Gespräche 2. 1987-1991*, herausgegeben von Frank Hörnigk, redaktionelle Mitarbeit: Kristin Schulz, Ludwig Haugk, Christian Hippe und Ingo Way, Frankfurt am Main: Suhrkamp 2009, S. 445.

Nachweise

Die Gedichte Heiner Müllers werden (mit Ausnahme des Gedichtes »Römerbrief« auf S. 266) zitiert nach: Heiner Müller, *Warten auf der Gegenschräge. Gesammelte Gedichte*, herausgegeben von Kristin Schulz, Berlin 2014. Alle anderen Texte folgen der von Frank Hörnigk besorgten Werkausgabe: Heiner Müller, *Werke*, Frankfurt am Main 1999ff.:

Band 1: *Die Gedichte*, herausgegeben von Frank Hörnigk, Frankfurt am Main: Suhrkamp 1998.

Band 2: *Die Prosa*, herausgegeben von Frank Hörnigk in Zusammenarbeit mit der Stiftung Archiv der Akademie der Künste, Berlin, redaktionelle Mitarbeit: Kristin Schulz, Frankfurt am Main: Suhrkamp 1999.

Band 3: *Die Stücke 1*, herausgegeben von Frank Hörnigk in Zusammenarbeit mit der Stiftung Archiv der Akademie der Künste, Berlin, redaktionelle Mitarbeit: Kristin Schulz sowie Klaus Gehre und Marit Gienke, Frankfurt am Main: Suhrkamp 2000.

Band 4: *Die Stücke 2*, herausgegeben von Frank Hörnigk in Zusammenarbeit mit der Stiftung Archiv der Akademie der Künste, Berlin, redaktionelle Mitarbeit: Klaus Gehre, Barbara Schönig und Marit Gienke, Frankfurt am Main: Suhrkamp 2001.

Band 5: *Die Stücke* 3, herausgegeben von Frank Hörnigk in Zusammenarbeit mit der Stiftung Archiv der Akademie der Künste, Berlin, redaktionelle Mitarbeit: Klaus Gehre, Barbara Schönig und Marit Gienke, Frankfurt am Main: Suhrkamp 2002.

Band 6: *Die Stücke 4. Bearbeitungen für Theater, Film und Rundfunk*, herausgegeben von Frank Hörnigk, redaktionelle Mitarbeit: Kristin Schulz, Christian Hippe, Ludwig Haugk und Ingo Way, Frankfurt am Main: Suhrkamp 2004.

Band 7: *Die Stücke 5. Die Übersetzungen*, herausgegeben von Frank Hörnigk, redaktionelle Mitarbeit: Christian Hippe, Ludwig Haugk, Ingo Way und Kristin Schulz, Frankfurt am Main: Suhrkamp 2005.

Band 8: *Schriften*, herausgegeben von Frank Hörnigk, redaktionelle Mitarbeit: Kristin Schulz und Ludwig Haugk, Frankfurt am Main: Suhrkamp 2005.

Band 9: *Eine Autobiographie*, herausgegeben von Frank Hörnigk, redaktionelle Mitarbeit: Christian Hippe, Kristin Schulz, Ludwig Haugk und Ingo Way, Frankfurt am Main: Suhrkamp 2005.

Band 10: *Gespräche 1. 1965-1987*, herausgegeben von Frank Hörnigk, redaktionelle Mitarbeit: Kristin Schulz, Ludwig Haugk, Christian Hippe und Ingo Way, Frankfurt am Main: Suhrkamp 2008.

Band 11: *Gespräche 2. 1987-1991*, herausgegeben von Frank Hörnigk, redaktionelle Mitarbeit: Kristin Schulz, Ludwig Haugk, Christian Hippe, und Ingo Way, Frankfurt am Main: Suhrkamp 2008.

Band 12: *Gespräche 3. 1991-1995*, herausgegeben von Frank Hörnigk, redaktionelle Mitarbeit: Kristin Schulz, Ludwig Haugk, Christian Hippe und Ingo Way, Frankfurt am Main: Suhrkamp 2008.

I
Kapitalismus und Kapitalismuskritik

[In ärmlichen Verhältnissen ...] [1952], in: *Werke* 8, S. 516f.
Drei Parabeln [1953], in: *Werke* 2, S. 22.
Gespräch mit Heiner Müller [1966], in: *Werke* 10, S. 20-27.
Stahlnetz oder Die teilbare Freiheit [1975], in: *Werke* 8, S. 180-184.
Die Hamletmaschine [1977], in: *Werke* 4, S. 551-553.
Der Mann im Fahrstuhl [1978/79], in: *Werke* 2, S. 104-110.
Mülheimer Rede [1979], in: *Werke* 8, S. 218-220.
Und vieles [1979], in: *Werke* 8, S. 213-217.
[Ein intelligenter Mensch] [1980er Jahre], in: *Werke* 8, S. 590.
Ich glaube an Konflikt. Sonst glaube ich an nichts [1982], in: *Werke* 10, S. 182-212.
New York oder Das eiserne Gesicht der Freiheit [7. Juli 1987], in: *Werke* 8, S. 327-331.
Stirb schneller, Europa [1989], in: *Werke* 11, S. 400-402.
Hohlkörper Biene Maja [HMA 4927, 7/43].
FERNSEHEN [1989/90], in: *Gesammelte Gedichte*, S. 90f.
[Trilogie zur Arisierung] [1990], in: *Werke* 2, S. 129f., Einklammerungen und Auslassungen im Original.
[»Die deutsche Form der Revolution ...«] [1993], in: *Werke* 8, S. 603-609.
Ajax zum Beispiel [1994], in: *Gesammelte Gedichte*, S. 180-185.
NOTIZ 409 [Baden-Baden, Oktober 1995], in: *Gesammelte Gedichte*, S. 376-378.

II
Ekel

Grußadresse an eine Akademie [1961], in: *Werke* 8, S. 154.
[Lysistrate 70] [1970], in: *Werke* 4, S. 557-559.

Germania Tod in Berlin [1956/71], in: *Werke* 4, S. 340-344.
Die Befreiung des Prometheus [1972], in: *Werke* 2, S. 91-93.
Herakles 2 oder die Hydra [1972], in: *Werke* 2, S. 94-98.
MEDEASPIEL [vermutlich 1974], in: *Gesammelte Gedichte*, S. 63.
Traktor. Fragment [1955/61/74], in: *Werke* 4, S. 492-494.
Leben Gundlings Friedrich von Preußen Lessings Schlaf Traum Schrei. Ein Greuelmärchen [1976], in: *Werke* 4, S. 533 f.
Verkommenes Ufer Medeamaterial. Landschaft mit Argonauten [1981/82], in: *Werke* 5, S. 73 f.
Anatomie Titus Fall of Rome. Ein Shakespearekommentar [1983/84], in: *Werke* 5, S. 99-114.
Stirb schneller, Europa [1989], in: *Werke* 11, S. 406 f.
HERZ DER FINSTERNIS NACH JOSEPH CONRAD [vermutlich Dezember 1989], in: *Gesammelte Gedichte*, S. 92.
SELBSTKRITIK 2 ZERBROCHENER SCHLÜSSEL [vermutlich 1989/90], in: *Gesammelte Gedichte*, S. 93.
BESUCH BEIM ÄLTEREN STAATSMANN [21. Dezember 1992], in: *Gesammelte Gedichte*, S. 163 f.
AHNENBRÜHE [1992], in: *Gesammelte Gedichte*, S. 343.
MOMMSENS BLOCK [Ende 1992], in: *Gesammelte Gedichte*, S. 165-171. Einklammerungen und Auslassungen im Original.
ICH HAB ZUR NACHT GEGESSEN MIT GESPENSTERN [Januar 1993], in: *Gesammelte Gedichte*, S. 172. Einklammerungen und Auslassungen im Original.
Es fehlt ein wahnsinniger Monarch … [1993], in: *Werke* 12, S. 421. Einklammerungen und Auslassungen im Original.
Das Liebesleben der Hyänen [1993], in: *Werke* 8, S. 463-465.

III
Sprache

ALTES GEDICHT [1950er Jahre], in: *Gesammelte Gedichte*, S. 38.

BILDER [1955], in: *Gesammelte Gedichte*, S. 14.

[Das Gefühl des Scheiterns ...] [1955/61], in: *Werke* 2, S. 87.

Epigramme über Lyrik [vermutlich Mitte der 1950er Jahre], in: *Gesammelte Gedichte*, S. 127.

ORPHEUS GEPFLÜGT [vermutlich Ende der 1950er Jahre], in: *Gesammelte Gedichte*, S. 43.

Brief Heiner Müllers an den Schriftstellerverband [4.12. 1961], in: *Werke* 8, S. 153.

SCHALL CORIOLAN [vermutlich 1964], in: *Gesammelte Gedichte*, S. 56.

Literatur muss dem Theater Widerstand leisten [1975], in: *Werke* 10, S. 63-65.

ALLEIN MIT DIESEN LEIBERN [vermutlich 1975/76], in: *Gesammelte Gedichte*, S. 70.

[I began my plays in prose ...] [10.6.1978], in: *Werke* 8, S. 204.

Der Schrecken die erste Erscheinung des Neuen [1979], in: *Werke* 8, S. 208-212.

Kunst ist die Krankheit, mit der wir leben [1980], in: *Werke* 10, S. 152.

Ein Grund zum Schreiben ist Schadenfreude [1982], in: *Werke* 10, S. 225 f.

Richard Wagners Formel für Shakespeare [1986], in: *Werke* 10, S. 472.

Ein Gespräch zwischen Wolfgang Heise und Heiner Müller [1986], in: *Werke* 10, S. 507-509.

Rede während des internationalen Schriftstellergesprächs »Berlin – ein Ort für den Frieden« [1987], in: *Werke* 8, S. 319-320.

[So abgründig ist das gar nicht ...] [1987], in: *Werke* 10, S. 601.

[Nach dem Gespräch mit Wallraff ...] [1987], in: *Werke* 8, S. 332.

Nicht Einheit sondern Differenz [24. November 1989], in: *Werke* 11, S. 490f.

SENECAS TOD [vermutlich August / September 1992], in: *Gesammelte Gedichte*, S. 155f.

MÜLLER IM HESSISCHEN HOF [3. Oktober 1992], in: *Gesammelte Gedichte*, S. 157f.

[Ich hab zur Nacht gegessen mit Gespenstern ...] [1993], in: *Werke* 8, S. 610-615.

SCHWARZFILM [vermutlich 1993], in: *Gesammelte Gedichte*, S. 178.

VAMPIR [vermutlich Anfang 1995], in: *Gesammelte Gedichte*, S. 372.

IV
Religion

BRUCHSTEDT [vermutlich 1950], in: *Gesammelte Gedichte*, S. 204.

Brennendes Tal [1956], in: *Werke* 8, S. 122f.

MOTIV BEI A. S. [1958], in: *Gesammelte Gedichte*, S. 41.

Die Umsiedlerin oder das Leben auf dem Lande [1956/61, 64], in: *Werke* 3, S. 271f.

Zement. Nach Gladkow [1972], in: *Werke* 4, S. 463-465.

Todesanzeige [1975/76], in: *Werke* 2, S. 164.

Leben Gundlings Friedrich von Preußen Lessings Schlaf Traum Schrei [1976], in: *Werke* 4, S. 518-523.

Ich bin der Engel der Verzweiflung [vermutlich 1979], in: *Gesammelte Gedichte*, S. 76.

Ich glaube nicht an die Wirklichkeit [1980], in: *Werke* 8, S. 238f.

Quartett [1980/81], in: *Werke* 5, S. 48-50.

[Das Phänomen ist nicht der Schrecken ...] [1982], in: *Werke* 8, S. 589.

[Man braucht natürlich für sich irgendeine Motivation ...] [20. Dezember 1983], in: *Werke* 10, S. 762.
Atlantis extra [1986], in: *Werke* 10, S. 492-495.
Ruth Berghaus und Heiner Müller im Gespräch [1987], in: *Werke* 11, S. 96-98.
[Die Hyäne...] [1988], in: *Werke* 2, S. 122.
Ich wünsche mir Brecht in der Peep-Show [1988], in: *Werke* 11, S. 328.
Da trinke ich lieber Benzin zum Frühstück [1989], in: *Werke* 11, S. 431-442.
Stirb schneller, Europa [1989], in: *Werke* 11, S. 408f.
travel notes [vermutlich Ende 1980er Jahre], in: *Gesammelte Gedichte*, S. 337.
Denken ist grundsätzlich schuldhaft. Die Kunst als Waffe gegen das Zeitdiktat der Maschinen [1990], in: *Werke* 11, S. 673f.
Dem Terrorismus die Utopie entreißen [1990], in: *Werke* 11, S. 531f.
Deutschland ortlos. Anmerkung zu Kleist [1990], in: *Werke* 8, S. 382-387.
Nekrophilie ist Liebe zur Zukunft [1990], in: *Werke* 11, S. 600-615.
MEUBLES SCULPTURES. LÉGENDES PAR HEINER MÜLLER [1991], in: *Werke* 8, S. 398-402.
Auschwitz kein Ende [1992], in: *Werke* 12, S. 271-273.
Herzkranzgefäß [21. August 1992], in: *Gesammelte Gedichte*, S. 154.
WIE EINEN SCHATTEN HAT GOTT DEN MENSCHEN ERSCHAFFEN [vermutlich 1992], in: *Gesammelte Gedichte*, S. 162.
»Demokratie als Allesfresser« [1994], in: *Werke* 12, S. 607f.
Für immer in Hollywood [1994], in: *Werke* 12, S. 465-471.
RÖMERBRIEF [1994], in: *Werke* I, S. 290.
Poesie und Prosa [August 1995], in: *Gesammelte Gedichte*, S. 375.
[Krieg der Viren] [1995], in: *Werke* 5, S. 307-309.

»Die Wahrheit, leise und unerträglich« [1995], in: *Werke* 12, S. 767f.

Geh, Ariel, bring den Sturm [nach dem 20.12.1995], in: *Gesammelte Gedichte*, S. 431.

V
Krieg

BERICHT VOM ANFANG [vermutlich Anfang der 1950er Jahre], in: *Gesammelte Gedichte*, S. 12.

Der Bankrott des großen Sargverkäufers [1951], in: *Werke* 2, S. 11-16.

Parabeln [1951], in: *Werke* 2, S. 17.

RÄTSEL [vermutlich Anfang 1950er Jahre], in: *Gesammelte Gedichte*, S. 235.

BALLADE VOM STREIKBRECHER [vermutlich 1953/54], in: *Gesammelte Gedichte*, S. 261.

BUNTSCHUK [vermutlich 1956], in: *Gesammelte Gedichte*, S. 303.

HEROISCHE LANDSCHAFT VARIATION AUF EIN THEMA VON MAO TSE TUNG [Ende 1950er/Anfang 1960er Jahre], in: *Gesammelte Gedichte*, S. 28.

FRAGEN FÜR LEHRER [vermutlich 1963], in: *Gesammelte Gedichte*, S. 135-137.

Lenin-Lied [vermutlich 1969/70], in: *Gesammelte Gedichte*, S. 146.

ZWISCHEN DEN SCHLACHTEN GEGEN MICH [vermutlich zwischen 1977 und 1979], in: *Gesammelte Gedichte*, S. 327.

Diskussionsbeitrag auf der »Berliner Begegnung« vom 13. und 14. Dezember 1981, in: *Werke* 8, S. 247f.

Ich glaube an Konflikt. Sonst glaube ich an nichts [1982], in: *Werke* 10, S. 179-212.

Was gebraucht wird: mehr Utopie, mehr Phantasie und

mehr Freiräume für Phantasie [1984], in: *Werke* 10, S. 321-330.

Geschichtspessimismus oder Geschichtsoptimismus, das sind nur zwei Begriffe für Geschichtsunkenntnis [1987], in: *Werke* 10, S. 522-530.

Etwas für das Programmheft [1987], in: *Werke* 11, S. 224-226.

Geld für Spanien [vermutlich 1987], in: *Gesammelte Gedichte*, S. 328f.

Gespräch mit den Schauspielstudenten über »DER HORATIER« [1987], in: *Werke* 11, S. 263-265.

Ich wünsche mir Brecht in der Peep-Show [1988], in: *Werke* 11, S. 320-323.

Nachricht aus Moskau [1989], in: *Werke* 8, S. 348-351.

»Der Krieg muss lange dauern« [1991], in: *Werke* 11, S. 815-821.

HERAKLES 13 [1991], in: *Gesammelte Gedichte*, S. 95-98.

[Jetzt berichten wir gar nicht über MAUSER – erst mal ...] [1991], in: *Werke* 12, S. 881, Einklammerungen und Auslassungen im Original.

Die Küste der Barbaren [1992], in: *Werke* 8, S. 421-424.

KLAGE DES GESCHICHTSSCHREIBERS [16. August 1992], in: *Gesammelte Gedichte*, S. 345.

Auschwitz kein Ende [1992], in: *Werke* 12, S. 263-267.

Showdown [vermutlich November 1994], in: *Gesammelte Gedichte*, S. 187.

Faksimiles der Zwischentitel: HMA 03812_0021, HMA 04358_0007, HMA 04358_0010, HMA 04361_0001, HMA 04579_0001, HMA 04579_0003, HMA 04358_0009, HMA 09338_0001, HMA 09338_0002.

Deutschsprachige Gegenwartsliteratur in der edition suhrkamp Eine Auswahl

Marica Bodrožić. Sterne erben, Sterne färben. Meine Ankunft in Wörtern. es 2506. 154 Seiten

Paul Brodowsky. Milch Holz Katzen. es 2267. 72 Seiten

Bernd Cailloux
- Das Geschäftsjahr 1968/69. es 2408. 254 Seiten
- Der gelernte Berliner. Sieben neue Lektionen. es 2563. 251 Seiten
- german writing. es 2481. 141 Seiten

Ann Cotten. Fremdwörterbuchsonette. Gedichte. es 2497. 165 Seiten

Dietmar Dath. Heute keine Konferenz. es 2501. 318 Seiten

Oswald Egger
- Nichts, das ist. Gedichte. es 2269. 160 Seiten
- Prosa, Proserpina, Prosa. es 2392. 192 Seiten

Werner Fritsch
- Die Alchemie der Utopie. Frankfurter Poetikvorlesungen 2009. es 2588. 190 Seiten
- Fleischwolf. Gefecht. es 1650. 112 Seiten
- Steinbruch. es 1554. 53 Seiten

Durs Grünbein
- Grauzone morgens. Gedichte. es 1507. 93 Seiten
- Warum schriftlos leben? Aufsätze. es 2435. 122 Seiten

NF 313b/1/06.14

Katharina Hacker
- Morpheus oder Der Schnabelschuh. es 2092. 126 Seiten
- Tel Aviv. Eine Stadterzählung. es 2008. 145 Seiten

Iris Hanika. Musik für Flughäfen. es 2404. 123 Seiten

Johannes Jansen
- Halbschlaf. Tag Nacht Gedanken. es 2380. 84 Seiten
- Im Durchgang. Absichten. es 2568. 70 Seiten

Thomas Kapielski
- Mischwald. es 2597. 347 Seiten
- Neue Sezessionistische Heizkörperverkleidungen. es 2680. 214 Seiten
- Je dickens, destojewski! Ein Volumenroman. es 2694. 458 Seiten

Barbara Köhler
- Deutsches Roulette. Gedichte 1984-1989. es 1642. 85 Seiten
- Wittgensteins Nichte. Vermischte Schriften / Mixed Media. es 2153. 175 Seiten

Detlef Kuhlbrodt. Morgens leicht, später laut. Singles. es 2517. 124 Seiten

Christian Lehnert
- Der Augen Aufgang. Gedichte. es 2101. 112 Seiten
- Ich werde sehen, schweigen, hören. es 2369. 112 Seiten

Andreas Maier. Ich. es 2492. 151 Seiten

Thomas Meinecke
- Feldforschung. es 2474. 143 Seiten
- The Church of John F. Kennedy. Roman. es 1997. 245 Seiten
- Lob der Kybernetik. es 2499. 160 Seiten

NF 313b/2/06.14

Bodo Morshäuser
- Hauptsache Deutsch. es 1626. 205 Seiten
- Warten auf den Führer. es 1879. 142 Seiten

José F. A. Oliver
- finnischer wintervorrat. Gedichte. es 2397. 101 Seiten
- Mein andalusisches Schwarzwalddorf. Essays. es 2487. 136 Seiten.
- nachtrandspuren. Gedichte. es 2307. 128 Seiten

Albert Ostermaier
- fremdkörper hautnah. Gedichte. es 2032. 100 Seiten
- Herz Vers Sagen. Gedichte. es 1950. 73 Seiten
- Der Torwart ist immer dort, wo es weh tut. es 2469. 114 Seiten
- VATERSPRACHE. es 2436. 60 Seiten

Ilma Rakusa. Love after Love. Acht Gesänge. es 2251. 54 Seiten

Thomas Rosenlöcher
- Die Wiederentdeckung des Gehens beim Wandern. Harzreise. es 1685. 96 Seiten
- Die verkauften Pflastersteine. es 1635. 113 Seiten

Schicht! Arbeitsreportagen für die Endzeit. Herausgegeben von Johannes Ullmaier. es 2508. 417 Seiten

Lutz Seiler
- pech & blende. Gedichte. es 2161. 90 Seiten
- Sonntags dachte ich an Gott. Aufsätze. es 2314. 140 Seiten

Uwe Tellkamp. Die Sandwirtschaft. Anmerkungen zu Schrift und Zeit. Leipziger Poetikvorlesung. Sonderdruck es.163 Seiten

Hans-Ulrich Treichel
- Liebe Not. Gedichte. es 1373. 79 Seiten
- Über die Schrift hinaus. Essays zur Literatur. es 2144. 241 Seiten

Kevin Vennemann. Nahe Jedenew. es 2450. 144 Seiten

NF 313b/4/06.14

edition suhrkamp
Eine Auswahl

Farideh Akashe-Boehme (Hg.). Reflexionen vor dem Spiegel. es 1724. 219 Seiten

Herculine Barbin/Michel Foucault. Über Hermaphrodismus. Herausgegeben von Wolfgang Schäffner und Joseph Vogl. es 1733. 247 Seiten

Seyla Benhabib. Selbst und Kontext. Geschlecht, Gemeinschaft und Postmoderne in der zeitgenössischen Ethik. Vom Unterschied der Geschlechter. es 1725. 300 Seiten

Judith Butler.
- Das Unbehagen der Geschlechter. Übersetzt von Katharina Menke. Vom Unterschied der Geschlechter. es 1722. 237 Seiten
- Körper von Gewicht. Die diskursiven Grenzen des Geschlechts. Übersetzt von Karin Wördemann. es 1737. 386 Seiten

Paul Brodowsky. Milch Holz Katzen. es 2267. 72 Seiten

Caroline Walker Bynum. Fragmentierung und Erlösung. Geschlecht und Körper im Glauben des Mittelalters. Mit zahlreichen Abbildungen. Übersetzt von Brigitte Große. es 1731. 302 Seiten

Bernd Cailloux
- Das Geschäftsjahr 1968/69. es 2408. 254 Seiten
- Der gelernte Berliner. Sieben neue Lektionen. es 2563. 251 Seiten
- german writing. es 2481. 141 Seiten

NF 1079/1/4.16

Drucilla Cornell. Die Versuchung der Pornographie. Übersetzt von Vincent Vogelvelt. Mit einem Vorwort von Barbara Vinken. es 1738. 143 Seiten

Ann Cotten.
- Fremdwörterbuchsonette. Gedichte. es 2497. 165 Seiten
- Verbannt! Versepos. es-Sonderdruck. 168 Seiten

Der digitale Wahn. Herausgegeben von Bernhard Bürdek. es 2146. 150 Seiten

Dietmar Dath. Heute keine Konferenz. es 2501. 318 Seiten

Digitaler Schein. Ästhetik der elektronischen Medien. Herausgegeben von Florian Rötzer. es 1599. 578 Seiten

Irene Dölling/Beate Krais (Hg.). Ein alltägliches Spiel. Geschlechterkonstruktion in der sozialen Praxis. es 1732. 332 Seiten

Andreas Dörner. Politainment. Aufklärung durch Unterhaltung. es 2203. 272 Seiten

Nancy Fraser. Widerspenstige Praktiken. Macht, Diskurs, Geschlecht. es 1726. 290 Seiten

Geschlechterverhältnisse und Politik. Herausgegeben vom Institut für Sozialforschung, Frankfurt. Redaktion Katharina Pühl. es 1730. 308 Seiten

Mark Greif. Bluescreen. Essays. es 2629. 231 Seiten

Jürgen Habermas. Im Sog der Technokratie. Kleine politische Schriften XII. es 2671. 193 Seiten

NF 1079/2/4.16

Barbara Hahn. Unter falschem Namen. Von der schwierigen Autorschaft der Frauen. es 1723. 147 Seiten

Paul-Philipp Hanske / Benedikt Sarreiter. Neues von der anderen Seite. Die Wiederentdeckung des Psychedelischen. es-Sonderdruck. 327 Seiten

David Harvey. Rebellische Städte. es 2657. 283 Seiten

Jochen Hörisch. Gott, Geld und Medien. Studien zur Medialität der Welt. es 2363. 240 Seiten

Thomas Kapielski
- Mischwald. es 2597. 347 Seiten
- Neue Sezessionistische Heizkörperverkleidungen. es 2680. 214 Seiten
- Je dickens, destojewski! Ein Volumenroman. es 2694. 458 Seiten

Cornelia Koppetsch / Sarah Speck. Wenn der Mann kein Ernährer mehr ist. Geschlechterkonflikte in Krisenzeiten. es 2701. 296 Seiten

Helga Kotthoff/Susanne Günthner (Hg.). Von fremden Stimmen. Weibliches und männliches Sprechen im Kulturvergleich. Vom Unterschied der Geschlechter. es 1721. 369 Seiten

Detlef Kuhlbrodt.
- Morgens leicht, später laut. Singles. es 2517. 124 Seiten
- Umsonst und draußen. es 2584. 199 Seiten

Benjamin Kunkel. Utopie oder Untergang. Ein Wegweiser für die gegenwärtige Krise. es 2687. 245 Seiten

NF 1079/3/4.16

Teresa de Lauretis. Die andere Szene. Psychoanalyse und lesbische Sexualität. Übersetzt von Karin Wördemann. es 1742. 292 Seiten

Thomas Meinecke
- Feldforschung. es 2474. 143 Seiten
- The Church of John F. Kennedy. Roman. es 1997. 245 Seiten
- Lob der Kybernetik. es 2499. 160 Seiten

Markus Metz / Georg Seeßlen
- Blödmaschinen. Die Fabrikation der Stupidität. es 2609. 780 Seiten
- Geld frisst Kunst – Kunst frisst Geld. Ein Pamphlet. es 2675. 496 Seiten

Andreas Neumeister. Angela Davis löscht ihre Website. es 2310. 120 Seiten

Martha C. Nussbaum. Gerechtigkeit oder Das gute Leben. Herausgegeben von Herlinde Pauer-Studer. Übersetzt von Ilse Utz. es 1739. 316 Seiten

Popvisionen. Links in die Zukunft. Herausgegeben von Klaus Neumann-Braun, Axel Schmidt und Manfred Mai. es 2257. 280 Seiten

Praxis Internet. Kulturtechniken der vernetzten Welt. Herausgegeben von Stefan Münker und Alexander Roesler. es 2254. 288 Seiten

Hanno Rauterberg
- Wir sind die Stadt! Urbanes Leben in der Digitalmoderne. es 2674. 156 Seiten
- Die Kunst und das gute Leben. Über die Ethik der Ästhetik. es 2696. 205 Seiten

NF 1079/4/4.16

Schicht! Arbeitsreportagen für die Endzeit. Herausgegeben von Johannes Ullmaier. es 2508. 417 Seiten

Frank Schirrmacher (Hg.). Technologischer Totalitarismus. Eine Debatte. es-Sonderdruck. 282 Seiten

Michel Serres. Erfindet euch neu! Eine Liebeserklärung an die vernetzte Generation. Übersetzt von Stefan Lorenzer. es-Sonderdruck. 76 Seiten

Soundcultures. Über elektronische und digitale Musik. Herausgegeben von Marcus S. Kleiner und Achim Szepanski. Mit einer Musik-CD. es 2303. 240 Seiten

Carlo Strenger. Zivilisierte Verachtung. Eine Anleitung zur Verteidigung unserer Freiheit. es-Sonderdruck. 103 Seiten

Mark Terkessidis
- Interkultur. es 2589. 220 Seiten
- Kollaboration. es 2686. 331 Seiten

Kevin Vennemann.
- Nahe Jedenew. es 2450. 144 Seiten
- Sunset Boulevard. Vom Filmen, Bauen und Sterben in Los Angeles. es 2646. 184 Seiten

Karin Wieland. Worte und Blut. Wandlungen des männlichen Selbst im Übergang zur Neuzeit. es 1740. 367 Seiten

Theresa Wobbe/Gesa Lindemann (Hg.). Denkachsen. Zur theoretischen und institutionellen Rede vom Geschlecht. es 1729. 327 Seiten

Slavoj Žižek. Auf verlorenem Posten. es 2562. 319 Seiten

NF 1079/5/4.16